文化产业项目管理（第二版）

主　编　金青梅

西安交通大学出版社

XI'AN JIAOTONG UNIVERSITY PRESS

内容简介

本书围绕文化产业项目管理的理论与实践,系统介绍了文化产业项目管理的主要知识框架和知识体系。全书内容共分为十章,以文化产业和项目管理的基础理论和原理为出发点,在界定文化产业项目管理基本概念、特征、业务流程、生命周期的基础上,涉及了文化产业项目立项与决策、文化产业项目设计与计划、文化产业项目投资与融资、文化产业项目组织与团队管理、文化产业项目市场推广与营销、文化产业项目实施与控制、文化产业项目冲突与沟通、文化产业项目收尾与后评估等内容。

本书既可作为高等院校文化产业管理专业以及传播学、新闻学、艺术学等专业教材,也可作为文化产业管理部门、文化产业企业界和理论界等关注和从事文化产业活动人员的实用参考书。

图书在版编目(CIP)数据

文化产业项目管理 / 金青梅主编.— 2 版.— 西安:
西安交通大学出版社,2020.7(2025.7 重印)
 ISBN 978 - 7 - 5693 - 1716 - 9

Ⅰ.①文… Ⅱ.①金… Ⅲ.①文化产业-项目管理
Ⅳ.①G114

中国版本图书馆 CIP 数据核字(2020)第 055902 号

书　　名	文化产业项目管理(第二版)
主　　编	金青梅
责任编辑	史菲菲

出版发行	西安交通大学出版社
	(西安市兴庆南路 1 号　邮政编码 710048)
网　　址	http://www.xjtupress.com
电　　话	(029)82668357　82667874(市场营销中心)
	(029)82668315(总编办)
传　　真	(029)82668280
印　　刷	西安五星印刷有限公司

开　　本	787mm×1092mm　1/16　　印张 13.75　　字数 343 千字
版次印次	2011 年 10 月第 1 版　　2020 年 7 月第 2 版
	2025 年 7 月第 4 次印刷　累计第 10 次印刷
书　　号	ISBN 978 - 7 - 5693 - 1716 - 9
定　　价	39.80 元

如发现印装质量问题,请与本社市场营销中心联系。
订购热线:(029)82665248　(029)82667874
投稿热线:(029)82668133
读者信箱:xj_rwjg@126.com

第二版前言

自《文化产业项目管理》第一版出版以来的八年里,我国文化产业的发展日新月异。2012年至2018年,我国文化产业增加值从18071亿元增加到38737亿元,占国内生产总值的比重从3.48%增加到4.30%。在经济发展新常态背景下,文化产业健康持续快速发展,正在成为经济社会发展的新引擎,对加快经济发展方式转变、推动高质量发展做出了积极贡献,对增强国民文化自信、传承中华优秀传统文化、弘扬社会主义核心价值观起到了重要作用。

在党的十九大提出高质量发展的战略导向要求下,我国文化产业发展进一步健全顶层设计,机构改革、调整的动作加快。文化产业供给侧结构性改革日益深化,文化产业新业态、新项目、新模式不断涌现;在互联网发展、跨界融合与科技创新成为时代趋势的背景下,文化产业与其他产业实现了更为深入的融合与交融;以数字技术和移动互联网为载体的新型文化产业快速发展,日益成为文化产业的新增长点,极大拉动了电影、电视、新闻出版、演艺等传统文化产业的数字化转型,数字出版、移动电竞、网络文学优质IP、网络综艺、知识付费、智能教育等文化产业新业态呈现出蓬勃发展态势;AR、VR、全息成像、交互娱乐引擎等新的沉浸式新技术催生文化体验的革新,"文化产业十人工智能"成为文化与科技融合发展的最新亮点,文化产业的科技化、智能化路径不断加深;文化和旅游部的成立,开启了文化和旅游的新时代;以"宜融则融,能融尽融,以文促旅,以旅彰文"为导向的全媒体融合发展;加快新型城镇文化建设步伐、吹响乡村文化振兴号角、推进PPP模式在文化领域的应用、加强对传统文化的保护传承与文脉凝聚、促进全域文化旅游新格局的构建、加速文化消费新业态的更迭发展······一系列重大文化发展改革举措和实践正在不断推进。

一方面,处在文化产业大发展大繁荣的新时代背景下,适时更新再版《文化产业项目管理》已是迫在眉睫的任务。另一方面,《文化产业项目管理》第一版自2011年出版以来,已在文化产业管理本科专业教学中使用了两轮。在教材的使用过程中,根据国家文化发展改革最新相关政策、理论研究最新成果、文化产业发展和文化产业项目实践的最新案例以及老师、学生对教材的使用反馈意见等,编者已经不间断对教材的教学内容做了大量的修改、补充和更新,教材的再版已经具备了扎实的基础素材和条件。

《文化产业项目管理》再版的目标,是希望通过对教材内容和形式的丰富和更新,能够更及时地反映文化产业发展的最新理论和实践成果,能够更好地满足文化产业项目管理教育教学的新需求。

《文化产业项目管理》第二版主要修订的内容说明如下：

1.第一章的内容更改为"绪论"。本章内容主要是将教材第一版中"第一章 文化产业基础知识"和"第二章 项目管理基础知识"的内容进行精简、更新并合并为一章内容。其中，第一节更新深化了对文化产业的再认识，并更新了国家统计局2018年关于文化及相关产业分类的最新标准；第二节调整、更新了项目管理的背景知识；第三节新增加了文化产业发展的项目带动战略等相关内容，引出教材的主题。

2.第二章的标题更改为"文化产业项目管理的基本概念"。第一版中的第三章至第五章的内容顺延成为第二版中的第二章至第四章。

3.新增加第五章"文化产业项目投资与融资"。增加本章内容是充分考虑到当代文化产业与金融融合发展的战略和趋势。国家统计局2018年关于文化及相关产业分类的最新标准中新增了"文化投资运营"这一大类；2018年4月，文化和旅游部、财政部联合发布了《关于在旅游领域推广政府和社会资本合作模式的指导意见》。本章介绍了文化产业项目的投资、融资和资本运营等内容，有助于指导文化产业项目充分利用PPP等模式，引入社会资本，激发市场活力，优化资源配置，提高文化供给质量与效率，推动文化供给侧改革，促进文化产业与金融深度融合。

4.补充并更新了文化产业项目管理最鲜活的案例。精选文化产业项目典型案例补充更新到教材各章节中，充实、丰富了教材内容，有助于学习者通过案例学习、讨论和剖析更好地把握文化产业项目管理的关键环节和具体做法，起到典型示范引领或警示教训的作用，更好地服务于文化产业项目管理理论学习认知的可获得性和现实操作的体验与感悟。

5.丰富了文化产业项目管理课程学习的相关资料。在第二版修订过程中，在各章节特别新增加了学习背景、学习目标、小资料等学习小板块，使教材更加立体化。

《文化产业项目管理》第一版自2011年出版以来，得到了国内多所高校文化产业管理相关专业师生的垂爱、反馈和建议；本次再版，得到了西安建筑科技大学文化产业管理专业老师和同学的无私帮助，并再次获得西安交通大学出版社的鼎力支持，在此一并对大家的关爱表示衷心的感谢！期待能够继续与同仁们不断加深交流学习、互通反馈意见，促成本教材不断改进。

编　者
2020年1月

第一版前言

文化产业，已被实践证明是具有高增长性、可持续发展和裨益国计民生的优质产业和朝阳产业，是我国在新世纪的支柱产业和着力发展的经济增长点。大力发展文化产业是落实科学发展观、调整经济结构、转变增长方式的重要举措。2010 年，《中共中央关于制定国民经济和社会发展第十二个五年规划的建议》明确提出，未来五年要"推动文化产业成为国民经济支柱性产业"。

文化产业项目管理，是将现代项目管理理论引入文化产业管理活动，创造和提升文化产业价值的新途径和实用技术方法。文化产业项目管理提高了文化产业项目运作的规范性、科学性，进一步提升了文化产业项目的价值，追求的是文化项目管理和文化产业管理的持续改善。加快文化产业项目管理人才的培养、深入研究文化产业项目管理的理论、提高文化产业项目管理的水平，对于提升和创新文化产业发展价值、提升我国产业经济水平具有重要的理论和现实意义。

《文化产业项目管理》一书，是基于文化产业管理理论与实践发展的客观要求以及文化产业从业人员自身学习的内在需求而精心策划与编写的。本书围绕文化产业项目管理的理论与实践，系统介绍了文化产业项目管理的主要知识框架和知识体系。全书内容共分为十章：第一章介绍文化产业与文化产业管理的基础概念和理论；第二章介绍项目管理的基础概念、理论和原理；第三章以文化产业和项目管理基本知识为基础，对文化产业项目管理进行概述，界定了文化产业项目及其管理的基本概念、特征、业务流程等，并按照文化产业项目生命周期的管理阶段和过程安排了后续的章节；第四章是文化产业项目的需求分析、可行性研究、立项报批与项目决策；第五章是文化产业项目的进度计划、质量计划、资源计划等项目设计与计划；第六章是文化产业项目的组织结构、项目团队、人力资源、项目经理等项目组织管理；第七章是文化产业项目的目标市场与定位、文化产业项目市场推广与营销策略；第八章是文化产业项目实施过程中的项目进度、成本、质量的管理与控制；第九章是文化产业项目实施过程中的风险管理、危机管理与沟通管理；第十章是文化产业项目的收尾、验收、交付与后评估。

本书各章内容由西安建筑科技大学管理学院文化产业管理专业暨陕西省文化产业管理研究中心的多位老师共同编写，具体分工如下：第一章，王丹；第二章，张惠丽；第三章，金青梅；第四章，宋琪；第五章，占绍文；第六章，金青梅；第七章，张小刚;第八章,林淞;第九章,林淞;第十章,方永恒。全书由金青梅统稿。

本书有以下特色:

1.以项目管理的基本理论、原理和方法为出发点,针对文化产业的特殊性与文化产业项目的独特性,按照文化产业项目生命周期和项目管理过程为主线形成章节框架。

2.清晰界定了文化产业项目、文化产业项目管理、文化产业项目生命周期、文化产业项目管理过程、文化产业项目集成管理等基本概念,系统阐述了文化产业项目管理知识体系。

3.定位于培养文化产业管理的专业人才,注重扎实的文化产业项目管理基础知识,强调文化产业项目团队、项目经理、项目市场分析与营销、项目费用管理和风险控制等面向市场的项目市场营销思维,突出文化产业项目策划与项目运营管理综合能力的培养。

4.力求站在文化产业管理理论前沿,以权威理论为支撑,以行业管理实践为背景,希望能够为文化产业管理专业以及传播学、新闻学、文学、艺术学等专业的学生,文化产业管理部门以及文化产业企业界、理论界等关注文化产业的人士提供一个学习和参考的资料。

本书在编写过程中,得到了西安建筑科技大学管理学院罗福周院长、闫文周副院长、卢梅老师的大力支持和指导,得到了陕西省文化厅文化产业处王凤翔处长的指导和帮助,并得到了西安交通大学出版社的鼎力协作,在此一并表示感谢。

由于编者的学识、经验局限,书中错误在所难免,恳请读者朋友们多提宝贵意见。

编　者
2011 年 9 月

目录

第一章 绪 论 ·· (1)

  第一节 文化产业的再认识 ···························· (1)

  第二节 项目管理的再认识 ···························· (8)

  第三节 文化产业发展与项目带动战略 ·············· (25)

第二章 文化产业项目管理的基本概念 ················ (33)

  第一节 文化产业项目 ······························ (33)

  第二节 文化产业项目管理 ·························· (39)

  第三节 文化产业项目管理过程 ······················ (44)

第三章 文化产业项目立项与决策 ···················· (51)

  第一节 文化产业项目的提出 ························ (52)

  第二节 文化产业项目的可行性分析 ·················· (57)

  第三节 文化产业项目的评估与决策 ·················· (61)

第四章 文化产业项目设计与计划 ···················· (66)

  第一节 文化产业项目设计与计划概述 ················ (66)

  第二节 文化产业项目范围计划与进度计划 ············ (72)

  第三节 文化产业项目质量计划与资源计划 ············ (78)

第五章 文化产业项目投资与融资 ···················· (87)

  第一节 文化产业项目投资 ·························· (87)

  第二节 文化产业项目融资 ·························· (94)

  第三节 文化产业项目融资的 PPP 模式 ·············· (101)

第六章 文化产业项目组织与团队管理 ··············· (109)

  第一节 文化产业项目组织管理 ····················· (109)

  第二节 文化产业项目团队管理 ····················· (115)

  第三节 文化产业项目经理管理 ····················· (124)

第七章 文化产业项目市场推广与营销 ··············· (130)

  第一节 文化产业项目市场营销概述 ················· (130)

第二节　文化产业项目市场营销的目标定位 …………………………… (136)

第三节　文化产业项目市场营销的策略 ……………………………… (142)

第八章　文化产业项目实施与控制 …………………………………… (151)

第一节　文化产业项目实施与控制概述 ……………………………… (151)

第二节　文化产业项目进度控制 ……………………………………… (155)

第三节　文化产业项目成本控制 ……………………………………… (158)

第四节　文化产业项目质量控制 ……………………………………… (162)

第五节　文化产业项目变更控制 ……………………………………… (167)

第九章　文化产业项目冲突与沟通 …………………………………… (174)

第一节　文化产业项目风险管理 ……………………………………… (174)

第二节　文化产业项目冲突管理 ……………………………………… (182)

第三节　文化产业项目沟通管理 ……………………………………… (187)

第十章　文化产业项目收尾与后评估 ………………………………… (194)

第一节　文化产业项目收尾 …………………………………………… (194)

第二节　文化产业项目后评估 ………………………………………… (199)

参考文献 …………………………………………………………………… (211)

推荐网站 …………………………………………………………………… (212)

第一章 绪 论

学习背景

　　创意经济时代背景下,文化产业越来越成为世界各国经济发展的重要支柱,并已成为衡量国家经济竞争力的重要指标之一。在我国经济由高速增长阶段转向高质量发展阶段的新时期,文化产业发展也逐渐呈现出新的发展态势,创新发展、融合发展为现代文化产业体系建设和现代文化市场建设提供了新环境和新生态。

　　项目是人类改变世界的一种主要方式,项目管理是最受组织欢迎的工具之一。随着知识经济和信息社会的发展,人类社会已经迈入了一个以项目开发与实施为主要物质财富生产和精神财富生产的新时期,项目管理也已经成为发展最快和使用最为广泛的管理领域之一。项目管理通过综合运用各种现代化管理方法,可以改善内部经营,快速响应外部机遇,改进新产品开发并改善服务,使整个项目过程处于受控状态,从而确保项目目标的实现。

　　文化产业发展的项目带动战略已经成为区域文化发展的基本抓手、文化企业发展的重要载体和文化产业发展的有效模式。通过实施项目带动战略,有效整合资源、凝聚力量,形成布局合理、优势明显的项目集群和产业高地,推动文化产业跨越发展,是新时期我国文化产业发展的战略导向和必然道路选择。

学习目标

　　1.了解文化产业发展的最新态势;

　　2.认知文化产业最新理论和实践成果;

　　3.熟悉项目管理的发展背景和历程;

　　4.理解项目与项目管理的基本知识体系;

　　5.掌握文化产业发展与项目管理应用的关联性。

第一节　文化产业的再认识

　　近年来,我国将文化产业发展纳入国家整体发展战略,提出推动文化产业成为国民经济支柱性产业的发展目标,并明确了文化产业发展的指导思想、发展战略和目标任务。新时代我国文化产业在需求增加、消费升级和技术创新的共同推动下,整体加速快跑,呈现出蓬勃发展的态势。

一、文化产业发展的新趋势

(一)数字文化产业迎来发展高峰

随着网络强国战略、国家信息化发展战略、国家大数据战略、"互联网＋"行动计划、电子商务系列政策措施等一系列重大战略和行动的实施,我国数字经济发展进入快车道。据《中国互联网＋指数报告(2018)》统计,2017 年全国数字经济体量为 26.70 万亿元人民币,占国内生产总值(GDP)的比重为 32.28％,成为国民经济重要的组成部分。文化内容与数字技术紧密结合的新型文化业态构成了数字文化产业的主体。网络直播、短视频、虚拟旅游、移动听书等数字文化消费形态尽显数字化、网络化、个性化特征。以技术应用、商业模式、知识迭代、智力创新实现市场开拓与产业增值,为文化产业发展创造了新的增长极。

(二)文化新需求激发文化产业创新活力

中国特色社会主义进入了新时代,人民文化需求的多元化、个性化、差异化与定制化日趋明显,正在成为人们美好生活需求的重要内容。满足文化消费新需求是文化产业发展的新任务。随着互联网、大数据、云计算、人工智能、移动支付、3D 打印等科技创新成果的快速发展和应用,优质文化产品和服务供给不断增加,推动文化产业结构优化升级,催生一批新型文化业态的创新发展。文化产业的"新业态",是指在数字化、互联网等高新技术支持下,当代时尚生活潮流推动发展的新文化业态。据 2019 年 2 月发布的第 43 次《中国互联网络发展状况统计报告》显示,截至 2018 年 12 月,我国网民规模为 8.29 亿,手机网民规模为 8.17 亿,网络视频、网络音乐和网络游戏的用户规模分别为 6.12 亿、5.76 亿和 4.84 亿,使用率分别为 73.9％、69.5％和 58.4％。

(三)文化科技促进文化产业更新升级

随着新一轮科技革命和产业变革孕育兴起,以人工智能为代表的高新技术广泛渗透到文化产品与服务的创作、生产、传播、消费等各个层面和环节,加速了文化生产方式的变革。创新驱动成为文化产业更新升级的重要引擎和不竭动力。2017 年"中国文化产业学院奖"所揭晓的"中国前沿文化科技产品"榜单中,智能产品扎堆亮相,主要应用于家庭服务、医疗、传播、办公、娱乐、教育、儿童及老人陪伴等领域。随着行业内数字化程度的提高,人工智能的应用范围也将越来越广泛。传统文化产业加快了与互联网新业态结合的步伐,博物馆、非遗等文化资源在短视频应用上大放异彩,走进了大众的视野。VR、AR、全息投影等技术更广泛地应用在博物馆展览、旅游、影视、游戏等领域,加强了互动性和趣味性,成为最具科技感的文创产品。移动支付基础上的大数据,实现了文化产业跨过产业链多个中间环节收集终端消费者数据,大幅降低了交易成本、加速了产品优化迭代,并通过数据管理以及把数据变成有用的商业智能,更加有效地收集和协调用户的信息,有助于更精准地研发产品、设计营销策略、激发文化产业创新活力,并改善用户的体验。

(四)文化产业新业态增长强势

我国文化产业的高质量成长伴随着经济、文化、科技、教育等各个领域的深度融合与创新发展。文化产业与旅游业、传统制造业、农业、体育产业等逐渐形成了跨界、渗透、提升、融合的多种路径。文化产业新业态增长强势,文化 IP 热潮势头强劲。其中,知识付费正在逐渐成为文化产业的新风口,知识付费依然是内容生产商向用户输出有价值的知识内容或服务换取酬劳的商业模式。2018年,我国电子游戏竞技行业也迎来了新节点。IG战队代表中国队赢得英雄联盟全球总决赛的冠军,一时刷屏各大社交媒体,让更多人认识到电竞产业的发展前景。数字阅读行业的商业模式日渐丰富,围绕数字阅读IP和用户,打造出了动漫、影视剧、游戏、网络剧等多元化泛娱乐变现模式,将用户流量和内容转化成收入和利润。

小资料

2018年文化大事件

1. 全国媒体聚焦改革开放40周年

2018年是中国改革开放40周年。40年众志成城,40年砥砺奋进,40年春风化雨,中国人民用双手书写了国家和民族发展的壮丽史诗。2018年以来,从中央媒体到地方媒体,有关改革开放40年的报道持续升温,各大媒体通过专题专栏、影像征集、蹲点采访、融媒产品等多种形式,全方位、立体式、多样化地展现了改革开放40年以来的成果和亮点。

2. 国产电影强势崛起

2018年中国电影票房累计达到595亿元,国产片的占比创造历史。《红海行动》以36.5亿元锁定年度票房冠军。中国电影华表奖以大奖许之,颁奖词称《红海行动》是主旋律影片、类型化叙事和工业化制作完美结合的典范之作"。《我不是药神》赢得近31亿元票房以及高至9分的网络评分,评论界称之为"中国当代电影对于现实主义的回归"。这一年,家国情怀燃了,现实主义火了,新锐导演热了。更重要的是,当市场去泡沫时,口碑力量彰显,国产好电影开始强势崛起。

3. 中宣部等五部门联手治理影视业"阴阳合同"和天价片酬

2018年5月,崔永元曝光范冰冰等演艺界明星"阴阳合同"等问题,在社会上不断发酵。2018年6月27日,中央宣传部、文化和旅游部、国家税务总局、国家广播电视总局、国家电影局等联合印发通知,要求加强对影视行业天价片酬、"阴阳合同"、偷逃税等问题的治理,控制不合理片酬,推进依法纳税,促进影视业健康发展。

4. 优秀文化节目层出不穷

2018年,高评分、好口碑的文化类综艺节目层出不穷。博物馆火了,文物火了,诗词歌赋火了,还带动文创产品火了……不少同质化严重、表现不佳的节目都沦为一季游,无法产生持久影响力。一些综艺脱颖而出,如《中华好诗词》《中国诗词大会》《魅力中国城》《非凡匠心》《经典咏流传》《一本好书》等,文化类节目改变了叫好不叫座等诸多质疑,优秀的创作不会被埋没。

5. 短视频用户爆发式增长,各大媒体发力时政微视频

抖音、快手、火山等短视频应用的迅速崛起成为2018年非常显著的一个现象,尤其是2018年春节期间,短视频应用迅速下沉至三、四线城市。短视频用户规模和使用时长都呈现爆发式增长态势,带动行业市场规模迅速增长。11月28日发布的《2018中国网络视听发展研究报告》显示,截至2018年6月,短视频用户规模达5.94亿,占网络视频用户的97.5%。

资料来源:回眸2018文化大事件[N].南方工报,2018-12-28(9).

二、文化产业行业划分的新标准

为适应当前我国互联网时代文化新业态不断涌现的新形势,满足文化体制改革和文化发展规划的新需要,国家统计局于2018年4月发布《文化及相关产业分类(2018)》。文化产业最新统计标准是对《文化及相关产业分类(2012)》进行的修订。

(一)文化及相关产业分类和范围的调整

《文化及相关产业分类(2018)》对原有的定义保持不变,"文化及相关产业是指为社会公众提供文化产品和文化相关产品的生产活动的集合"。主要变化是新增加了符合文化及相关产业定义的活动小类,重点是调整了分类方法和类别结构。其中,文化及相关产业的范围划分为文化核心领域和文化相关领域。

1.文化核心领域

文化核心领域是指以文化为核心内容,为直接满足人们的精神需要而进行的创作、制造、传播、展示等文化产品(包括货物和服务)的生产活动,具体包括新闻信息服务、内容创作生产、创意设计服务、文化传播渠道、文化投资运营和文化娱乐休闲服务等六大类活动。

2.文化相关领域

文化相关领域是指为实现文化产品的生产活动所需的文化辅助生产和中介服务、文化装备生产和文化消费终端生产(包括制造和销售)等三大类活动。

(二)文化及相关产业的行业大类和中类调整

与《文化及相关产业分类(2012)》相比,《文化及相关产业分类(2018)》将文化及相关产业大类由10个修订为9个,中类由50个修订为43个,小类由120个修订为146个。

1."新闻信息服务"大类

《文化及相关产业分类(2018)》将"新闻服务""报纸信息服务""广播电视信息服务""互联网信息服务"4个中类合并为"新闻信息服务"大类。其中,"互联网信息服务"仅包括互联网搜索服务、互联网其他信息服务。

2."内容创作生产"大类

《文化及相关产业分类(2018)》将"出版服务"(不含报纸出版)、"广播影视节目制作"、"创作表演服务"、"数字内容服务"、"内容保存服务"、"工艺美术品制造"和"艺术陶瓷制造"7个中类合并为"内容创作生产"大类。其中,"内容保存服务"中类包括图书馆、档案馆、文物及非物质文化遗产保护、博物馆、烈士陵园和纪念馆等。

3."创意设计服务"大类

《文化及相关产业分类(2018)》保留原"文化创意和设计服务"大类,包含内容有所调整。把原"文化软件服务"中类的内容移至"内容创作生产"大类中,作为"数字内容服务"中类的一部分。该大类修订后包括"广告服务"和"设计服务"2个中类,名称修改为"创意设计服务"。

4."文化传播渠道"大类

《文化及相关产业分类(2018)》将"出版物发行""广播电视节目传输""广播影视发行放映""艺术表演""艺术品拍卖及代理""工艺美术品销售"6个中类归入"文化传播渠道"大类;同时增加"互联网文化娱乐平台"中类,以反映新型传播渠道。

5."文化投资运营"大类

《文化及相关产业分类(2018)》新增"文化投资运营"大类,下设"投资与资产管理"和"运营管理"2个中类。

6."文化娱乐休闲服务"大类

《文化及相关产业分类(2018)》保留"文化休闲娱乐服务"大类,名称修改为"文化娱乐休闲服务",包含内容有所调整。把摄影扩印服务移到"印刷复制服务"中类中,同时增加"休闲观光游览服务"中类。该大类修订后包括"娱乐服务""景区游览服务""休闲观光游览服务"3个中类。

7."文化辅助生产和中介服务"大类

《文化及相关产业分类(2018)》将"文化产品生产的辅助生产"大类名称改为"文化辅助生产和中介服务",把"文化纸张制造""手工纸制造""油墨及类似产品制造""工艺美术颜料制造""文化用信息化学品制造"合并为"文化辅助用品制造"中类,将"笔的制造"和"墨水、墨汁制造"合并为"笔墨制造"中类并移至"文化消费终端生产"大类下。该大类修订后包括"文化辅助用品制造""印刷复制服务""版权服务""会议展览服务""文化经纪代理服务""文化设备(用品)出租服务""文化科研培训服务",共计7个中类。

8."文化装备生产"大类

《文化及相关产业分类(2018)》将原"文化用品的生产"和"文化专用设备的生产"两个大类修订为"文化装备生产"和"文化消费终端生产"两大类。修订后,"文化装备生产"大类包含"印刷设备制造""广播电视电影设备制造及销售""摄录设备制造及销售""演艺设备制造及销售""游乐游艺设备制造""乐器制造及销售"6个中类。

9."文化消费终端生产"大类

《文化及相关产业分类(2018)》新增"文化消费终端生产"大类,包含"文具制造及销售""笔墨制造""玩具制造""节庆用品制造""信息服务终端制造及销售"5个中类。

(三)文化及相关产业的行业小类调整

1.拆分

《文化及相关产业分类(2018)》根据新产业、新业态、新模式的发展状况,对部分行业小类进行了细化和拆分,增加了15个行业小类,名称及对应的新《国民经济行业分类》(GB/T 4754—2017)代码分别是:广播电视集成播控(8740)、互联网其他信息服务(6429)、数字出版(8626)、互联网游戏服务(6422)、其他文化数字内容服务(6579*)、园艺陶瓷制造(3076)、其他广告服务(7259)、工业设计服务(7491)、森林公园管理(7862)、其他游览景区管理(7869)、休闲观光活动(9030)、广播电视专用配件制造(3933)、专业音响设备制造(3934)、票务代理服务(7298)和乐器批发(5147)。

2.新增

《文化及相关产业分类(2018)》新增加了符合文化及相关产业定义的12个行业小类,名称及对应的代码分别是:互联网文化娱乐平台(6432*)、文化投资与资产管理(7212*)、文化企业总部管理(7211*)、文化产业园区管理(7221*)、自然遗迹保护管理(7712)、观光游览航空服务(5622)、艺术品代理(5184)、婚庆典礼服务(8070*)、文化用品设备出租(7123)、娱乐用智能无人飞行器制造(3963*)、可穿戴智能文化设备制造(3961*)和其他智能文化消费设备制造(3969*)。

3.更名

《文化及相关产业分类(2018)》更名了7个行业小类,名称及对应的代码分别是:影视节目制作(8730),群众文体活动(8870),其他工艺美术及礼仪用品制造(2439),音像制品、电子和数字出版物零售(5244),音像制品、电子和数字出版物批发(5145),电影和广播电视节目发行(8750),城市公园管理(7850)。

4.内容变更

《文化及相关产业分类(2018)》中共有 5 个行业小类内容发生变更,名称及对应的代码分别是:广播(8710)、电视(8720)、其他出版业(8629)、其他娱乐业(9090)和其他文化用品批发(5149)。

5.删除

《文化及相关产业分类(2018)》删除了原分类中的电子快译通、电子记事本、电子词典 1 个行业小类,对应旧《国民经济行业分类》的行业名称和代码是其他电子设备制造(3990)。

三、现代文化产业体系的新格局

中国特色社会主义新时代,健全现代文化产业体系和市场体系,创新生产经营机制,完善文化经济政策,培育新型文化业态,是文化产业发展的重大战略任务和重大战略支撑。

(一)现代文化产业体系的内涵

现代文化产业体系是指以文化产品供给丰富、产业结构合理、产品附加值高、产业竞争能力强的产业群为核心,以资金、技术、人才、信息等高效运转的支持系统为支撑,以基础设施完备、社会保障有力、市场秩序良好、政府服务优质的产业发展环境为依托的新型文化产业体系。

1.质量第一、效益优先

现代文化产业体系是多功能的产业体系。它既包括文化服务、文化制造、文化用品生产等产业环节,也包括与现代文化新生业态等密切相关的产业业态,以充分发挥文化多种功能,增进经济社会效益。健全现代文化产业体系必须以供给侧结构性改革为主线,强调推动文化产业发展的质量变革、效率变革、动力变革,提高全要素生产率,增强主体活力,提升文化产品、文化服务的供给质量和双效统一。

2.实体经济、创新驱动

现代文化产业体系是围绕文化产品的生产、制造、销售等产业链环节聚合而成的产业体系。构建现代文化产业体系的目的是确保国家文化产品安全和主要文化产品的生产和供给。现代文化产业体系强调科技创新、现代金融、人力资源等要素有效组合对实体经济发展的支撑作用。健全现代文化产业体系必须坚持以实体经济为根基,以科技创新为筋骨,以现代金融为血液,以人力资源为神经中枢和细胞,推动科技创新、现代金融、人力资源协同发展。

3.体制改革、优化环境

现代文化产业体系的构建和运行需要具备强有力的支撑体系,主要包括文化科技、文化创意、文化金融、文化人才、文化政策、文化消费、市场流通、信息咨询等为文化产业服务的相关产业,以保障文化安全,提升文化产业现代化水平,提高文化产业抗风险能力、国际竞争能力、可持续发展能力。健全现代文化产业体系必须坚持体制改革、优化环境,深入推进"放管服"改革,着力构建市场机制有效、微观主体有活力、宏观调控有度的文化产业发展制度环境,更好发挥市场在资源配置中的决定性作用和政府的调控作用。

（二）现代文化产业体系的基本特征

1.结构合理

现代文化产业体系的第一大特征,是以实体经济高质量发展为核心,引领文化产业结构的优化、链条的优化、形态的优化。加快文化产业内部结构优化,推动出版发行、新闻传媒、影视制作、演艺娱乐、文化产品等传统常态行业,通过数字技术等高新科技手段改造升级,提升数字化、科技化水平,转变传统增长机制;加快发展先进制造业,推动互联网、大数据、人工智能和实体经济深度融合,促进产业迈向全球价值链中高端。

2.动力转换

现代文化产业体系的第二大特征,是文化产业发展的基础和动力机制的转换,即从以产业政策推动为主、市场内生动力为辅的阶段,走向以市场内生动力为主,"文化-科技-金融"三元动力结构体系确立的新阶段。现代文化产业体系是要以供给侧结构性改革为主线,实现质量变革、效率变革、动力变革,提高全要素生产率,形成现代动力体系。

3.竞争力强

现代文化产业体系的第三大特征,是能够有效促进文化产业内部及与相关产业的良性竞争,提升竞争力。有效发挥文化产业的引领作用,使文化价值、文化创意充分嵌入关联产业研发、设计与营销等各环节,提高关联产业创新创意能力,改变传统文化生产和消费模式,加速文化产业向产业链两端延伸、向价值链高端攀升,增加产业文化附加值,提升文化产业核心竞争力,推动文化产业跨越式发展。

4.创新高效

现代文化产业体系的第四大特征,是能够有力推动文化产业生产方式、内容形式、体制机制、消费模式的创新。引领原创成果重大突破,强化知识产权创造、保护、运用,激发创新创业活力,促进人力资本投资,提升企业自主创新能力与核心的技术优势和竞争力。

5.协同发展

现代文化产业体系的第五大特征,是现代文化产业体系是实体经济、科技创新、现代金融、人力资源协同发展的产业体系。通过推进产业协调、融合发展,促进产业价值链转向中高端,并发挥产业链完善、创新链协同强的优势。

6.环境优化

现代文化产业体系的第六大特征,是适应供给侧改革和文化融合发展要求的政策体系和制度环境优化。深化科技体制改革,建立以企业为主体、市场为导向、产学研深度融合的技术创新体系;提高教育与研发生产力,加强人力资源培训与开发,培养造就一大批具有国际水平的战略科技人才、科技领军人才、青年科技人才和高水平创新团队。不断优化产业外部环境,为文化产业发展创造良好外部环境。

（三）构建现代文化产业体系的基本思路

文化和旅游部将按照党中央、国务院部署,着眼于更好满足人民群众日益增长的美好生活需要,推进文化产业供给侧结构性改革,促进文化产业转型升级、提质增效,构建结构合理、门类齐全、科技含量高、富有创意、竞争力强的现代文化产业体系。

1.完善和落实文化经济政策

进一步完善和落实文化经济政策,加强和相关部门的沟通协调,推动出台更有针对性和可操作性的文化经济政策,进一步推动已有政策落地见效。推动出台文化产业促进法,将行之有效的文化经济政策法定化。

2. 推动文化精品的创作生产

进一步加大对原创文化精品的扶持力度,推出更多思想精深、艺术精湛、制作精良相统一的精品力作,满足人民群众多样化的精神文化需求。

3. 培育和壮大各类市场主体

进一步完善文化市场准入和退出机制,着力新文化生产经营机制,为各类市场主体营造良好发展环境,推动不同企业发展、大中小企业相互促进。

4. 大力培育新型文化业态

促进数字技术、互联网技术等高新技术在文化创作、生产、传播、消费等各环节的应用,加快培育基于大数据、云计算、物联网、人工智能等新技术的新型文化业态。

5. 促进文化与相关领域深度融合

推动文化产业与国民经济相关产业及城乡建设、生态文明建设等融合发展,特别是要促进文化产业与旅游业深度融合,以文化提升旅游的内涵,以旅游扩大文化的传播和消费。

6. 推动城乡区域协调发展

落实乡村振兴、区域协调发展战略,加强统筹指导,引导各地走特色化、差异化发展之路。围绕"一带一路"建设、京津冀协同发展、长江经济带建设等,加大重点文化产业带建设,支持老少边穷地区和农村地区发展特色文化产业。

7. 扩大和引导文化消费

适应和引导文化消费发展趋势,推动引导城乡居民扩大文化消费试点工作,及时总结推广试点经验和有效模式,不断释放文化消费需求,挖掘文化消费潜力。

8. 推进开放发展与合作共赢

加快发展对外文化贸易,推动优秀文化企业、产品和服务走出去,构建互利共赢的文化产业国际交流合作新格局。要扩大与"一带一路"沿线国家、地区的文化贸易往来和文化产业交流合作。

第二节　项目管理的再认识

人类社会在由农业经济、工业经济向知识经济发展的过程中,始终伴随着两种创造社会文明和财富的经济活动范式:一种是在相对封闭的环境下所开展的周而复始、不断重复、日常性的社会经济"运营活动"范式,另一种是在相对开放的环境下所开展的一次性、独特性、创新性的社会经济"项目活动"范式。与这两种社会经济活动方式相对应的也存在着两种管理范式:一种是以"职能管理"为主导的管理范式,另一种是以"项目管理"为主导的管理范式。人类社会活动往往是先有项目活动,然后才有对项目活动成果的运营活动。甚至从广义的角度来看,人类所有的社会经济活动都可以属于项目的范畴,即"项目建设"活动和可能的应用项目成果的"项目运营"活动。项目活动和项目管理范式具有普遍性,人类社会现有的各种物质文化成果,最初都是通过项目活动的方式实现的。

一、项目管理理论与实践的发展

项目管理从金字塔、长城和甘特图开始，经过了 20 世纪 60 至 70 年代航空、建筑和国防领域的现代项目管理发展，再到 90 年代后逐步标准化，愈发注重程序和方法，项目管理客户中心化和专业化趋势开始凸显。

（一）传统项目管理

项目管理通常被认为始于 20 世纪 40 年代，是第二次世界大战的产物，最初主要应用于国防和军工项目，比较典型的例子是美国研制原子弹的"曼哈顿计划"。表 1 - 1 概述了 20 世纪项目管理发展历程中的重大事件，从中可以大体了解项目管理的发展脉络。

表 1 - 1　20 世纪项目管理重大事件

时间	事件	影响
20 世纪 20 年代	亨利·甘特发明甘特图	开启了时间管理时代
20 世纪 40 年代	曼哈顿计划	系统工程思想的应用
20 世纪 50 年代	美国的路易斯化工厂	关键路径法的应用
	北极星导弹研制	计划评审技术应用
20 世纪 60 年代	阿波罗登月计划	采用了"规划、计划和预算"的计划编制制度
	国际项目管理协会（IPMA）和美国项目管理学会（PMI）成立	项目管理专业化和职业化时代到来

20 世纪 50 年代是项目管理的传播阶段，其重要特征是开发推广与应用网络计划技术。网络计划技术的核心是关键路径法和计划评审技术。

20 世纪 60 年代，网络计划技术在美国三军和航空航天局范围内全面推广，并很快在世界范围内得到重视。美国"阿波罗登月计划"使用了网络计划技术。该项目耗资 300 亿美元，有 2 万多家企业参加、40 多万人参与，动用了 700 万个零部件，由于使用了网络计划技术，各项工作进行得有条不紊，取得了很大的成功。

20 世纪 70 年代以后，项目管理的发展又有了新突破，它除了计划和协调外，对采购、合同、进度、费用、质量、风险等方面都更加重视，其应用领域也在不断扩展。

到 20 世纪 80 年代，项目管理主要还限于建筑、国防、航天等少数行业。而进入 20 世纪 90 年代以后，随着信息技术的广泛应用，服务业和高新技术产业的飞速发展，项目的概念产生了巨大变化，项目管理也由制造业经济下的产物变为可以适应多变的信息时代的新型项目管理体系。

（二）现代项目管理

学者们把项目管理划分为两个阶段：20 世纪 80 年代之前称为"传统的项目管理阶段"，20 世纪 80 年代之后则称为"现代项目管理阶段"。现代项目管理以其灵活、动态、适应性强的管理手段，逐步发展成了独立的学科体系和现代管理学的重要分支。本书后文所使用的项目管理的概念就是指现代项目管理概念。

目前,项目管理已经成为一门学科,组织的决策者越来越认识到项目管理知识、工具和技术为他们提供的巨大帮助。在全球范围内,项目管理不仅普遍应用于建筑、航天、国防等传统领域,而且在电子、通信、计算机、软件开发等领域以及制造业、金融业、保险业,甚至政府机关和非营利性组织,以及国际组织中也得到广泛的应用,成为组织业务运作的重要模式。现代项目管理的发展呈现以下趋势。

1. 管理方法的集成化

20世纪80年代后,随着项目管理应用的扩展,如在电信业、制造业、制药业、金融业、计算机软件开发业等行业的广泛应用,项目管理理论和技术有了进一步的发展,管理的视角和层面都增加了。

2. 决策方法的模型化

项目管理中的决策方法可划分为定性决策与定量决策两个方面。项目管理决策的科学化、合理化、精确化的工具正在不断增加。运筹学、模糊数学、概率论、博弈论等定量工具都得到了越来越多、越来越深入的应用。同时,随着计算机及软件工具的不断普及,计算机已经几乎可以解决所有的模型优化问题,成为项目综合评价决策的主要手段。这也成为当今项目管理发展的一个重要特征。

3. 人员管理的人性化

现代项目管理十分重视以人为本的理念。现代项目管理学,把"沟通管理""人力安排""教育培训""团队建设""学习型组织""目标激励""冲突管理"等内容都充实到了项目管理工作中,充分体现出了管理对人的重视、关怀,体现出了项目管理的人性化。

4. 项目管理的智能化

知识管理是现代项目管理的重要内容。越来越多的企业正在实施知识共享,运用集体智慧提高企业的应变能力和创新能力,把知识迅速地转化为生产力。

5. 信息交流的网络化

新经济时代的重要特征便是网络化和软件工程的发展,现代项目管理越来越需要借助于先进的信息工具,将网络信息技术、客户关系管理充分有效应用。近些年来随着ERP、价值工程、系统工程在企业中的广泛应用,信息技术已经成为提高企业竞争力和运营效率的有效武器。

6. 管理机构的全球化

市场经济的日益发达和经济的全球化发展,也促使了项目管理的全球化发展,主要表现在国际的项目合作日益增多、国际化的专业活动日益频繁、项目管理专业信息的国际共享、项目管理学者的国际交流日益频繁、项目管理知识体系国际趋同,等等。

7. 应用领域的多元化

当代的项目管理已深入各行各业,以不同的类型、不同的规模出现,项目无处不在,项目管理处处使用。项目应用的行业领域及项目类型的多样性,也导致了各种各样的项目管理理论和方法的出现,从而促进了项目管理的多元化发展。

8. 项目管理的职业化、专业化发展

项目管理的广泛应用,促进了项目管理向专业化方向的发展,突出表现为:项目管理知识体系的不断发展和完善,学历教育和非学历教育竞相发展,各种项目管理软件开发及研究咨询机构的出现,等等。同时,项目经理职业化的脚步也在不断加快,各种项目经理资质考试已成为年轻人追求的事业。应该说项目执业资质认证为项目管理的职业化、专业化起到了推波助澜的作用,这也是项目管理学科逐渐走向成熟的标志。

小资料

拥有项目管理思维 人人都可以成为项目经理

项目管理思维可以帮助我们在面对一件待解决的复杂事务时,能够理清思路、考虑周全、明确行动并且最终收获宝贵的经验。项目管理思维涉及六个方面的内容:

第一,聚焦目标。项目管理思维通常会让人们在面对一件待解决的复杂事务时,先聚焦目标,思考清楚完成这件事产生出什么样的产品、服务或成果才算达成了目标。通过 SMART 原则去构建一个清晰的目标,并用目标来指导行动的方向。

第二,通过系统性思考来分解工作。无论是策划一场产品发布会、组织一次全员培训、策划一场婚礼,还是安排一次全家旅行,都需要通过系统性的思考来综合认知完成这件事的整体概貌、阶段和步骤。将它们分解成一个个有产出成果的任务,并且在整个过程中可以随时监控完成任务的进展和状态。

第三,制订计划。在一件待解决的事情面前,有意识地先去制订计划,是项目管理中很重要的一种思维方式。计划可以是一个 Excel 表格,可以是一个贴上便签的看板,也可以是一张甘特图。总之,需要一个计划来勾勒出未来完成这件事预期的进展和完成时间。

第四,团队协作与有效沟通。解决一件复杂的事情,需要团结参与其中的所有人来共同努力。团队协作与有效沟通从始至终都发挥着不可替代的作用。首先,要能明确团队成员之间基于任务的责任矩阵,让整个团队责权明晰;其次,完成自己任务的同时,还能协助团队里的其他人完成任务。

第五,考虑风险。每一件要完成的事情,都有或多或少的因素导致可能无法完成,或者完成的时间、质量、成本等无法达到目标要求,这些因素就是需要考虑的风险。拥有风险意识,可以让我们做事时能提前进行风险规避、做好应对措施和心理准备,提高达成目标的成功率和调整对结果的心理预期。

第六,善于总结。总结本次工作中有哪些是团队做得好或者不好的地方,好的地方号召大家以此为榜样,在以后的工作中继续保持;不好的地方要吸取教训,避免以后再次发生。

资料来源:拥有项目管理思维,才是真正的项目经理! [EB/OL]. (2018 – 08 – 04)[2019 – 05 – 28]. http://www. sohu. com/a/245223667_737873.

(三)我国项目管理的发展

20 世纪 60 年代中期,科学家钱学森推广的系统工程理论和方法,华罗庚推广的"统筹法",国防科委引进的国外大型科技项目的管理理论和方法等拉开了中国项目管理的序幕。20 世纪 60 年代研制第一代战略导弹武器系统时,引进了网络计划技术、规划计划预算系统、工作任务分解系统等技术,并结合我国国情建立了一套项目组织管理理论,如总体设计部、两条指挥线等。

20 世纪 70 年代,我国从国外引进了全寿命管理概念,派生出全寿命费用管理、一体化后勤管理、决策点控制等管理理论和方法。这些方法在许多大型工程项目,如上海宝钢工程、北京正负电子对撞机工程、秦山核电站工程等,都得到了实际应用。20世纪80年代初的鲁布革水电站工程在引入项目管理思想后,工期提前了五个月,造价降低了40%。2008年北京奥运会的成功举办,是我国第一次将项目管理的理论和方法应用于大型公共活动。

20世纪80年代以后,现代项目管理方法在国内得到了推广应用。当时一些国外专家和从国外回国的中国学者在国内介绍和推行项目管理。如美国专家约翰·宾(John Bing)曾经在当时国家经委大连管理干部培训中心讲授过项目管理课程,其后,他又几次在天津大学举办项目管理讲座。同济大学丁士昭教授1982年回国后在国内建筑工程领域积极宣传项目管理知识,1983年在中国建筑学会建筑经济学术委员会举办的项目管理学习班上讲授了项目管理方法。这些努力对项目管理在中国的传播起到了重要作用。1982年,在我国利用世界银行贷款建设的鲁布革水电站引水导流工程中,日本建筑企业运用项目管理方法对这一工程的施工进行了有效的管理,收到了很好的效果。随着项目管理影响的扩大,中国政府也开始关注项目管理科学。1987年,国家计委等五个政府有关部门联合发出通知,确定了一批试点企业和建设项目,要求采用项目管理。1991年,建设部进一步提出把试点工作转变为全行业推进的综合改革,全面推广项目管理。

2000年,美国项目管理学会的项目管理专业人员PMP认证进入我国。2001年下半年,国际项目管理协会(IPMA)的国际项目管理专业资质认证进入我国,并在北京、上海、西安、深圳开展了首次全国性IPMA认证。项目管理专业资质认证工作进一步推动了项目管理在我国的深入发展。2003年,项目管理领域工程硕士首次在清华大学和北京航空航天大学招生,2004年,全国三十多所大学开办了项目管理领域工程硕士班,这标志着国内高层次项目管理专业人才的培养有了一个新开端。另外,与经济管理其他学科一样,国外项目管理经典原著被相继引进并在我国高校使用,对推动我国项目管理学科的理论发展起到了重要的作用。

二、项目与项目管理的核心概念

(一)项目的概念、类型与特征

1.项目的概念

在我们的现实生活中,"项目"这个专业术语有时被人们用得比较模糊,人们似乎把他们所做的一切事情都称之为项目。美国项目管理专业资质认证委员会主席保罗·格雷斯(Paul Grace)说:"在当今社会中,一切都是项目,一切也将成为项目。"许多相关组织及学者都给项目下过定义,其中有代表性的有以下几种。

(1)ISO 9000:2000对项目的定义。项目是由一组有起止日期的、相互协调的受控活动组成的独特过程,该过程要达到符合包括时间、成本和资源的约束条件在内的规定要求的目标。

(2)美国项目管理学会对项目的定义。项目是创造特定产品或服务的一项有时限的任务。其中,"时限"指每一个项目都有明确的起点和终点;"特定"指一个项目所形成的产品或服务在关键特性上不同于其相似的产品和服务。

(3)《中国项目管理知识体系纲要》对项目的定义。项目是为完成一个唯一的产品或服务而进行的一种一次性努力。该定义与美国项目管理学会的《项目管理知识体系指导》的定义基本相同。

(4)德国国家标准DIN69901对项目的定义。项目是指在总体上符合如下条件的唯一性任务;项目具有预定的目标,具有时间、财务、人力和其他限制条件,具有专门的组织。

(5)哈罗德·科兹纳(Harold Kerzner)对项目的定义。项目是具有以下条件的任何活动和任务的序列:一是有一个将根据某种技术规格完成的特定的目标;二是有确定的开始和结束日期;三是有经费限制;四是消耗资源(如资金、人员、设备等)。

(6)R.J.格雷厄姆对项目的定义。项目是为了达到特定目标而调集到一起的资源组合,它与常规任务之间关键的区别是,项目通常只做一次。项目是一项独特的工作努力,即按某种规范及应用标准导入或生产某种新产品或某项新服务。这种工作努力应当在限定的时间、成本费用、人力资源及资财等项目参数内完成。

综合以上观点,项目是指一项为了创造某一唯一产品或服务的时限性工作。其中,所谓"时限性"是指每一个项目都具有明确的开端和明确的结束;所谓"唯一"是指该项产品或服务与同类产品或服务相比在某些方面具有显著的不同。

2.项目的类型

项目的类型多种多样,如:开发一项新的产品或服务,改变一个组织的结构、人员配置或组织类型,开发一种全新的或是经修正过的信息系统,修建一座大楼或一项设施,开展一次政治性的活动,完成一项新的商业手续或程序等活动都是一个项目。项目的典型类别主要包括以下几种:

(1)新产品或新服务的开发项目。例如,新型家用电冰箱、空调的研制开发项目和新型旅游服务开发项目等。

(2)技术改造与技术革新项目。例如,现有设备或生产线、生产场地的更新改造项目和生产工艺技术的革新项目等。

(3)组织结构、人员配备或组织管理模式的变革项目。例如,一个企业的组织再造项目,或一个政府机构的职能转变与人员精简项目等。

(4)科学技术研究与开发项目。例如,纳米技术与材料的研究与开发项目、生命科学的技术与理论研究和开发项目等。

(5)信息系统的集成或应用软件开发项目。例如,国家金税工程、金卡工程等项目,企业管理信息系统、游戏软件、办公软件等项目。

(6)建筑物、设施或民宅的建设项目。例如,政府大楼、学校教学大楼、商业写字楼、大型旅馆饭店、民用住宅、工业厂房、商业货栈、水利枢纽等建设项目。

(7)政府、社会团体组织推行的新行动。例如,希望工程、农村经济体制改革、申办奥运会等项目。

(8)大型体育比赛项目或文娱演出项目。例如,奥运会比赛、世界杯比赛、国庆晚会演出、系列大奖赛等项目。

(9)开展一项新经营活动的项目。例如,有奖销售活动、降价促销活动等项目。

(10)各种服务作业项目。例如,替客户组织一场独特的婚礼、为客户提供一项独特的旅游等项目。

3.项目的特征

不同的项目具有各自独有的特征。但是从本质上说,不同的项目又具有共同特征。不管是科研项目、服务项目还是房地产开发项目,它们的根本特征是相同的。

(1)目的性。任何一个项目都是为实现特定的组织目标服务的。

（2）独特性。每个项目都有某些方面是以前所没有做过的,是独特的。

（3）一次性。每个项目都有自己明确的时间起点和终点,不管项目持续多长时间,每个项目都是有始有终、一次性的。

（4）制约性。每个项目都会受客观条件和资源的制约。

除以上特征外,项目还具有创新性和风险性、项目成果的不可挽回性、项目组织的临时性和开放性等特征。

4. 项目成功的标志

项目的成功很难界定,因为对项目的评价需要考虑很多问题。一般来说,项目成功的定义必须考虑时间、预算、功能、质量、用户满意度等项目的本质因素。以下几个方面可作为成功项目的标志：

（1）项目满足预定的使用功能要求,达到预定的生产能力或使用效果,能经济、安全、高效率地运行；

（2）项目在预算费用（成本或投资）范围内完成,尽可能地降低费用消耗,减少资金占用,保证项目的经济性要求；

（3）项目在预定的时间内完成项目的建设,不拖延,及时地实现投资目的；

（4）项目使相关各方面都感到满意；

（5）项目与环境相协调；

（6）项目具有可持续发展的能力和前景。

（二）项目管理的概念、利益相关者与特征

1. 项目管理的概念

国内外学者从不同的角度对项目管理的定义做出了不同的诠释。

（1）国内学者毕星认为,项目管理是通过项目经理和项目组织的努力,运用系统理论和方法对项目及其资源进行计划、组织、协调和控制,旨在实现项目特定目标的管理方法体系。他强调项目经理在项目管理中的作用。

（2）国内学者白思俊认为,项目管理就是以项目为对象的系统管理方法,通过一个临时性的专门的柔性组织,对项目进行高效率的计划、组织、指导和控制,以实现项目全过程的动态管理和项目目标的综合协调与优化。这里强调的是系统管理方法和组织,通过组织和系统方法实现项目目标。

（3）美国项目管理学会对项目管理的描述可以归纳为：为了满足甚至超越项目涉及人员对项目的需求和期望而将理论知识、技能、工具和技巧应用到项目的活动中去,从而平衡时间、范围、成本和质量之间的关系。所以,项目管理知识体系强调对项目活动中的各种资源和目标的平衡,管理中心是平衡,体现了项目管理的优化思想。

本书中我们采用的项目管理的概念是："项目管理就是把相关的知识、技能、工具和技术应用于项目各项工作之中,以满足或超过项目利益相关者对项目的要求和期望。"

2. 项目管理的利益相关者

任何项目的开展与实施都离不开各方面组织与人员的参与,这些组织与人员都有各自的利益,项目的最终目的是满足各方面组织与人员即利益相关者的需要。项目管理的概念中所指的项目利益相关者,也被称为项目干系人,是指参与项目或项目涉及的各方面的组织与人

员。这些组织和人员,有的参与了项目的实施,他们的利益直接受到项目成败的影响;有的虽然没参加项目的实施,他们的利益也直接或间接地受到项目的影响。

常见的项目利益相关者有下列几种:

(1)项目业主。项目业主是项目的投资人和所有者,是一个项目的最终决策者。项目业主有时是项目的直接用户,有时甚至还是项目的直接实施者。

(2)项目经理。项目经理是负责管理与运作项目的个人,是一个项目的领导者、组织者、管理者和项目管理决策的制订者,也是项目重大决策的执行者。项目经理是项目法人业主委托的项目代理人,也是项目管理的核心人物。

(3)设计商。设计商是项目业主委托的项目设计单位,全权承担项目设计任务。

(4)建设公司。建设公司包括总承包商和分承包商,负责承包全部或部分项目工程建设任务。

(5)监理公司。监理公司受项目业主的委托负责对项目过程进行工程监理,确保工程项目的建设质量。

(6)供应商。供应商负责承担项目的材料供应与设备供应业务。

(7)咨询公司。咨询公司是为项目提供各类咨询建议的专业机构。

(8)金融机构。金融机构是为项目贷款或提供担保的金融组织。

(9)用户。用户是项目产品和服务的使用者或购买者。

(10)社区公众。社区公众是指项目所在地区的公民与群众,包括个人与组织。

(11)地方政府。地方政府是指项目所在地区的政府及相关管理部门。

几乎在所有项目的活动过程中,项目利益相关者都发挥着重要作用,他们有些是积极的参与者,有些是被动的观望者,甚至是激烈的反对者。他们对项目具有不同程度的权力和影响力,他们所做的决定和采取的行动对项目运作与实施关系很大。因此项目管理者必须识别项目利益相关者,弄清他们的需求和期望,兼顾各方的利益,对不同期望进行有效管理并将其转变为确保项目成功的积极因素。

3.项目管理的特征

(1)创新性。项目的一次性特点,决定了每实施一个项目都是在一定程度上的创新。项目管理的基本特点就是具有创新性,创新是项目管理的核心内容之一。如果项目管理没有创新性,项目建设成功以后就缺乏竞争力。

(2)普遍性。项目作为一种创新活动普遍存在于人类社会活动之中。我们现有的各种物质、文化成果在满足人们需要的程度上都会随着人们需求的变化而变化,为了更高程度地满足人们的需要,就不断需要具有创新性的开发项目。因此,项目管理普遍存在于企业、政府和社会中。

(3)目的性。任何项目管理都有一定的目的性,项目最终的目的在于"满足或超越项目所有利益相关者的要求和期望"。项目管理的目的性不仅表现在通过项目管理活动保证或超越那些项目利益相关者的要求,而且要通过项目管理发现潜在的要求和期望,探讨满足潜在要求的途径。例如,为一家业主装修房子,不仅要满足业主的需求,而且要开发业主的潜在需求,帮助业主设计,启发业主对装潢的需要。

(4)独特性。项目管理既不同于一般的生产管理,也不同于常规的行政管理,它是为完成独特的任务而设计的一套完整的管理体系,有自己独特的管理方法、体系和工具。整个项目管理理论系统自成体系。

（5）复杂性。项目一般由多个部分组成，工作跨越多个组织、多个学科、多个行业，可供参考的经验很少甚至没有，不确定因素很多。因此，项目管理需要在多种约束条件下实现项目目标，这些限制条件也就决定了项目管理的复杂性。

（6）项目管理需要专门的组织和团队。项目管理通常要跨越部门的界限，在工作中将会遇到许多不同部门的人员。因此，项目管理需要组建一个由不同部门、不同专业人员组成的，不受现存组织约束的项目团队。

（7）项目经理的作用非常重要。项目经理要在有限的资源和时间的约束下，运用系统的观点、科学合理的方法对与项目相关的所有工作进行有效的管理。因此，项目经理对项目的成败起着非常重要的作用。

（三）项目管理的过程

1. 项目管理的要素

所谓项目管理要素是指项目管理过程中项目经理可以支配的管理要素，它可以是有形的项目要素，也可以是无形的项目要素。

（1）资源。资源的概念内容十分丰富，可以理解为一切具有现实和潜在价值的东西，包括自然资源和人造资源、内部资源和外部资源、有形资源和无形资源。如人力资源、材料、机械、资金、信息、科学技术、市场等；除此之外，还有专利、商标、信誉以及某种社会网络等。项目管理本身作为管理方法和手段，也是一种资源。项目资源往往不同于其他组织机构的资源，它们都是临时拥有和使用的。资金需要筹集，服务和咨询力量可采购（如招标发包等）或招聘，有些资源还可以租赁。项目管理过程需要抓住主要资源的管理，不求所有，但求所用。在项目经理可以控制的资源限度之内，要最大限度地提高资源使用效率，合理配置资源。

（2）需求和目标。项目利益相关者的需求是多种多样的。通常可把项目需求分为两类：必须满足的基本需求和附加获取的期望要求。基本需求包括项目实施的范围、质量要求、利润或成本目标、时间目标，以及必须满足的法规要求等。在一定范围内，质量、成本、进度三者是互相制约的，当进度要求不变时，质量要求越高，则成本越高；当成本不变时，质量要求越高，则进度越慢；当质量标准不变时，缩短时间则需要增加成本投入。

（3）项目计划。项目管理的重要环节是制订项目计划，计划制订的正确程度是项目管理成功与否的前提。因此，项目经理的主要职能就是要制订计划、分配资源、设计组织和检查进度等。不同项目的计划制订方法可不同。现代项目常用的计划制订方法和过程是采用工作分解结构（work breakdown structure，WBS）方法对项目进行分解、估算，然后采用网络优化方法进行分析和优化。

（4）外部环境。每个项目都是在一定的外部环境中实施的，环境要素在项目实施过程中产生着重要的作用。项目经理要积极利用环境资源，化解外部矛盾，充分利用积极要素为项目服务。如积极争取政府、社区对项目的支持，充分发挥承约商的无形资产的作用等，都可以提高项目管理的效率。

2. 项目管理的目的与手段

（1）项目管理的最终目的是满足甚至超越项目各方对项目的需求与期望。

项目业主/客户对项目的要求和期望，是以最小的投资获得最大的收益和项目产出物的功能；项目承包商对项目的期望，是以最小的成本获得最大的利润；项目供应商对项目的要求，是能够获得更多的销售收入；项目设计者或研制者对项目的期望，是能留下传世之作和有所收益；项目所在社区对项目的期望，是不要破坏环境；政府主管部门对项目的要求，是项目能扩大就业和提高社会福利等。要使这些不同的要求和期望很好地实现，并且综合平衡，甚至超越项目各方对项目的需求与期望，是项目管理的难点所在，也是项目管理的最终目标。

（2）项目管理的手段是综合运用各种知识、技能、方法和工具。

由于项目管理十分复杂和艰巨，涉及的活动和问题非常广泛，因此，项目管理需要运用多种知识、技能、方法和工具，去开展各种各样的管理活动。知识和技能既包括独特的项目工期、质量、成本、风险管理等方面的知识和技能，也包括项目本身所涉及具体专业领域的专门知识与技能，同时还包括一般管理的计划、组织、领导、协调、控制等管理知识和技能。

3. 项目管理的基本过程

项目管理是一种综合性的工作，是通过合理运用与整合各项目过程来实现的。根据其逻辑关系，可以把项目管理的过程归类成五大过程组。各过程组之间存在着内在的相互作用关系，成功的项目管理要求能有效地控制这些过程组间的相互作用。另外，由于每个项目都是临时性的工作，就需要有启动过程来开始项目，以收尾过程来结束项目。项目管理的过程如图1-1所示。

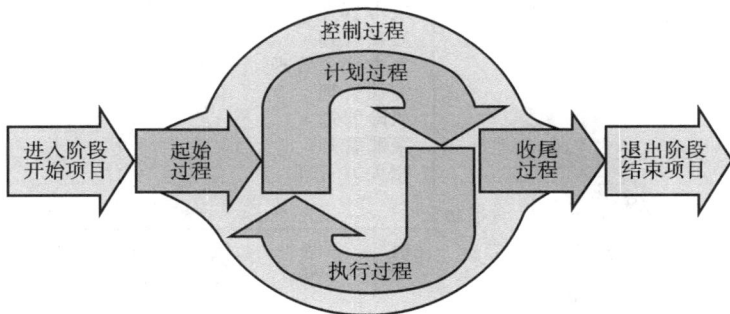

图1-1 项目管理的过程组

（1）项目起始过程。项目起始表明一个项目或一个阶段可以开始了，并要求着手实行。该过程是获得项目授权，定义或确定一个新项目或现有项目的一个新阶段，是正式开始该项目或项目阶段的一组过程。

（2）项目计划过程。进行项目计划并且形成一份可操作的项目进度安排，确保实现项目的既定目标。该过程是明确项目范围，优化项目目标，并为实现项目目标而制订行动方案的一组过程。

（3）项目执行过程。重点是协调人力和其他资源，执行项目计划。该过程是完成项目管理计划中确定的工作，并实现项目目标的一组过程。

（4）项目控制过程。通过项目过程监督和检测，确保项目达到目标，必要时需采取一些修正措施。该过程是跟踪、审查和调整项目进展与绩效，识别必要的计划变更并启动相应变更的一组过程。

（5）项目结束过程。取得项目或项目阶段的正式认可，并且有序地结束该项目。该过程是为完结所有过程组的所有活动以正式结束项目或阶段而实施的一组过程。

三、项目管理的知识体系

（一）项目管理知识体系的概念及构成

知识体系，即知识理论的系统框架。项目管理知识体系（project management body of knowledge，PMBOK），是指在项目管理所要开展的各种管理活动中要使用的各种理论、方法和工具等一系列内容的总称。它已成为项目管理的权威标准和项目经理的必备资料。1996年，美国项目管理学会颁发了项目管理知识体系大纲，随后国际项目管理协会也制订了类似的知识体系。美国项目管理学会的项目管理知识体系处于不断发展和完善过程中，每隔四五年会对知识体系的内容进行版本的修订更新。2017 年 11 月，*PMBOK Guide* 第 6 版正式发布。项目管理的知识体系可分为十大知识领域、五大管理过程组和四阶段治理，如图 1-2 所示。

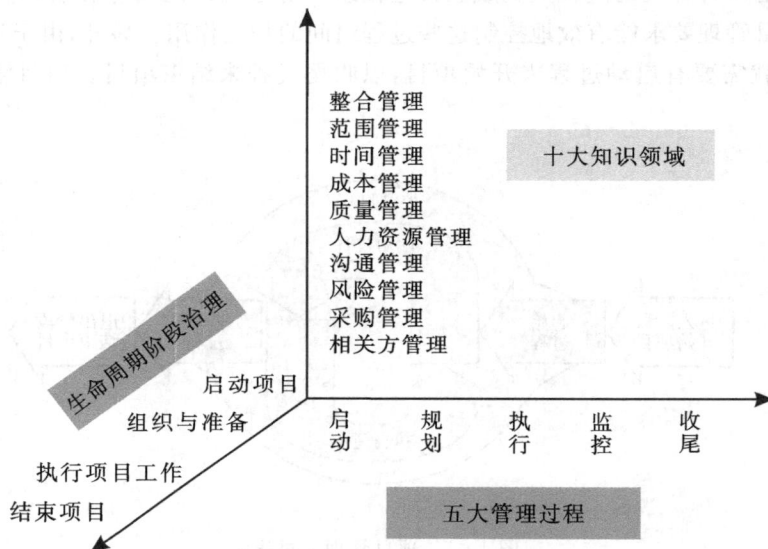

图 1-2　项目管理知识体系

1. 项目整合管理

项目整合管理是确保各项目工作能够相互协调配合所需要的综合性管理工作，它由项目计划制订、项目计划实施和综合变更控制构成。

2. 项目范围管理

项目范围管理是为达成项目预期目标而对整个项目工作内容与范围的确定、保持、控制所需要的管理工作。项目范围是指保证项目目标实现所包含的需要完成的工作内容。项目范围管理首先要对整个项目的工作领域做出界定，并对项目实施工程中的范围变更进行有效的控制。项目范围管理由启动、范围计划编制、范围定义、范围核实和范围变更控制构成。

3. 项目时间管理

项目时间管理是保证整个项目能够按时完成所开展的管理工作。任何项目的开展都是由许多相关联的活动组成的,既要保质保量完成各项活动,又要缩短项目实施周期,就必须对项目各部分工作进行时间进度的统一管理。项目时间管理由活动定义、活动排序、活动历时估算、进度计划编制和进度计划控制构成。

4.项目成本管理

项目成本管理是在项目开展过程中,确保在批准预算内完成项目所需各项工作内容所进行的费用管理。项目成本管理的目的是全面地控制项目总成本,力争不超支和尽量少超支。项目成本管理由资源计划编制、成本估算、成本预算和成本控制构成。

5.项目质量管理

项目质量管理是在项目开展过程中为确保项目质量,满足其所执行标准的要求而进行的管理工作。项目质量管理的目的是通过对项目实施的各项工作和项目产出物的质量的控制,保证项目获得成功。项目质量管理由质量计划编制、质量保证和质量控制构成。

6.项目人力资源管理

项目人力资源管理是在项目开展过程中,为确保有效地利用各种人力资源而进行的管理工作。项目人力资源管理的目的是选配项目实施所需的各类专业管理人员,并充分发挥他们的能力和创造性,去实现项目的目标。项目人力资源管理由组织的计划编制、人员获取和配备、项目团队建设构成。

7.项目沟通管理

项目沟通管理是在项目开展过程中为确保有效地生成、收集、储存、处理和使用项目有关的信息,而进行的信息传播与交流工作。项目沟通管理的目的是通过项目参与各方的交流,消除误解、化解矛盾,以保证项目顺利实施并获得成功。项目沟通管理由沟通计划编制、信息发送、绩效报告和管理收尾构成。

8.项目风险管理

项目风险管理是对项目开展过程中可能面临的风险进行系统、全面管理的工作。项目风险管理的目的是为了规避风险,减少风险造成的损失,以确保项目目标的实现。项目风险管理由风险管理计划、风险识别、风险分析、风险应对措施制订和风险监控构成。

9.项目采购管理

项目采购管理是执行机构从项目组织外部获得物资和服务所需要的管理工作。项目采购管理的目的是经济、合理、可靠地获得外部资源,保证项目顺利实施。项目采购管理由采购计划编制、询价计划编制、询价、供方选择、合同管理和采购合同收尾构成。

10.项目相关方管理

项目相关方管理是指识别项目相关方需要,并通过制订项目相关方参与项目计划,管理和监督项目相关方参与项目的过程,加强沟通管理,赢得更多支持,从而确保项目取得成功的管理工作。

(二)项目管理知识体系的相互关系

项目管理知识体系的各组成部分之间的相互关系可以从以下几个方面进行认识:

1.项目管理知识体系的三大核心性内容

项目管理知识体系的核心部分是三大管理,即项目时间管理、项目成本管理和项目质量管理。这是项目管理最核心的目标,换句话讲,就是要在有限的时间内、在预算范围内、保质保量地完成项目范围内的各项工作,实现项目的目标,满足项目利益相关者的需要。

2.项目管理知识体系的三大综合性内容

项目管理知识体系的综合管理包括三个部分内容,即项目整合管理、项目范围管理和项目风险管理。这是将项目视为一个完整的系统去思考和分析的,重点在于解决项目的一些全局性的问题。

3.项目管理知识体系的四大保障性内容

项目管理知识体系的保障管理包括四个部分内容,即项目相关方管理、人力资源管理、采购管理和沟通管理。这是从资源的开发利用和项目运行过程角度,考虑如何支持与保证项目的实施过程能够按期达成目标。

总之,项目管理的十大知识体系相互联系,互为补充,相互促进,融为一个整体,为组织学习掌握项目管理的理论体系提供了一种途径。

小资料

美国项目管理学会

美国项目管理学会(Project Management Institute,PMI),成立于 1969 年。PMI 是全球领先的项目管理行业的倡导者,它创造性地制定了行业标准,并正在构筑不断扩展的专业知识体系,让项目管理从业人员成为各自所在组织不断变革、创新发展的推动力量。PMI 目前拥有来自全球 185 个国家和地区的 50 多万名会员和证书持有人。由 PMI 组织编写的《项目管理知识体系指南》已经成为项目管理领域最权威的教科书,被誉为项目管理"圣经"。PMI 推出的项目管理专业人员资格 PMP 认证已经成为全球权威的项目管理资格认证,受到越来越多人的青睐。

资料来源:美国项目管理协会[EB/OL].[2019 - 06 - 03]. https://baike. baidu. com/item/美国项目管理协会/6852259? fr＝aladdin.

四、项目管理的基本技术与方法

项目管理的主要方法与工具如表 1 - 2 所示。这些方法和工具曾对很多行业的深刻变革做出了巨大贡献,经过不断发展创新,仍普遍适用于当今项目管理实践。

(一)项目时间管理的技术与方法

项目时间管理(project time management),也被称为项目工期管理或项目进度管理(project schedule management),主要是围绕时间或进度来对项目及其所拥有的资源,运用系统的理论和方法进行高效率的计划、实施和控制,最终获得项目目标交付物的系统管理方法。

1.项目活动排序的技术和方法

确定了活动之间存在某种逻辑关系后,需要运用一定的工具和方法来描述项目各项活动的顺序,这就是项目活动网络计划技术。绘制项目活动网络图(network diagramming)的一般过程是通过识别项目活动的逻辑关系、排队顺序和持续时间来进行。绘制项目活动网络图的方法主要有两种:一种是节点活动法;另一种是箭线活动法。

表1-2 项目管理的主要方法与工具

项目管理领域	项目管理方法与工具
项目时间管理	项目活动排序(节点活动法、箭线活动法)
	项目活动时间估算(专家判断法、类比估算法)
	项目进度计划(甘特图法、关键路径法、计划评审技术)
项目成本管理	全过程成本管理
	生命周期成本管理
	全面成本管理
项目质量管理	质量策划方法(流程图法、项目质量成本分析、水平对比法)
	质量控制方法(检验、控制表、排列图、抽样调查统计)
项目风险管理	风险管理规划方法(风险管理图表法、风险分解结构法、风险规划会议法)
	风险识别方法
	风险监控方法(审核检查法、监视单法、直方图法、因果分析图法)

(1)节点活动法,也称为前导图法或单代号网络图法。它是用节点表示活动,通过箭线的连接表明活动之间的相互逻辑关系的方法。节点活动法可用手工绘制,也可用计算机实现。

(2)箭线活动法,又称为箭线图法或双代号网络图法。它是用节点(用圈表示)代表一个事件,用连接两个节点的箭线表示活动,一个箭线表示需要时间和资源的一个项目活动,通过节点将活动连接起来表示活动的相互逻辑(依赖)关系的方法。

2.项目活动时间估算的技术和方法

(1)专家判断法。许多因素都会影响项目活动所需的时间,如资源能力的高低、劳动生产率的不同等。当项目涉及新技术或不熟悉的领域,而且项目经理或项目管理人员由于不具备这些专业知识时,经常会很难做出正确合理的时间、成本和资源估算。这时就需要借助项目管理专家的知识和经验,最好是能得到多个专家意见,对项目活动的时间长度、成本和资源做出权威的估算,从而在此基础上采用一定方法来获得更为可信的估计结果。

(2)类比估算法。类比估算法也可以称作历史估算法或最大可能性估算法,是指利用一个先前类似活动的实际时间、成本和资源需求来估算当前相应项目活动的可能时间、成本和资源需求。类比估算法一般在当前项目的各种资料和信息比较缺乏的情况下使用。

3.项目进度计划的技术和方法

在制订项目进度计划时,可先用数学分析方法计算出每个活动的最早开始时间和结束时间与最迟开始时间和结束时间,得出时间进度网络图,再根据资源因素、活动时间等限制条件来调整活动的进度,最终形成最佳的活动进度计划。常用的制订进度计划的方法有甘特图法、关键路径法及计划评审技术等。

(1)甘特图法。甘特图(Gantt chart,GC),又称横道图、条形图,是通过日历形式列出项目活动时间及其相对应的开始时间和结束时间关系,为反映项目进度信息提供了一种标准格式。甘特图的最大优点在于简单、明了、直观、易于绘制,它为显示项目计划进度与实际进度信息提供了一种标准格式。甘特图一般适用于比较简单的小型项目。

(2)关键路径法。关键路径法(critical path method,CPM),也称关键路径分析法,是一种最常用的数学分析技术。该方法借助于项目网络图和各活动持续时间估算值,通过顺推法计算各项活动的最早时间,通过逆推法计算活动的最迟时间,这样可以决定哪些活动的进度安排灵活性最小,在此基础上确定关键路径,并对关键路径进行调整和优化,从而使项目完成时间最短,使项目进度计划最优。

(3)计划评审技术。计划评审技术(program evaluation and review technique,PERT),是先用概率统计方法求得项目活动期望平均时间,并以此时间作为网络图中相关活动的持续时间,将不确定性进度计划转为确定性进度计划,再进行进度计划时间参数估算和分析的方法。

(二)项目成本管理的技术与方法

现代项目成本管理中,比较科学、能客观反映项目成本管理客观规律的理论和方法主要有三种:项目全过程成本管理的理论与方法、项目全生命周期成本管理的理论与方法、项目全面成本管理的理论与方法。

1.项目全过程成本管理的理论与方法

项目成本管理科学中的项目全过程成本管理的理论和方法,是我国项目成本管理工作者提出的,是我国项目成本管理学界对项目成本管理科学所做的重要贡献之一。1997年,中国建设工程成本管理协会下发的文件《建设工程成本管理工作要素(征求意见稿)》中提出:一是项目成本本身要合理,二是实际成本不超过概算,为此要从项目的前期工作开始,采取“全过程、全方位”的管理方针。其中,“成本本身要合理”是指在项目成本确定方面努力实现科学合理;“实际成本不超过概算”是指要开展科学的项目成本控制使实际成本不超过项目成本的预算;而“采取‘全过程、全方位’的管理方针”,就是指要采取“项目全过程成本管理”的方针。

2.项目全生命周期成本管理的理论与方法

项目全生命周期成本管理是项目投资决策的一种分析工具,是一种用来选择和决策项目备选方案的方法;项目全生命周期成本管理是项目设计的一种指导思想和手段,项目全生命周期成本管理是要计算项目整个服务期的所有成本,包括直接的、间接的、社会的、环境的等;项目全生命周期成本管理是一种实现项目全生命周期包括项目前期、项目实施期和项目使用期总成本最小化的方法。项目全生命周期成本管理方法的根本出发点是要求人们从项目全生命周期出发去考虑项目的成本和项目成本管理问题,其中最关键的是要实现项目整个生命周期总成本的最小化。

3.项目全面成本管理的理论与方法

韦斯特尼(R. E. Westney)给全面成本管理下的定义是“全面成本管理,就是通过有效地使用专业知识和专门技术去计划和控制项目资源、成本、盈利和风险”。国际全面成本管理促进会对全面成本管理的系统方法所涉及的管理内容给出了界定。项目全面成本管理主要包括如下几个阶段的工作:

(1)发现需求和机遇阶段相关的项目成本管理工作;

(2)说明目的、使命、目标、指标、政策和计划阶段相关的项目成本管理工作;

(3)定义具体要求和确定管理技术阶段相关的项目成本管理工作;

(4)评估和选择项目方案阶段相关的项目成本管理工作;

(5)根据选定方案进行初步项目开发与设计阶段相关的项目成本管理工作;

(6)获得设施和资源阶段相关的项目成本管理工作;

(7)实施阶段相关的项目成本管理工作；

(8)完善和提高阶段相关的项目成本管理工作；

(9)服务和重新分配资源阶段相关的项目成本管理工作；

(10)处置阶段相关的项目成本管理工作。

(三)项目质量管理的技术与方法

项目质量管理，是指通过制订质量方针、建立质量目标和标准，并在项目寿命周期内持续使用质量计划、质量控制、质量保证和质量改进等措施来落实质量方针的执行，确保质量目标的实现，最大限度地使顾客满意。

1.项目质量策划的方法

(1)流程图法。流程图是将过程(如工艺过程、检验过程、质量改进过程等)的各个步骤用图表示的一种图示技术。该图既可以用于说明项目系统各要素之间存在的相关关系，也可以用于分析和说明各种因素和原因如何导致或如何产生各种潜在的问题和后果。流程图的应用程序包括：判别过程的开始和结束；观察或设想从开始到结束的整个过程；规定在该过程的步骤(输入、判断、决定、输出)；画出该过程的流程图草图；与过程的有关人员共同评审草图；根据评审结果，改进流程图草图；与实际过程比较，验证改进后的流程图；注明正式流程图的绘制日期，以备使用和参考。

(2)项目质量成本分析。项目质量成本，是指为保证和提高项目质量而支出的一切费用，以及因未达到既定质量水平而造成的一切损失之和。项目质量与其成本密切相关，既相互统一，又相互矛盾，所以，在确定项目质量目标、质量管理流程和所需资源等质量计划过程中，必须进行质量成本分析，以使项目质量与成本达到高度统一和最佳配合。质量成本分析，就是要研究项目质量成本的构成和项目质量与成本之间的关系，进行质量成本的预测与计划。

(3)水平对比法。水平对比法(benchmarking)，又称类比法、标杆管理或水准测试，是指组织将自己的产品或服务的过程和性能与公认的领先对手或已经完成的类似产品或服务比较，识别组织自身存在的质量改进机会的方法。水平对比法的实施步骤包括：①选择用来进行水平比较的项目；②确定对比的对象并收集数据；③分析数据资料；④寻找差距，实施对策。

2.质量控制的方法

(1)检验法。检验包括测量、检查和测试等活动，目的是确定项目成果是否与要求相一致。检验可以在任何管理层次中开展(例如，一个单项活动的结果和整个项目的最后成果都可以检验)。检验有各种名称，如复查、产品复查、审查及回顾等。在一些应用领域中，这些名称有范围较窄的专门含义。

(2)控制表法。控制表是根据时间推移对程序运行结果的一种图表展示，常用于判断程序是否"在控制中"进行。控制表可以用来监控各种类型的变量的输出。控制表常被用于跟踪重复性的活动，诸如生产事务等，也可以用于监控成本和进度的变动、容量和范围变化的频率，项目文件中的错误，或者其他管理结果，以便判断"项目管理程序"是否在控制之中。

(3)排列图法。排列图是一种直方图，由事件发生的频率组织而成，用以显示多少成果产生于已确定的各种类型的原因。排列图是用来指导纠错行动的，项目小组应首先采取措施去解决导致最多缺陷的问题。排列图与帕累托法则的观点有一定的联系，后者认为相应的少数原因会导致大量的问题或缺陷。

（4）抽样调查统计法。抽样调查统计法是抽取总体中的一个部分进行检验（例如，从一份包括 75 张设计图纸的清单中随机抽取 10 张）的方法。适当的抽样调查往往能降低质量控制成本。关于抽样调查统计有大量的书面资料和规定。在一些应用领域，熟悉各种抽样调查技巧对于项目管理小组也是十分必要的。

（四）项目风险管理的技术与方法

项目风险管理是项目管理人员对可能影响项目的不确定性进行预测、识别、分析和有效管理，以增加积极风险的概率和影响，降低消极风险负面影响的管理活动。项目风险管理的目标多是为了在出现可能引起风险的事件发生时，识别风险并做出反应以保证组织目标和行为间的一致性。

1. 项目风险管理规划方法

（1）风险管理图表法。有些组织制订了专门的样板或标准格式供项目管理者使用。组织将根据样板在项目中的应用与效果对模板不断改进，以适应项目风险管理的需要，如风险核对清单、风险跟踪记录表、风险应对计划表等。

（2）项目风险分解结构法。项目风险分解结构，是依据项目潜在风险分类，采用项目工作分解结构表示出来的项目风险的分解结构，以反映项目风险管理活动的内容和资源分配的基本情况。

（3）项目风险规划会议法。项目风险规划会议是项目组织通过若干次会议来完成项目风险管理计划的制订，是一种群体决策的活动方式。

2. 项目风险识别方法

理论上讲，风险识别应该从原因查结果，也可以从结果反过来找原因。所谓从原因查结果，就是要先找出项目会有哪些事件发生，这些事件发生后会引起什么样的结果；所谓从结果找原因，就是要根据事情的结果找出其对应的原因。在具体进行风险识别时，一般要借助一些方法与工具，提高项目组织识别风险的效率和操作的规范性，这样不容易产生风险遗漏。在具体应用过程中，通常需要结合多种方法与工具。目前比较常用的风险识别方法与工具主要有德尔菲法、头脑风暴法、虚拟团队技术、访谈法等信息收集方法，以及风险核对表、情景分析、风险倒推法和因果图法等提取风险信息的方法。

3. 项目风险监控的方法

（1）审核检查法。审核检查法是一种传统的控制方法，该方法可用于项目的全过程。审核多在项目进展到一定阶段时，以会议形式进行，主要是查出错误、疏漏、不准确、前后矛盾之处。审核检查是为了把各方面的反馈意见及时通知有关人员，一般以完成的工作成果为研究对象。审核和检查结束后，都要把发现的问题及时交代给原负责人，让他们马上采取行动，予以解决，问题解决后还需要签字盖章。

（2）监视单法。监视单是项目实施过程中需要管理工作给予特别关注的关键区域的清单。监视单的编制应根据风险评估的结果，一般应使监视单中的风险数目尽量少，并重点列出那些对项目影响最大的风险。随着项目向前进展和定期的评估，可能还需要增补某些内容。

（3）直方图法。直方图是发生的频数与相对应的数据点关系的一种图形表示，是频数分布的图形表示。直方图有助于形象化地描述项目风险，同时直方图可直接地观察和粗略估计出项目风险状态，为风险监控提供一定的参考。

(4)因果分析图法。因果分析图是表示特性与原因关系的图,它把对某项、某类项目风险特性具有影响的各种主要因素加以归类和分解,并在图上用箭头表示其间关系。因果分析图主要用于揭示需要改进的特性以及这种后果的影响因素之间的关系,以便追根溯源,确定项目风险的根本原因,便于项目风险监控。

第三节 文化产业发展与项目带动战略

文化产业项目的实施,对拉动文化内需、推动经济增长、创造就业机会具有重要功能与作用。重大文化产业项目带动战略是我国基于比较优势原则,以促进经济增长和文化繁荣为目的,积极开拓利用文化经济资源,推动实施引领性、基础性、示范性的文化产业骨干项目集群的中长期发展策略,也是深化文化体制改革,推动文化资源流向比较优势部门,促进文化要素禀赋结构升级和我国文化崛起的重要战略工具。

一、项目管理是文化企业发展的重要载体

(一)企业管理与项目管理

企业战略管理、项目管理和营销管理是现代企业极为重要的三大法宝。企业战略的实现需要通过项目,而项目的成功需要通过有效的项目管理手段。因此,项目管理只有与企业战略管理相结合,才会发挥更大的效应,才会为企业创造更大的价值。

1.项目管理是解决社会供需矛盾的主要手段

需求与供给的矛盾是社会与经济发展的动力,而解决这一矛盾的策略之一是扩大需求,如商家促销、政府鼓励个人贷款消费和社会投资、加大政府投资等都属于扩大需求。这类策略是我国目前为促进社会发展而采取的主要策略。另一策略就是改善供给,改善供给需要企业不断推陈出新,推出个性化服务和产品,降低产品价格,提高产品功能。而这类策略的采用,就要求政府和企业不断启动、完成新项目来实现,这也向项目管理提出了新的要求和挑战。

2.项目管理是知识转化为生产力的重要途径

知识经济可以理解为把知识转化为效益的经济。知识产生新的创意,形成新的科研成果,新的科研成果又可以通过一个个项目的启动、策划、实施和经营最终转化为财富。

3.项目管理是实现企业发展战略的载体

企业的使命、企业的愿景、企业的战略目标都需要通过一个个成功的项目来具体实现。成功的项目不仅能够实现企业的发展目标和利润、扩大企业的规模,而且能强化企业的品牌效应,锻炼企业的研发团队,留住企业的人才。

4.项目管理是项目经理社会价值的体现

大部分工程技术人员的人生是由一个个项目堆积而成的,技术人员和项目管理人员的价值只能透过项目的成果来反映。参与有重大影响的项目本身就是工程技术和项目管理人员莫大的荣誉。

(二)企业项目管理的适用范围

为了加强对产品开发、重大技术攻关、工程建设等方面的管理,充分整合人、财、物等资源,缩短任务周期,降低成本,同时培养复合型人才,企业会对有关项目采用大项目管理模式进行

管理。

被列为项目计划管理的大项目具有跨部门、开发周期较长(一般超过 3 个月)、经费较大(一般超过 10 万元)等特点,且对企业的经营发展具有重大意义。企业项目管理办法主要适用于以下项目范围:①新产品开发项目;②重大管理项目;③重大技术攻关项目;④工程建设项目。企业项目管理软件需要能同时很好地解决企业上述项目的项目管理需求:不但需要具有强大的时间管理、资源管理和成本管理三大核心功能,而且需要有范围管理、采购管理、沟通管理、风险管理、质量管理和集成管理功能。

(三)企业项目管理的组织机构及管理职责

1.决策机构

企业大项目管理委员会是公司大项目管理的最高决策机构,由总经理任主任,固定委员会成员由公司总经理、副总经理和总经理助理组成。根据项目的性质,公司可聘请行业内、外的专家进入大项目管理委员会任临时委员。

企业大项目管理委员会的主要职责如下:

(1)确定年度项目开发计划;

(2)对项目立项、项目撤销进行决策;

(3)评审项目计划,包括进度计划、成本预算、质量计划等;

(4)召开项目阶段性评审会对项目阶段报告进行评审;

(5)监督大项目管理相关制度的执行;

(6)对项目进行过程中的重大里程碑、重大变更计划做出决定;

(7)确定项目经理及对项目经理的考核;

(8)确定项目的绩效考核原则。

2.日常管理机构

企业大项目管理办公室为项目日常管理的常设机构,对大项目管理委员会负责,设在公司经营管理部。其主要职责如下:

(1)拟订大项目管理的各项制度;

(2)开发和维护大项目管理标准、方法和程序;

(3)制订具体的年度项目计划;

(4)依照大项目管理相关制度管理项目;

(5)对项目的进展进行适时的跟踪;

(6)协调项目开展所需的资源及项目的外部工作;

(7)组织项目阶段性评审;

(8)保存项目过程中的相关文件和数据;

(9)为优化大项目管理提出建议,主要包括为企业各个项目提供大项目管理的咨询和指导,为企业提供大项目管理培训,为企业提供大项目管理的其他支持。

二、项目带动是文化产业发展的有效模式

文化产业的健康快速发展离不开文化产业好项目、大项目的拉动。通过重大文化产业项目,引导文化生产要素的汇聚,有利于文化产业规模、速度、效益的提高,从而对文化产业发展

全局产生基础性、突破性、长期性的影响。重点文化产业项目的建设有利于集聚优质文化资源,有利于延伸文化产业链条,有利于拓展文化产业活动空间,以项目引领带动文化产业发展,有利于推动文化产业转型升级,促进文化产业做优做强。

我国重大文化产业项目主要包括国家文化产业园区(基地)、国家文化(博览)会展活动、国家文化产业基础工程等方面的内容。能够纳入带动战略的重大文化产业项目,需要紧密结合新兴产业的基本特征,引导文化生产要素的汇聚,对文化产业发展全局产生基础性、突破性、长期性的影响。重大文化产业项目具体包括:对国民经济和社会发展具有重大影响的文化建设骨干项目;与构建技术先进、覆盖全面、传输快捷的现代传播技术体系相关的文化基础设施项目;国家引导建设并主要由国家财政支持的演艺、动漫、游戏、影视等重点文化行业的大型文化产业项目;国家科技项目中能够带动文化行业重大技术进步、有利于培育新的文化业态的文化技术创新项目;跨行业、跨地区的对全国或区域文化经济发展具有重大影响和示范性的文化建设项目;区域性的对城市经济结构调整和产业升级具有较大推动作用与示范价值的文化建设项目;基于弥补市场失灵须由国家直接或参与投资建设的文化产业公共服务平台、共性技术和支撑技术研发项目;以及有利于拉动对外文化贸易、保障国家文化安全、提升中华文化影响力的重点文化工程项目等。

(一)文化产业园区(基地)

从我国文化产业实践看,包括国家级文化产业示范园区、国家文化产业示范基地、区域特色文化产业群建设等在内的文化产业项目,是树立典型,以点带面,增强我国文化产业整体实力和竞争力的重要手段。2019年8月,《国务院办公厅关于进一步激发文化和旅游消费潜力的意见》提出,为顺应文化和旅游消费提质转型升级新趋势,深化文化和旅游领域供给侧结构性改革,将从供需两端发力,不断激发文化和旅游消费潜力。促进文化、旅游与现代技术相互融合,发展基于5G、超高清、增强现实、虚拟现实、人工智能等技术的新一代沉浸式体验型文化和旅游消费内容。丰富网络音乐、网络动漫、网络表演、数字艺术展示等数字内容及可穿戴设备、智能家居等产品,提升文化、旅游产品开发和服务设计的数字化水平。到2022年,建设30个国家文化产业和旅游产业融合发展示范区,产业融合水平进一步提升,新型文化和旅游消费业态不断丰富。

(二)文化(博览)会展活动

相对于国家园区(基地)的"硬件",国家级重大文化(博览)会展是文化产业发展的"软件"。高规格地举办文化(博览)会展是现阶段检阅文化发展成果、扩大新闻宣传聚焦的重要形式。在推动文化产业发展中,国家主管部门主办或与地方政府合作举办了一批辐射全国、有一定国际性的文化会展活动。如中国(深圳)国际文化产业博览交易会、中国北京国际文化创意产业博览会、中国西部文化产业博览会、中国东北文化产业博览会及中国国际动漫节等。我国已经形成以北京、深圳、杭州、西安、武汉、沈阳等为主要承办地(代表国家文化中心、改革开放前沿地带、西部、中部和东部)的文化博览会布局。与文化博览会同样值得重点关注的是重要的节庆活动,其中最具代表性的是中国艺术节。

文化产业博览会的举办营造了氛围,聚敛了人气,产生了直接或间接的经济效益,发挥了"政府搭台、企业唱戏"的平台作用。大型文化博览会大多由政府主办、国家财政出资,从提高国家财政资金使用效益角度,国家应当从整体上对财政资助文化博览会给予具体指导,规范资金使用方向、范围和方式,减少盲目投入和重复建设。从长远看,国家需要对全国性的综合或专业文化会展进行统筹规划、合理布局。

(三)国家文化产业基础工程

1.国家级文化产品评选活动

国家级文化产品是体现党和政府意志,引导我国社会主义文化建设方向的风向标。其代表性奖项包括中共中央宣传部组织的精神文明建设"五个一工程"、原文化部组织的舞台艺术政府奖——文华奖、原文化部和财政部组织的国家舞台艺术精品工程等。优秀文艺作品是一个国家、一个时代精神文化水平的集中反映。我国对优秀文艺作品的扶持自成体系,改革开放以来精品佳作迭出,但具有世界影响力的作品还不多,文艺作品的世界影响与崛起的大国身份与形象仍不相称。

2.政府引导建立的国家文化产业研究智库

国家文化产业研究智库是推动和深化我国文化产业理论与实践研究的重要平台。其代表性研究机构包括中国社会科学院、上海交通大学、清华大学等。智库是国家文化产业决策的重要参谋部门。近十年来陆续成立了一批国家级智库,总体而言跨学科、跨地区的深度合作仍然不足,智库难于提出长远性、前瞻性、战略性的思路和策略,在国家文化产业重大决策中的影响力不大。

3.国家和地方实施的文化产业项目服务工程

文化产业项目服务工程项目是衡量政府管理部门产业服务和引导水平的一个重要指标。其代表性工程是全国文化产业项目服务工程和文化标准体系建设。国家和地方陆续推出若干新举措,但中央和地方之间没有实现有机对接,整体规划布局和协调整合需要改善,服务效率和水平有待提高。

小资料

2019年国家文化和科技融合示范基地名单

2019年3月,科技部、中宣部会同中央网信办、文化和旅游部、广电总局启动国家文化和科技融合示范基地认定工作。经合规性审核、专家函评、会议答辩、调研实勘、部门商议等环节,确定了21家"国家文化和科技融合示范基地"。重点领域为文化艺术、新闻出版、广播电视、电影、旅游、文化遗产。聚焦文化资源数字化、文化艺术展演、专业内容知识服务、数字出版、影视媒体融合、文化旅游综合服务等方向。

(一)集聚类

1.苏州高新区国家文化和科技融合示范基地

2.蚌埠高新区国家文化和科技融合示范基地

3.马栏山视频文创产业园国家文化和科技融合示范基地

4.深圳南山国家文化和科技融合示范基地

5.西安文化科技创业城产业园国家文化和科技融合示范基地

(二)单体类

1.北京四达时代软件技术股份有限公司国家文化和科技融合示范基地

2.利亚德光电股份有限公司国家文化和科技融合示范基地

3.掌阅科技股份有限公司国家文化和科技融合示范基地

4.北京蓝色光标数据科技股份有限公司国家文化和科技融合示范基地

5.中国华录集团有限公司国家文化和科技融合示范基地

6.上海科技馆国家文化和科技融合示范基地

7.浙报传媒控股集团有限公司国家文化和科技融合示范基地

8.咪咕数字传媒有限公司国家文化和科技融合示范基地

9.浙江大丰实业股份有限公司国家文化和科技融合示范基地

10.武汉理工数字传播工程有限公司国家文化和科技融合示范基地

11.语联网(武汉)信息技术有限公司国家文化和科技融合示范基地

12.广州励丰文化科技股份有限公司国家文化和科技融合示范基地

13.华强方特文化科技集团股份有限公司国家文化和科技融合示范基地

14.重庆中国三峡博物馆国家文化和科技融合示范基地

15.成都索贝数码科技股份有限公司国家文化和科技融合示范基地

16.敦煌研究院国家文化和科技融合示范基地

资料来源:拟认定国家文化和科技融合示范基地公示[EB/OL].(2019－03－15)[2019－06－03].http://www.most.gov.cn/tztg/201903/t20190318_145732.htm.

三、项目管理是区域文化发展的基本抓手

文化产业项目是挖掘和用好地方文化资源、传承地域文化、打造区域文化精品、发展区域文化产业的重要抓手、载体与关键。文化产业重大项目带动战略是区域文化产业发展的第一抓手,是调整产业结构、优化产业组织、实现区域文化产业做大做强的必由之路。通过实施重点文化产业项目带动战略,策划建设一批具有集聚效应、特色鲜明的重点文化产业项目,有利于带动、引领并推动区域文化产业的快速发展。

实施重大文化产业项目带动战略,从区域发展的角度看,能够解决文化产业规模总量偏小的问题,促进产业结构升级、培育新的经济增长点,迫切需要扩大文化投资,启动文化消费;从战略定位看,它深刻影响和作用于文化产业发展的全局;从带动功能看,投资额度大、技术水平高、引领作用强的文化产业项目的施行对于拉动文化内需、推动经济增长、创造就业机会具有重要的功能与作用。

小资料

陕西文化产业品牌项目:实景舞剧《长恨歌》

由陕西旅游集团公司斥资亿元精心打造的大型实景历史舞剧《长恨歌》,改编自唐代诗人白居易的同名叙事长诗。它通过舞剧这一高雅的艺术形式,以骊山山体为背景,以华清池九龙湖做舞台,以亭、榭、廊、殿、垂柳、湖水为舞美元素,运用领先世界水平的高科技手段,营造了万星闪烁的梦幻天空、滚滚而下的森林雾瀑、熊熊燃烧的湖面火海,三组约700平方米的LED软屏和近千平方米全隐蔽式可升降水下舞台,将历史与现实、自然与文化、人间与仙界、传统与时尚有机交融,演绎了唐玄宗李隆基和贵妃杨玉环生生死死、缠绵悱恻的爱情故事和大唐盛世的恢宏气象。

已经连续运营13年的《长恨歌》,已成为陕西省文化产业项目的金字招牌。《长恨歌》实现

了对华清池深厚历史积淀和独特人文景观的深度挖掘整合,形成了一个历史内涵丰富、文化个性鲜明、具有不可复制性的文化创意品牌,取得了良好的社会价值、历史价值和经济价值,有效推进了陕西省文化产业的发展。截至2018年10月31日,《长恨歌》已累计演出3028场,接待观众600万人次,累计收入近10亿元。其中,2018年演出季《长恨歌》共演出355场,接待购票观众78.95万人次,实现收入16743万元,并荣获"2017年中国旅游演出实景类剧目票房十强""文旅融合创新项目奖""最具影响力文创演艺",荣登"2018旅游业最美中国榜"。

资料来源:根据华清宫官网 http://www.hqc.cn 有关资料改编。

本章小结

1.经过多年来的积累和发展,我国文化产业已经进入高质量发展的新阶段。互联网新业态的快速发展改变了文化产业的发展格局,文化消费需求的提高促进了内容产业的提质升级,文化与旅游部门机构的调整加速了文化与旅游等多个行业的深度融合……我国文化产业发展前景广阔。

2.为适应当前互联网时代文化新业态不断涌现的新形势,满足文化体制改革和文化发展规划的新需要,国家统计局发布《文化及相关产业分类(2018)》新标准,对文化及相关产业的行业划分进行了调整。文化及相关产业的范围划分为"文化核心领域"和"文化相关领域"两个领域,文化及相关产业的大类由10个修订为9个,文化产业的中类由50个修订为43个,文化产业的小类由120个修订为了146个。

3.项目是一项为了创造某一唯一的产品或服务的时限性工作。项目具有目的性、一次性、独特性、制约性、风险性等特点。项目管理是把管理知识、技能、工具和技术应用于项目各项工作之中,满足或超过项目利益相关者对项目的要求和期望的过程。项目管理具有创新性、普遍性、目的性、独特性、复杂性等特点。

4.美国项目管理学会将项目管理的知识体系分为十大知识领域:项目整合管理、项目范围管理、项目时间管理、项目成本管理、项目质量管理、项目人力资源管理、项目沟通管理、项目风险管理、项目采购管理和项目相关方管理。项目管理的基本技术与方法包括项目时间管理的技术与方法、项目成本管理的技术与方法、项目质量管理的技术与方法、项目风险管理的技术与方法等。

5.文化产业项目是挖掘和用好地方文化资源、传承地域文化、打造区域文化精品、发展区域文化产业的重要抓手、载体与关键。实施重大文化产业项目带动战略,是基于比较优势原则,以促进地方经济增长和文化繁荣为目的,积极开拓利用地方文化经济资源,推动实施引领性、基础性、示范性文化产业骨干项目集群的中长期发展策略,也是深化文化体制改革,推动文化资源流向比较优势部门,促进文化要素禀赋结构升级,培育新的经济增长点和促进文化大发展的重要战略工具。

复习与思考

1.我国文化产业发展呈现出哪些最新发展趋势?

2.国家统计局对文化产业的行业划分最新标准是什么?

3.简述项目和项目管理的概念和特征。

4. 项目管理的知识体系包含哪些内容?

5. 简述项目管理常用的方法和工具。

6. 简述文化产业发展与项目管理的关系。

本章案例

浙江数字文化产业项目路演直播

2019年1月18日,"创E有约——聚焦数字文化产业 推进文化产业高质量发展"直播活动在杭州举行。浙江省9项新锐数字文化产业项目进行了现场路演,浙江在线、浙江新闻客户端、新蓝网、网易直播、腾讯直播、9158等网络媒体同步直播,在线观看人数突破300万人。本次活动旨在助力浙江全面实施数字经济"一号工程",加快文化产业与数字经济深度融合,发挥数字文化产业优质项目的示范引领作用,促进数字文化产业高质量发展。

1. 凡后科技 FINEO 智能无人跟拍器

凡后科技 FINEO 专注于智能硬件产品的设计和研发,以产品创意、工业设计、AI 图像识别技术研发为自身核心优势,在机器视觉领域拥有多项自主知识产权的专利技术,包括多摄像头图像分析与物体捕捉技术。

2. 码尚科技智能码平台

浙江码尚科技股份有限公司以产品数字身份管理技术为核心,专注产品防伪溯源监管领域,是能为全品类产品全生命周期提供产品防伪溯源营销一站式解决方案的大型移动物联网 SAAS 云平台。

3. 菲助科技"趣配音"

杭州菲助科技有限公司是一家教育科技公司,团队由深耕英语教学十余年的从业者和来自国内知名互联网公司的产品经理及技术工程师构成,致力于打造超有趣的学习平台,传递终身学习和自主创新的教育价值。

4. 华麦网络版权跨境交易服务平台

华麦网络公司自主研发的音视频跨境交易服务平台 MEGAMEDIA 被评为"国家文化出口重点项目",是国内唯一的专注服务动漫影视游戏企业的跨境交易及合作的互联网平台,以展示中国动漫游戏影视企业及其作品内容为主。

5. 瓦栏文化印花设计服务平台

瓦栏是面向纺织面料行业的印花设计服务平台,提供设计师培养、趋势发布、花型设计、花型交易、版权保护、在线印花一体化服务,实现纺织面料花形图案的设计、存储、交易、版权登记、版权鉴定、版权检索等全生命周期的数字化、在线化、智能化。

6. 构美信息技术时尚 IP 电商孵化平台

构美是一家在内容电商、泛娱乐社交时代全面赋能品牌影响力的互联网公司。公司聚焦红人营销,运营多元内容生态渠道,整合图文帖子、直播、短视频等热门内容载体下的创意资源;通过影响力裂变管理机制,提供包含内容开发、创意管理、渠道营销、精准分发等在内的价值链服务体系。

7. 艺术云集艺术品在线交易平台

云集市场是由云集市场(浙江自贸区)网络股份有限公司联合云集拍卖有限公司共同搭建的互联网分享式拍卖平台。云集市场希望能像从前的集市一样,汇聚全国各地有物品交易变现需求的人们，参与方既可以是买方也可以是卖方，大家一起搜寻新奇、有趣的物件，尽享在线竞拍乐趣。

8.视客科技 VR 项目

温州视客科技集团有限公司是一家集 VR 软件研发、硬件生产、资源整合、品牌运营、连锁门店特许经营服务为一体的智慧科技型企业，致力于打造全方位的 VR 产业链。

9.黑麒网络游戏发行平台

黑麒网络科技有限公司以"专注打造精品手游"为发展目标，致力于为游戏研发商提供最优质的发行运营服务。目前，黑麒网络成功代理发行了《散人决》《魔龙战记》《战法道》《幻剑天刀》《花千骨》《醉玲珑》《关门放吕布》《命运三国》《莽荒纪》《武王伐纣》等数十款优秀手机游戏。

近年来，浙江省以"文化＋互联网"为代表的数字文化产业取得长足发展。加快文化产业与相关领域深度融合、培育新型文化业态，已成为浙江推动文化及相关产业转型升级和供给侧结构性改革的重要手段。

资料来源：创 E 有约：聚焦数字文化产业 促进高质量发展［EB/OL］.（2019－01－21）［2019－06－03］. http://app. taizhou. com. cn/In News. aspx? newsId＝56209.

第二章 文化产业项目管理的基本概念

学习背景

　　文化产业项目是挖掘和用好文化资源、传承地域文脉、打造文化精品、发展文化产业的重要抓手、载体与关键。文化产业项目建设牵动文化产业发展全局、关系文化产业发展质量。下好文化产业项目建设这个"关键子",往往能盘活文化产业发展的"一盘棋"。推动实施引领性、基础性、示范性文化产业骨干项目,是推动文化资源流向比较优势部门,促进文化要素禀赋结构升级,培育新的经济增长点和促进文化大发展的重要战略工具。

　　文化产业项目,作为一种新兴业态所特有的项目形式,对其进行项目管理也有着其特殊的要求。文化产业项目管理,是将项目管理的基本知识、基本技能、基本工具和技术应用到文化产业项目活动过程中,满足或超过文化产业项目投资者的要求和期望的项目管理过程。文化产业项目管理既要尊重项目管理的基本原理和基本要求,又要体现文化产业项目自身的独特性,以达到文化产业项目的最终目标和追求文化产业项目管理的最优效果。

学习目标

1. 掌握文化产业项目的基本概念和特征;
2. 熟悉文化产业项目的类型;
3. 掌握文化产业项目管理的基本概念和特征;
4. 理解项目与项目管理的生命周期;
5. 掌握文化产业项目管理的基本过程。

第一节　文化产业项目

一、文化产业项目的概念

　　项目,是人类社会特有的一种经济、社会活动形式,是为创造特定的产品或服务而开展的一次性活动。凡是人类创造特定产品或服务的活动都可以纳入项目的范畴。文化产业,是从事文化产品与文化服务的生产与经营活动,是通过形式多样的文化活动提供文化产品和文化服务的新兴产业。

　　文化产业项目,是特定组织为实现其既定的目标,在一定的时间、人员和其他资源约束条件下,所开展的独特性、一次性的文化产业活动,如奥运会、世博会这样的大型综合性项目,或是举办一次演唱会和一场体育比赛、拍摄一部电影等项目。文化产业项目普遍存在于人们的生产和生活之中,甚至遍布各行各业的企事业单位、政府机构和社会团体。文化产业项目属于一类特殊的项目,对其项目属性和概念内涵的理解可从以下几个层面来把握。

(一)文化产业项目是特定组织的任务或努力

文化产业项目是由一个特定的组织,通常是指文化企业或文化产业项目团队,来完成的任务和努力。一个文化产业项目团队既可能是只涉及几个人的项目小组,也可能是涉及几千人的文化企业,甚至是上万人的企业集团,还可能是涉及国际性合作的以提供文化产品和文化服务为主的多国文化企业或企业集团。

(二)文化产业项目具有明确的顾客导向性目标

文化产业项目为社会公众提供的是文化、娱乐产品和文化服务,以满足公众精神文化需求为项目最终目标。因此,文化产业项目具有明确的以提供公众满意的文化产品和文化服务为最终目标的顾客导向性。一切文化产业项目活动都必须以顾客需求为导向,寻求顾客的满意。并且,文化产业项目往往是以广泛的社会客户群,而非个体顾客为主要服务对象,来满足特定的文化需求、资本增值和促进文化发展目标的。

(三)文化产业项目受特定的资源约束

任何一个文化产业项目都会受到特定的资源条件和环境约束。这些资源条件包括时间、人员、技术、资金、市场、信息、利益相关者等内外因素。这些具有现实和潜在价值的内部资源和外部资源,对文化产业项目的成败具有极大的制约和影响作用。成功的文化产业项目就是要在限定的资源条件下,保质、保量、及时完成项目目标并获取客户的高满意度。

(四)文化产业项目的项目范围一定

虽然文化产业项目往往项目内容丰富、项目客户广泛,甚至还会涉及交通、通信、装饰、广告、建筑等诸多服务部门,但一个特定的文化产业项目不可能无所不包。每个文化产业项目都是在一定的范围内,为完成某一独特的文化产品和文化服务所进行的相互关联的任务和活动,都有独特的实施范围、质量要求等。文化产业项目可以是一个新的文化、娱乐产品的开发,一项文化产业科研课题的研究,一项特定的文化服务,或是一项特别的文化活动,如文化交易会、文化博览会、文化体育赛事、节日文化庆典等。

(五)文化产业项目是一次独特的文化活动

作为一类特殊的项目,文化产业项目往往是一种临时的、独特的、非重复的、一次性的文化产业活动。当然,这样的"一次性"活动过程也可能是会多次出现的一次次独立行为,而且这一次文化产业项目活动的成功与否会对下一次的文化产业项目活动产生连带效应,甚至这一次文化产业项目的相关利益群体可能成为下一次文化产业项目活动的重要资源。但是总体上,每一个文化产业项目都有不同的目标、不同的参与者、不同的规模、不同的资源约束;每一个文化产业项目的时间长短也不同,有的项目在短时间内就可以完成,而有的则需要很长时间,甚至很多年才能够完成。

(六)文化产业项目具有社会综合收益

一个文化产业项目,从立项、策划到实施、完成,往往需要把文化、创意、旅游、会议、展览等相关行业、相关活动有机地结合起来。因此,文化产业项目往往具有社会综合收益性,能直接或间接地带动一些相关产业的发展。对文化产业项目的投资收益,不仅包括项目成功本身所带来的经济效益,也包括项目利益相关者各方的收益和收获,还包括项目可能带来的巨大的社会效益,甚至包括其在提高城市形象、拉动城市经济发展、带动城市全面治理与建设、提高城市综合竞争力等方面所做出的贡献。

二、文化产业项目的特征

各种不同专业领域中的项目在内容上可以说是千差万别的,不同的项目也都有着自己独有的特性。文化产业项目作为一类特殊的项目类型,既具有项目的一般性特征,也有着与其他项目存在明显差异的独有属性。

(一)文化产业项目的一般性特征

1.文化产业项目的目标性

任何一个文化产业项目都是为实现特定或既定的目标服务的。一个文化产业项目的项目目标主要包括两个方面:一是有关文化产业项目工作本身的目标要求;二是有关文化产业项目产出物的目标要求。前者是对文化产业项目工作而言的,后者是对文化产业项目的结果而言的。

2.文化产业项目的独特性

每一个文化产业项目,从项目立项、策划、实施到收尾的各个环节,以及每一个文化产业项目所生成的文化产品、文化服务或文化形象,都有着自己的独特之处:或是为了满足文化消费市场的独特需求,或是在一些关键环节或技术等方面与其他项目或项目产出物不同。

3.文化产业项目的一次性

任何一个文化产业项目都有自己明确的时间起点和终点,是有始有终、有确定生命周期的一次性努力。项目的起点即项目开始的时间,项目的终点即项目的目标已经实现或项目目标已经无法实现从而中止项目的时间。

4.文化产业项目的制约性

每一个文化产业项目都在一定程度上受到客观条件和资源的制约,这就要求项目团队成员在一个有限的时间进度期限内,在有限的、可获得的资源约束条件下来完成每项活动。这种资源的制约性涉及项目的各个方面,包括人力、财力、物力、时间、技术、信息、工艺水平、遗产资源等各方面的资源与条件的制约和限制。

5.文化产业项目的过程性

任何一个文化产业项目都是由一系列项目工作和文化活动所构成的完整、渐进性的过程。在实施文化产业项目过程中,人们通过不断的项目立项与决策、项目策划与计划、项目组织、项目实施与控制、项目收尾等活动过程和阶段性工作内容,最终生成文化产业项目产出物并实现文化产业项目目标。

(二)文化产业项目的特有属性

1.文化产业项目的高创新性

文化产业是一个以创造性为主体的知识密集型产业。文化产业项目所开发、创作与生产的是以精神内容要素为核心的文化产品,提供的是文化服务,其项目投入的资源除了资金和实物之外,更重要的是大量的创新、创意、版权和人力资本等无形的资源要素。只有那些创意好、创新性高、内生收益递增性强的文化产业项目,才可能取得好的经济收益和社会收益。

2. 文化产业项目价值的隐性

文化产业项目所开发、创作与生产的文化产品或服务,其价值往往是隐性的,给人的感觉有时是"看得见,摸不着"的。如一些文化产品虽然以书面、屏幕、画面、雕塑、建筑、文化衍生品、表演、音效等具体、可闻、可见、可触摸的实物形式表现出来,但对其价值的认同则更多地体现出一种感觉、情感、心理体验和回应等非实物性感受,而且更多是一种因人而异的思想意识反映。

3. 文化产业项目过程的复杂性

每一个文化产业项目,从精神内容的创作、策划与组合到相应的精神内容要素固化再到相应的物质载体中去,然后转化成为具体的产品形态和服务形态,即实现纯精神产品到准精神产品的价值转化,是一个非常复杂的过程。并且所有的文化产业项目活动基本上都还会涉及一些特殊的内容,包括广告宣传、活动营销、寻求赞助、活动演出、信息管理、版权管理与开发等传播与传媒市场环节。

4. 文化产业项目收益多重,但量化困难

一方面,文化产业项目活动是文化活动,对文化需求的满足和对文化交流与发展的促进作用是文化产业项目必须考虑的目标;另一方面,文化产业项目活动又是经济活动,具有很强的外溢效应,文化消费网络效应、需求规模经济性强。文化产品和文化服务所具有的意识形态和商品形态的双重属性,使得文化产业项目有着社会效益与经济利益并存的多元化的目标收益追求,尽管有些收益的量化很困难。

总之,文化产业项目的一般性项目特征,决定了文化产业活动可以也必须遵循项目管理的理论和方法来提高文化产业项目的规范性,以降低成本、提高成功率和活动效果;而文化产业项目独有的一些特征又要求我们必须更有针对性地开发出最适合文化产业项目活动的管理规范和程序。

三、文化产业项目的分类

文化产业项目可以根据需要或按照不同的标志进行分类。对文化产业项目进行理论上的项目类型划分的目的,是为了对文化产业项目的特性有更为深入的了解和认识。文化产业项目的主要分类有如下几种。

(一)业务项目和自我开发项目

依据项目的所有者和项目的实施者是否属于同一个组织,文化产业项目可分为业务项目和自我开发项目。其中:文化产业业务项目是指由专业性文化产业项目公司为特定的业主/客户所完成的一次性工作,是一种商业性服务或开发性、生产性项目;自我开发项目则是指文化产业项目团队为自己组织所完成的各种文化产业项目开发,是一种组织内部的原创性与开发性项目。

(二)企业项目、政府项目和非营利机构项目

依据项目投资者的社会属性的不同,文化产业项目可分为企业项目、政府项目和非营利机

构项目。其中：企业项目是由特定企业提供投资或资源，并作为项目业主/客户，为实现该企业的特定目标所开展的各种原创性、服务性的文化产业项目，而不论企业的性质是国有企业、集体企业，还是私营企业或合资企业；政府项目是指由国家或地方政府提供投资或资源，并作为业主/客户，为实现政府特定的鼓励、扶持性文化目标所开展的各种文化产业项目；非营利机构项目是指由文化中介服务机构、学校、社团、社区等非营利性组织提供投资或资源，为满足这些组织的文化产品和文化服务需要而开展的各种文化产业项目。

（三）项目组合、项目群和项目

依据项目之间的层次、规模和归属关系，文化产业项目可分为项目组合、项目群和项目。其中，文化产业项目组合由一系列有机关联的文化项目群和项目构成，而项目群（也有人称之为"大项目"或"大工程"）由一系列有机关联的文化项目活动构成。例如：奥运会项目作为一个项目组合，就包含了奥运会项目群、残奥会项目群；奥运会项目群又包含了奥运会申报项目、奥运会举办项目、奥运村建设项目、奥运后勤项目、奥运网站建设项目、奥运赛事信息系统项目等。

（四）出版、旅游、演艺、会展、影视等项目

1.新闻信息类项目

新闻信息类项目主要包括：新闻、报纸的编辑、发布和其他信息服务等项目，广播电视节目的现场制作、集成播控等项目，书、报、刊、音像及电子出版物的出版与版权服务项目，以及互联网音乐、文学、动漫的创作、发布、信息服务项目等。

2.广播电视电影类项目

广播电视电影类项目主要包括：广播、电视、电影的节目制作、录音制作、播出、放映、传播项目，广播电视电影设备制造项目，以及广播、电视传输和电影制作发行相关服务项目等。

3.艺术创作表演类项目

艺术创作表演类项目主要包括：文学、艺术作品创造和表演艺术（如戏曲、歌舞、话剧、音乐、杂技、马戏、木偶等）项目，文化艺术培训、辅导项目，乐器制造、演出道具生产及销售项目，以及文艺创作、演出场所、文化设施服务项目等。

4.网络数字内容类项目

网络数字内容类项目主要包括：电子竞技项目，动漫游戏项目，网络文学项目、网络音乐项目、网络视频项目，软件开发项目，图书、档案、文物及非物质文化遗产保护数字化技术加工、处理、制作、应用项目，以及其他数字文化内容服务项目等。

5.节庆会展类项目

节庆会展类项目主要包括：节日庆典项目，体育赛事项目，文艺演出项目，博物展览项目，大型会议项目，展出场馆建设项目，舞台及场地文化设备（用品）制造与出租服务项目，以及展品销售、拍卖、文化经纪、贸易代理等相关服务项目等。

6.创意设计类项目

创意设计类项目主要包括：工艺美术品设计制造项目，建筑、工业、景观艺术设计制作项目，广告、包装、装潢、多媒体、饰物装饰、美术图案、模型和其他专业设计服务项目，以及文化创意和设计服务与相关产业融合发展的项目等。

7. 旅游休闲娱乐类项目

旅游休闲娱乐类项目主要包括：文化旅游服务项目,游戏厅、歌舞厅、网吧等文化娱乐休闲服务项目,文化旅游景区投资、运营与管理服务项目等。

8. 区域特色文化产业发展类项目

区域特色文化产业发展类项目主要包括：区域文化产业集聚区、文化产业园区、文化产业基地建设项目,"藏羌彝"文化产业项目,"一带一路"文化产业发展项目,区域非物质文化遗产创新转化项目,体育、康养等特色文化小镇建设项目,区域重大文化产业项目,重点文化产业培育项目,文化科技创新创业项目,文化金融项目,以及文化人才培育培训资助项目等。

📖 小资料

新文创是一场面向未来的文化生产"新实验"

2019年3月24日,腾讯"UP2019新文创生态大会"举行。腾讯集团副总裁、腾讯影业首席执行官程武表示,新文创是一场面向未来的文化生产"新实验"。为了做好这场实验,腾讯汇集了影视、游戏、文学、动漫、音乐等众多内容业务,调用了云、AI、小程序等许多数字化工具,并深度联动了故宫博物院、敦煌研究院等各类文化机构。透过许多开创性的尝试,腾讯深刻感受到,新文创所强调的文化价值与产业价值的良性循环,有非常丰富的实现形式。

(1)通过新文创,传统文化正在成为"活"在当下的潮流文化。2018年腾讯和故宫博物院推出"古画会唱歌"项目。由方文山作词,易烊千玺演唱,将北宋天才画家王希孟的《千里江山图》与音乐、视频进行了生动的融合。这个作品在网上受到热烈追捧,不到48小时,网络收听量就超过3400万。

(2)新技术的发展和普及,正在文化生产领域引发深层次的变革。2018年腾讯与敦煌研究院推出"敦煌诗巾"的小程序,用户可以在小程序里,对设计师提供的8款主题图案、近200组敦煌元素进行自由组合,DIY属于自己的丝巾,并直接下单购买。不到一个月,就有超过280万用户参与。

(3)数字文化创意不止是一种文化体验,它还有可能成为一些社会问题的全新解决方案。腾讯和故宫一起打造了《故宫:口袋宫匠》游戏,让用户通过游戏互动,来了解故宫建筑的奥妙与匠心;腾讯和敦煌研究院共同发起数字供养人计划,用壁画修复的互动创意,吸引年轻人参与到敦煌石窟的保护工作中;腾讯通过开发《乐高®无限》等沙盒类游戏,激励青少年为未来的城市规划贡献更多大胆的想法。

(4)文化生产方式的进步,正在提升文化企业讲故事的能力。电影《流浪地球》,腾讯影业也是出品方之一。这部影片在国内引发观影浪潮的同时,在海外也有不俗的成绩,上映仅11天,就刷新了近五年来中国电影在北美的最高票房记录。《流浪地球》不仅说明了中国科幻片的突破,也向全球观众展现了一种不同于好莱坞大片的中国价值观,一种中国人解决问题的思维方式。

资料来源:腾讯科技.腾讯程武:新文创是一场面向未来的文化生产"新实验"[EB/OL].(2019-03-24)[2019-05-20].http://tech.qq.com/a/20190324/002882.htm.

第二节　文化产业项目管理

一、文化产业项目管理的概念

文化产业项目管理,是指项目管理者根据文化产业项目运营客观规律的要求,系统运用相关理论和方法,对执行中的文化产业项目生命周期的各个阶段工作进行计划、组织、控制、沟通与激励,以满足或超越项目有关各方对项目的要求和期望的各项管理活动的总称。文化产业项目管理有时也会是文化产业项目利益相关者在特定的环境条件下,通过参与、合作,运用各种资源来实现项目目标的管理过程。对文化产业项目管理的概念,可以从其管理方法、管理目的、管理内容等角度来认识。

(一)文化产业项目管理的根本手段是系统运用相关的理论和方法

文化产业项目管理需要系统运用相关的理论和方法,其中既包括项目管理、文化产业管理以及相关专业领域的专业知识、一般管理知识等理论、技能、方法和工具,也包括如项目时间管理、质量管理、成本管理、风险管理等具体专业领域的专门知识、方法和工具。由于文化产业项目本身的一次性、独特性、不确定性等特征,文化产业项目管理需要运用更为广泛的知识、方法、技能和工具,需要更为科学地开展项目管理各项活动。

(二)文化产业项目管理的根本目的在于满足或超越项目有关各方对项目的要求和期望

文化产业项目管理的目标是要满足或超越项目有关各方对项目的要求和期望。这一项目目标既包括了明确的任务要求和期望,也包括了项目团队、项目投资人、项目客户群等项目相关利益主体,以及广大社会公众所隐含的期望和要求。项目相关利益主体在项目的范围、时间、成本、质量等方面有一致性的要求和期望,同时也会从不同的利益角度有不同的要求和期望。文化产业项目管理必须努力使这些要求和期望都能得到均衡和实现,并使项目最终成果能最大程度地满足和超越这些要求和期望。

(三)文化产业项目管理的内容包括了项目计划、组织、领导、控制等活动

文化产业项目管理的内容包括了项目计划、组织、领导、控制等多方面的管理活动,其中既包含着一般性管理原理中的管理职能,更包括了针对具体项目所进行的启动、规划、组织、实施、监测、控制、评估等项目活动过程。文化产业项目管理正是通过一个个连续的项目管理环节和过程来最终达成项目目标的。

(四)文化产业项目管理对项目管理者提出了更高的挑战

文化产业项目管理融合了文化创意、项目管理、技术和行为的多重挑战,是文化产业组织高层管理人员的最优培训阵地。例如:一方面,文化产业项目管理在技术方面要求项目管理者或经理人能够熟练进行项目选择、预算、资源管理、计划和进度的制订、项目的跟踪与监控等项目技术工作;另一方面,项目管理者也面临着项目管理行为因素或"人的因素"的挑战,项目经理必须将跨部门、跨组织的成员集中起来,迅速组成高效的团队,并协调冲突、进行领导、参与协商等。文化产业项目管理对项目管理人在商业环境中的技术能力和行为能力进行了真实的测试。

(五)文化产业项目管理的概念有别于文化企业的项目化管理

文化产业项目管理是一种一次性的管理方式,每项文化活动项目都有着不同的创意、特点和侧重点,完全相同或高度相似的项目重复较少,很难制订或设计出详细的、通用的项目管理程序。文化产业项目管理的主体是项目经理或项目负责人,项目管理的目的在于满足甚至超越客户对项目的要求和期望。而文化企业的项目化管理则是文化企业内部一种可重复性的管理方式,是通过设置职能部门和项目小组构成的矩阵式组织形式,由职能部门为企业的长期发展制订计划、负责日常的工作,项目小组则制订具体和短期行动计划,并负责计划的实施。无论从项目人员构成的稳定性,还是从项目相似性上看,都可以制订或设计出详细的项目化管理程序。项目化管理的主体仍然是企业的高层管理者,实施项目化管理的目的在于贯彻企业的经营思想和管理模式、提高企业管理效率。

(六)文化产业项目管理也不同于文化企业的运营管理

文化产业项目管理是在相对开放和不确定的环境下针对具体项目开展的独特性、一次性、集成性、创新性的管理活动或工作,是基于项目活动过程的管理,关注的是项目本身的成败,管理的内容是关于项目的质量、范围、时间、成本、风险等;而文化企业的运营管理则是在相对封闭和确定的环境下,针对组织的运营所开展的重复性的、经常性的、持续性的管理活动,是基于分工和职能的管理,关注的是组织正常的运营和盈利情况,管理的内容主要是供应、生产、服务、营销、人事、财务等。

二、文化产业项目管理的特征

(一)文化产业项目发起的复杂性和综合性

一个文化产业项目的产生,从简单的创意到立项审批,涉及方方面面的内容。一次项目活动要想获得成功,不但要在相应的领域具有较高的艺术水准,而且需要考虑到目标受众的需求、赞助企业的需求、国家的法规政策及导向,以及本企业的优劣势等。文化产业项目不像其他行业的项目那样需求明显、较易识别,一个文化产业项目的目标可能要经过多个回合才能最终确定下来,需要经过一定的调研、经过各利益相关方的目标整合才可以明确。特别是在我国文化需求与日俱增、瞬息万变,而又缺乏市场运作经验积累、相关的数据和统计信息比较匮乏的背景下,项目发起的难度更是成倍增加。在文化项目走向市场化运作的同时,还需要考虑更多的市场因素,这对文化产品和服务的独特性提出了更高要求,项目策划和审批决策者要具有更高的综合素质。

(二)文化产业项目策划的艺术性和技术性

一般而言,文化产业项目的策划从项目发起就开始了。一般来讲,艺术类项目的发起实行项目策划人负责制,项目发起人同时负责项目的具体策划;而对于综合性文化活动,如演出、展览等大型活动,其策划人员和项目的发起人可能不同,但一般要求项目发起人要具备一定的项目策划能力。相对于其他产业的项目,文化产业项目的技术性含量多半包含在设计、策划过程中。这就要求项目策划者和设计规划人员必须熟练掌握与策划内容相关的技术知识,以确保文化产业项目所开发的文化产品和文化服务的艺术性与技术性的完美结合。在项目策划的同时,项目策划者和设计人员还必须充分考虑市场结合点,做到文化产业项目开发的文化产品和文化服务的艺术性与市场性的充分结合。

(三)文化产业项目申报与审批程序的严格性

由于文化产业项目所开发的是具有精神和物质双重形态的产品和服务,文化产业项目的实施又具有社会效益与经济利益等多方面的重要影响,因此,文化产业项目的审批是非常重要的工作,越是重大的文化产业项目越会经历严格的审批程序。不但文化产业项目活动的名称、场所、渠道等需要审批,而且其具体的内容要进行相关的审批或备案。很多项目由于还需要交通、消防、公安、环卫等多个部门的协助,甚至会有一些涉外项目,因此审批的部门和程序也会更为复杂和严格。

(四)文化产业项目实施结果的不可修改性和风险性

文化产业项目本身就具有投资大、风险高的特点,存在较多的项目不确定因素。文化产业项目的管理过程虽然相对更具松散性,但文化产业项目经过前期的策划和设计,确定了项目计划和进度安排之后,一旦进入项目实施、举办或者开展阶段,其结果就具有了不可修改性。比如,一个展览、一台演出,即使不是现场直播,对于直接现场的观众来说,其展演的结果都具有一次性和不可修改性。因此,文化产业项目实施结果具有不可修改性和高风险性,每一个细节的疏忽都有可能会造成不可弥补的损失。这要求项目经理和项目成员必须具有很强的项目执行能力和风险控制能力。

三、文化产业项目管理的内容

文化产业项目管理是一个复杂的系统工程,项目管理过程中会使用到一般性的管理知识、文化产业的专业知识,以及现代项目管理的知识等。按照美国项目管理协会提出的现代项目管理知识体系 PMBOK 的划分方式,现代项目管理所使用的各种知识、理论、方法和涉及的知识领域工具等主要包括十个方面的内容。文化产业项目管理不仅涉及了这十大领域,而且内容更为丰富。文化产业项目管理涉及的知识领域总体上可划分为三大部分。

(一)文化产业项目决策与集成管理知识领域

1.文化产业项目决策管理

文化产业项目管理的首要管理内容就是项目决策管理,即对项目所涉及的各种决策的管理,包括项目初始决策管理和项目跟踪决策管理。项目初始决策管理是对项目备选方案及其分析评估等项目决策支持工作的管理;项目跟踪决策管理是对制订项目决策和行使项目决策权力、做出项目变更等项目决策制订工作的管理。

2.文化产业项目范围管理

文化产业项目范围管理,是在项目管理过程中所开展的计划和界定一个项目或项目阶段所需完成的工作,以及不断维护和更新项目范围的管理工作。开展项目范围管理的根本目的,是要通过成功地界定和控制项目的工作范围和工作内容,来确保项目的成功。文化产业项目范围管理的主要内容包括项目起始的确定和控制、项目范围的规划、项目范围的界定、项目范围的确认、项目范围变更的控制与项目范围实施的监督和控制等。

3.文化产业项目风险管理

文化产业项目风险管理,是为确保成功地识别项目风险、度量项目风险和应对项目风险,所开展的对项目过程中的不确定性以及由此可能造成的损失与机遇的管理工作。文化产业项目风险管理的根本目的,是要对项目所面临的风险进行有效识别、控制和管理,努力降低项目损失、抓住项目机遇。文化产业项目风险管理的主要内容包括项目风险管理规划、项目风险识别、项目风险的定性与定量分析、项目风险的对策设计和项目风险的应对与控制等。

4. 文化产业项目集成管理

文化产业项目集成管理,是在项目管理过程中为确保各种项目工作能够很好地协调与配合而开展的一种整体性、综合性和集成性的项目管理工作,是基于项目各要素的配置关系的项目系统管理。文化产业项目集成管理的目的是要通过综合与协调去管理好项目各方面的工作,以确保整个项目的全面成功,而不仅是某个项目阶段或项目某个方面目标的实现。这项管理的主要内容包括项目集成计划的编制、项目集成计划的实施和项目总体变更的管理与控制等。

(二)文化产业项目资源与条件管理知识领域

1. 文化产业项目组织管理

文化产业项目组织管理,是在项目管理过程中为确保科学、合理、有序地开展项目工作而提供的组织保障。文化产业项目组织管理的主要内容包括项目组织的规划、对项目全部利益相关主体的组织管理,以及对项目实施团队和项目直接责任者的组织管理工作,其中对项目经理和项目团队的组织管理是项目实施的直接组织保障。

2. 文化产业项目人力资源管理

文化产业项目人力资源管理,是在项目管理过程中为确保更有效地利用项目所涉及的人力资源而开展的项目管理工作。文化产业项目人力资源管理的根本目的,是要对项目组织和项目所需人力资源进行科学的确定和有效的管理,以确保项目的成功。任何文化产业项目都需要开展项目人力资源方面的管理,而且不仅是对项目劳务和项目劳动力的管理,更主要的是对能为项目贡献真知灼见的人才的管理。文化产业项目人力资源管理的主要内容包括项目人力资源规划、项目人力资源的获得与配备、项目人力资源开发等。

3. 文化产业项目信息管理

文化产业项目信息管理,是在项目管理过程中为确保及时有效地生成、收集、储存、处理和使用项目信息,以及合理地进行项目相关利益主体之间的信息沟通而开展的管理工作。文化产业项目信息管理的根本目的,是要对项目所需的信息和项目相关利益者之间的信息、情感、思想的沟通进行有效的管理,以确保项目决策和最终项目的成功。文化产业项目信息管理工作的主要内容包括项目信息需求的确定,项目信息沟通的规划,项目信息的传送、加工与处理,项目信息的使用等。

4. 文化产业项目采购管理

文化产业项目采购管理,是在项目管理过程中为确保能够从项目组织外部寻求和获得项目所需各种商品与劳务的项目管理工作,是项目资源获得的管理。开展项目采购管理的根本目的,是要对项目所需的物质资源和劳务的获得与使用方面进行有效的管理,以确保项目的成功。文化产业项目采购管理工作的主要内容包括项目采购计划的制订、项目采购工作的管理、采购询价与采购合同的管理、资源供应来源的确定、项目招投标与合同管理和合同履行等。

（三）文化产业项目目标与指标管理知识领域

1.文化产业项目时间管理

文化产业项目时间管理,是在项目管理过程中为确保项目按既定时间成功完成而开展的项目管理工作。文化产业项目时间管理的根本目的,是要通过做好对项目时点性指标的管理(即项目进度计划与安排的管理)和项目时期性指标的管理(即项目工期的监督与控制管理)工作,以确保项目在时间管理方面的成功。文化产业项目时间管理的主要内容包括项目活动的分解与界定,项目活动的排序,项目活动的时间估算,项目时间计划的编制、执行监督与控制,以及项目时间的变更管理等。

2.文化产业项目成本管理

文化产业项目成本管理,是在项目管理过程中为确保项目在成本和价值方面的成功而开展的管理工作。文化产业项目成本管理的根本目的,是科学正确地确定项目成本和价值,及时有效地控制项目的成本与价值,确保项目的成功。文化产业项目成本管理的主要内容包括项目成本估算、项目成本预算和项目成本监控以及项目成本变更与索赔等。

3.文化产业项目质量管理

文化产业项目质量管理,是在项目管理过程中为确保项目产出物的功能和品质,以及项目工作的质量所开展的管理工作。文化产业项目质量管理既包括在既定项目成本下如何实现项目功能最大化的问题,也包括如何通过少量增加项目成本而实现项目功能大大增加的问题,以及如何在项目功能不变的情况下降低项目成本的问题。文化产业项目质量管理的主要内容包括项目产出物质量和项目工作质量规划、项目质量保障、项目质量控制,以及有关项目质量变更的管理和控制等。

📖 小资料

科技类综艺节目

近年来,《机智过人》《我是未来》《最强大脑》等科技类综艺节目受到不少观众的喜爱。着眼于科技进步和未来发展形成一系列节目创新探索,也负载着电视进行文化传播的责任和使命。有调查显示,62.6%的受访者认为泛科技类综艺节目拉近了科学与普通人的距离;64.9%的受访者认为要有专业性,包含"人工智能""机器人"等专业科技元素和精英科技团队;60.7%的受访者认为要有足够的通俗性,将高深的科学知识深入浅出地向观众普及;49.4%的受访者认为要有娱乐性,结合明星体验官等形式营造喜剧效果;30.2%的受访者认为要有猎奇性,通过游戏、竞技设置吸引人眼球;27.2%的受访者希望有互动性,要有普通人与科学家、高科技的互动游戏。表2-1为2018年科技类综艺节目汇总表。

表 2-1　2018 科技类综艺节目汇总表

节目名称	播出平台	节目元素
《铁甲雄心》	浙江卫视	对抗、竞赛、机器人
《奇迹时刻》	山东卫视	竞猜、魔幻
《智造未来》	东方卫视	演讲、暖科技
《机器人争霸》	爱奇艺	对抗、竞赛、机器人

节目名称	播出平台	节目元素
《最强大脑之燃烧吧大脑》	江苏卫视	对抗、竞猜
《超能理工派》	爱奇艺	对抗、竞猜、机器人
《这！就是铁甲》	优酷	对抗、竞猜、机器人

技术发展日新月异，人类社会即将步入人工智能时代。科技类节目如何真正走向观众，从"天"落"地"，这是创作领域需要进一步去思索的问题。一批示范性节目已经打开了良好局面，但较之其他综艺节目品类，科技类节目有着更特殊的制作难度，背后必须有专业的科学理论支持和严密的科学装置设计，还要想尽一切办法打破专业知识壁垒、打破"浅娱乐"，给观众带来更有收获、有内涵的文化产品。

资料来源：杜园春，顾凌文.泛科技类综艺节目让科技不再"高冷"[N].中国青年报，2018-09-20(7).

第三节　文化产业项目管理过程

一、文化产业项目的生命周期管理

每一个文化产业项目的全部工作过程，都可以划分为一系列不同的项目阶段或项目工作过程，这些项目阶段构成了一个文化产业项目完整的生命周期。人们可以根据文化产业项目生命周期及其各个阶段的目标、任务做好文化产业项目管理。

（一）文化产业项目生命周期的概念与内涵

文化产业项目作为一种创造独特文化产品与文化服务的一次性文化活动，是有始有终的。文化产业项目从始到终的整个过程中，由一系列项目阶段按照一定的顺序所构成的整体就是一个完整的项目生命周期。一个文化产业项目生命周期具体有多少个阶段，以及各阶段的划分和称呼，取决于具体开展的文化产业项目管理的需要。文化产业项目生命周期既是对文化产业项目过程的一种描述，也是一种开展文化产业项目管理的方法和工具。人们可以根据文化产业项目具体所属领域的独特性、项目的具体情况和限制条件做好项目阶段划分，然后按照过程管理的办法分阶段地做好项目管理，为保障项目目标的实现和项目产出物的生成服务。

文化产业项目生命周期一般可划分为四个阶段：项目立项与决策阶段、项目设计与计划阶段、项目实施与控制阶段和项目收尾与评估阶段，如图2-1所示。

（二）文化产业项目生命周期的要素描述

文化产业项目的生命周期除了从项目阶段进行描述外，还可以从项目时限、项目任务、项目成果等方面进行要素描述。

1.项目时限

每个文化产业项目的生命周期都有具体的项目各阶段的时间限制，即项目时限。文化产业项目时限既包括一个项目的起点和终点，也包括项目各阶段的起点和终点。这些项目或项目阶段的起点和终点，既有时点性的要求（项目或项目阶段开始和结束的时点），也有时期性要求（项目或项目阶段持续的时间长度），从而可以清晰地界定出每个项目的具体时限。

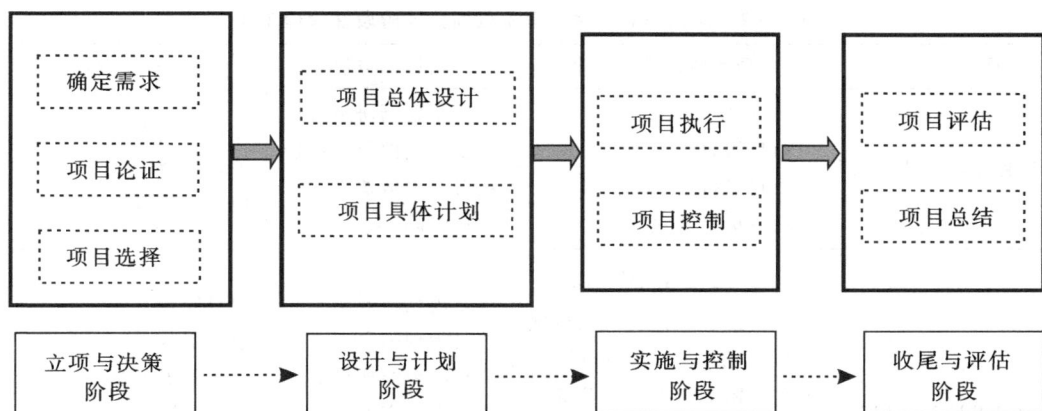

图2-1 文化产业项目生命周期管理过程示意图

2.项目任务

项目任务,即明确文化产业项目生命周期各阶段的主要任务和主要工作,从而使项目生命周期各阶段的工作范围有严格的界定。例如,一个会展项目的项目立项与决策阶段的主要任务包括项目建议书编制、立项审查批准、项目可行性研究、项目的初步设计和项目可行性报告的评审与批准等项目任务。

3.项目成果

项目成果,是指文化产业项目生命周期各阶段的可交付成果或产出物,即项目各个阶段和项目各阶段主要活动的成果。例如,一个文化主题公园建设项目的设计与计划阶段的成果包括项目的设计图纸、设计说明书、项目预算、项目计划任务书、项目的招标和承包合同等。通常,项目的阶段性成果是在下一个项目阶段开始之前提交的,但是也有一些项目的后序阶段是在项目前序阶段的工作成果尚未交付之前就开始的,但这种做法在多数情况下可能会引发项目阶段性成果最终无法通过验收的风险。

二、文化产业项目管理的过程划分

一般意义上,我们将文化产业项目管理过程主要划分为四个主要工作阶段:项目立项与决策阶段的管理、项目设计与计划阶段的管理、项目实施与控制阶段的管理、项目收尾与评估阶段的管理。表2-2给出了文化产业项目管理四个工作阶段的工作内容比较。本书后面章节的编写顺序,基本上也是按照文化产业项目的四个主要工作阶段来安排的。

(一)文化产业项目立项与决策阶段的管理

文化产业项目管理第一阶段的主要工作任务是:提出项目、定义项目和做出项目决策。在这一管理阶段中,人们首先提出一个文化项目提案,并对项目提案进行必要的机遇与需求分析和识别,然后提出具体的项目建议书。在项目建议书或项目提案获得批准以后,需要进一步开展不同详细程度的项目可行性分析,通过项目可行性分析找出项目的各种备选方案,然后分析和评价这些被选方案的损益和风险情况,最终做出项目方案的抉择和项目的决策。

(二)文化产业项目设计与计划阶段的管理

项目获得审批通过后,就需要为已经做出的决策开展必要的项目策划与设计管理工作,全

表 2-2　文化产业项目管理阶段划分及阶段性管理工作

项目管理阶段	项目阶段管理任务	项目阶段成果	项目阶段责任人
项目立项与决策阶段	市场调研 项目构思与发起 项目可行性研究 项目决策与立项	项目市场调研报告 项目可行性分析报告 项目立项申请书 项目合同	项目发起人 项目经理 项目决策者
项目设计与计划阶段	项目规划与设计（包括项目目标、项目定位、项目规模、项目时限、项目成果、项目团队与人力资源等的设计与规划） 项目计划（包括进度计划、成本计划、质量计划、资源计划和集成计划等）	项目规划与说明 项目策划书 项目组织结构说明 项目人力资源计划 项目任务分解说明 项目计划书 项目预算报告	项目经理 项目团队 项目策划人员 项目设计人员 项目计划人员 系统开发人员 技术支持人员
项目实施与控制阶段	项目资金管理与成本控制 项目进度管理与控制 项目风险管理与控制 项目变更与调整控制	项目资金管理报告 项目进度管理报告 项目风险管理报告 项目变更与调整说明	项目经理 系统管理人员 项目团队 业务人员与操作人员
项目收尾与评估阶段	项目收尾与交付 项目成果评估 项目信息反馈	项目总结报告 项目验收报告 项目评价与反馈报告 项目团队成员绩效评估报告	项目经理 项目用户组和项目团队 测试人员 数据管理人员

面设计和界定整个项目和项目各阶段所需开展的工作、有关项目产出物的全面要求和规定（包括技术、质量、数量、经济等方面的规定和要求）。文化产业项目管理第二阶段的主要工作是对项目的产出物和项目工作做出全面的设计和规定，包括进行项目概念设计（如确定项目的核心理念、定位和模式，明确项目起源和宗旨以及项目设计风格、内容和形式，设计项目市场调查和预测活动等），并编制针对项目实施部门的相关计划（如项目的进度计划、成本计划、质量计划、资源计划和集成计划等），将创意具体转化为项目目标，并对项目目标进行分解，形成项目计划书。在项目设计与计划管理过程中，要考虑市场结合点，做到艺术和市场的结合，使文化活动项目真正从市场中来，到市场中去。

（三）文化产业项目实施与控制阶段的管理

文化产业项目实施与控制，就是要按照项目规划，一步步把项目设计的内容变为现实。文化产业项目实施与控制工作包括项目团队组建、资金筹措、成本控制、进度控制、风险控制等。项目实施与控制工作可进一步划分为一系列具体的项目进度、成本、质量管理控制等工作。项目经理是项目团队的领导，是整个项目实施与控制管理的核心。项目经理需要制订详细的工作计划，进行项目小组资源计划与协调，建立有效沟通渠道，依据项目计划控制项目的实施，并根据需要对项目计划做适当调整。

(四)文化产业项目收尾与评估阶段的管理

文化产业项目收尾与评估阶段的管理工作主要包括项目按计划实施完成直至所有善后工作的完成和项目的交接，以及项目后评估。该阶段所形成的阶段性成果为项目总结报告、项目验收报告、项目团队成员绩效评估报告、项目评价与反馈报告等。项目收尾与评估阶段是整个文化产业项目管理过程中很重要的一个阶段，它对资源的积累和经验的积累都具有非常重要的意义。在文化产业项目收尾与评估阶段，要对照项目立项和决策阶段所提出的项目目标以及项目计划与设计阶段所提出的各种项目计划和要求，先由项目团队（或项目组织）全面检验项目工作和项目产出物，然后由项目团队向项目的业主（项目产出物的所有者）或用户（项目产出物的使用者）进行验收和移交工作，直至项目的业主/用户最终接受项目的整个工作和工作结果（项目产出物），一个项目才算最终结束。

三、文化产业项目管理过程的特征

(一)文化产业项目管理过程的系统性

文化产业项目管理是一个系统工程，是包含了对文化产业项目生命周期各阶段工作进行计划、组织、实施、控制、激励与沟通等具体管理活动的完整工作系统。文化产业项目管理的目标就是要在生成项目产出物（成果）的过程中，通过项目的系统管理过程去保障项目目标的实现。文化产业项目系统管理是从项目起始、项目计划、项目实施与控制到项目结束的过程，既具有逻辑延续性，也有着并行和反馈等相互作用关系。图 2-2 反映了文化产业项目管理系统过程，以及系统各管理过程子系统之间的逻辑关系。

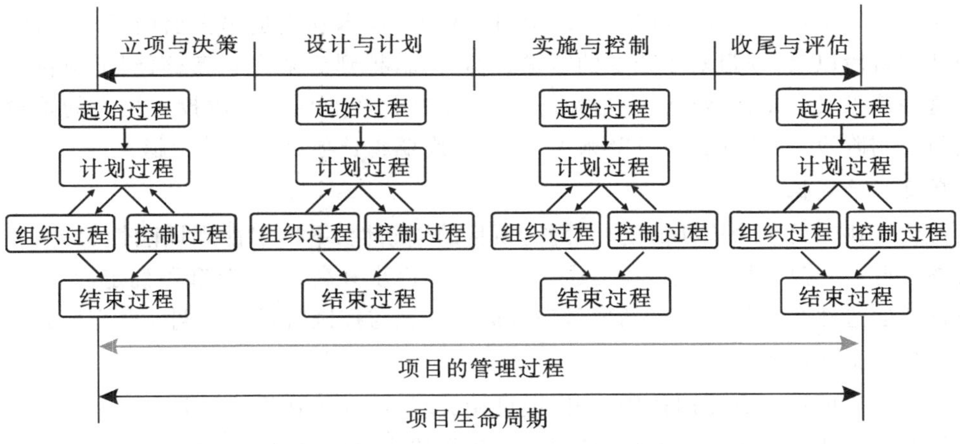

图 2-2 文化产业项目管理系统过程

1.文化产业项目起始过程管理子系统

文化产业项目起始过程管理子系统包含的管理内容有：定义项目阶段的工作与活动，决策一个项目或项目阶段的起始与否，或决定是否将一个项目或项目阶段继续进行下去，项目经理的聘任和项目团队的组建等一系列决策性的项目管理工作与活动。

2.文化产业项目计划过程管理子系统

文化产业项目计划过程管理子系统包含的管理内容有：拟订、编制和修订一个项目或项目阶段的工作目标、工作计划方案、资源供应计划、成本预算、计划应急措施等一系列计划性的项目管理工作与活动。

3.文化产业项目组织过程管理子系统

文化产业项目组织过程管理子系统包含的管理内容有:组织和协调人力资源及其他资源,组织和协调各项任务与工作,激励项目团队完成既定的工作计划,生成项目产出物等一系列组织性的项目管理工作与活动。

4.文化产业项目控制过程管理子系统

文化产业项目控制过程管理子系统包含的管理内容有:制订标准、监督和测量项目工作的实际情况、分析差异和问题、采取纠偏措施等保障项目目标得以实现,防止偏差积累而造成项目失败的控制性项目管理工作与活动。

5.文化产业项目结束过程管理子系统

文化产业项目结束过程管理子系统包含的管理内容有:制订项目或项目阶段的移交与接受条件,并完成项目或项目阶段成果的移交,从而使项目顺利结束的一系列文档化和移交性的项目管理活动。

总之,为确保文化产业项目各阶段管理子系统之间的有机协调和配合,必须开展综合性、全局性、系统性的文化产业项目系统管理工作以达到甚至超过项目相关利益者的要求和期望。

(二)文化产业项目管理过程的要素特征变化

一般而言,这种典型的文化产业项目生命周期具有下列特性和内涵:

1.项目资源需求的变化

在文化产业项目生命周期初期阶段,项目的资源、成本和人员等方面的需求较低;而进入设计与计划阶段以后,项目对于资源的需求开始升高,越到后来会越高;而到了项目收尾与交付阶段这种需求又会急剧减少。一般情况下,一个文化产业项目资源投入最大的阶段是项目的实施与控制阶段,而从项目投资额来说,项目的周期越长项目投资就会越大。

2.项目不确定性的变化

在文化产业项目生命周期的初期阶段,项目的创新性、不确定性和风险性很高,而项目成功的概率较低;随着项目的进展,项目成功的概率在逐步升高,而风险和不确定性会逐渐降低;但是项目的创造性和创新力一直到项目完全进入实施与控制阶段中后期才会有所减弱。

3.项目可变性的变化

在文化产业项目生命周期初始阶段,项目相关利益者(尤其是项目业主/客户)对于项目最终产出物的特性和项目成本的影响力较高,有较强的能力改变项目产出物和项目工作;随着项目的不断进展,项目的可变性会很快降低,到最后项目就会无法变更和修订;但项目客户对项目的兴趣和关注度在项目的初始阶段和收尾阶段都较高。

文化产业项目管理过程的要素特征变化如图2-3所示。

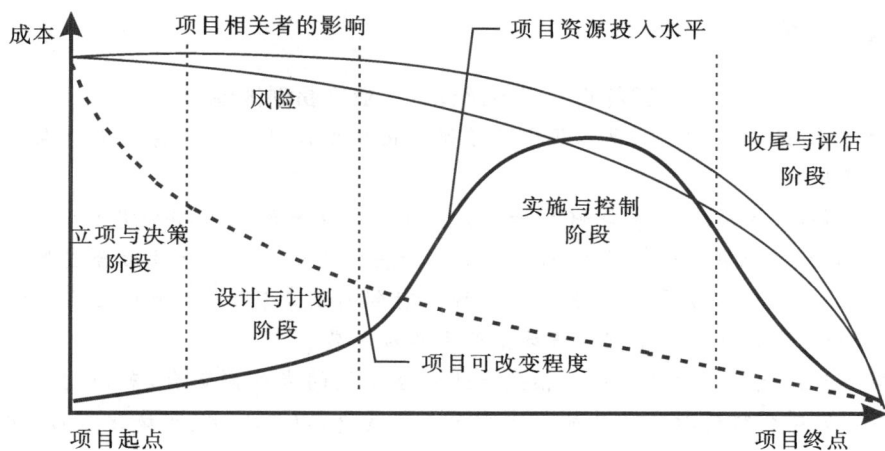

图 2-3　文化产业项目管理过程的要素特征变化

本章小结

1.文化产业项目是组织为实现其既定的目标,在一定的时间、人员和其他资源约束条件下,所开展的独特性的、一次性的文化活动。文化产业项目的特征集中表现为高创新性、价值的隐性、过程的复杂性、量化的困难性、高风险性和多收益性等。

2.文化产业项目管理是系统运用相关理论和方法,对执行中的文化产业项目生命周期的各个阶段工作进行计划、组织、控制、沟通与激励,以满足或超越项目有关各方对项目的要求和期望的各项管理活动的总称。文化产业项目管理的特征主要表现为:项目发起的复杂性与综合性、项目策划的艺术性和技术性、项目申报与审批程序的严格性、项目实施结果的不可修改性和风险性等。

3.文化产业项目管理是一个复杂的系统工程,不仅涉及了美国项目管理协会提出的现代项目管理知识体系 PMBOK 全部十大领域,而且内容更丰富。文化产业项目管理涉及的知识领域可划分为三大部分,即项目决策与集成管理、项目资源与条件管理、项目目标与指标管理。

4.任何一个文化产业项目都有自己的生命周期,人们可以根据项目生命周期及其项目时限、项目任务、项目成果等做好文化产业项目管理。文化产业项目生命周期一般可以分为立项与决策、设计与计划、实施与控制、收尾与评估四个阶段。

复习与思考

1.文化活动的哪些方面体现出了项目特征?

2.文化产业项目的概念与特征是什么?

3.简述文化产业项目管理的概念与特征。

4.简述文化产业项目管理的过程。

📖 **本章案例**

中国苏州文化创意设计产业交易创博会

2019 年 4 月 19 日—22 日,第八届中国苏州文化创意设计产业交易博览会在苏州国际博览中心盛大召开。

本届创博会以"品质苏州·美好生活"为主题。主会场设在苏州博览中心,展示面积达 40000 平方米,分设"新视野——全球创新创意设计展""新标杆——产业融合发展案例展""新业态——文化消费新业态展""新工艺——传统工艺创新创业展"等 4 大展区 54 个主题展馆。近 20 个国家和地区的 600 多家创意设计企业和单位参展。

作为国内以推进创意设计产业与相关产业融合发展的专业博览会,苏州创博会一直以跨界、融合、多元的展会特色打造高品质生活美学专业展览,以专业化、市场化、品牌化和国际化推动苏州地方文化产业发展、辐射周边创意经济转型创新、引入国际资源和创新理念促进国内文化艺术革新。

本届创博会还重点打造了五大主题论坛。

(1)新手工艺运动系列论坛(传统创新的融合)。创新与传统从来都不是一组对立关系,传统是创新的起点,传统的彰显需要创新的支持,传统的新生也需要创新的赋能。传统沉淀塑造了创新,创新也在新时代成就了传统。

(2)品质城市建设国际论坛(城市美学与城市未来)。城市是人们生活的主要聚集空间,城市美学很大程度上影响着人民的美学生活。论坛从空间美学、区域规划、建筑设计、公共空间艺术等文化创意路径和角度审视、思考当代艺术设计与城市建设发展之间的关系。

(3)文旅产业融合发展论坛(新业态·新经济)。文化和旅游融合对地域文化经济、文化消费、文化生产和文化传承都将起到重要作用,文化资源与旅游资源的协同开发、文化+旅游的新型业态、文化旅游产品的创意生产、文化传播新阵地与旅游空间文化拓展等都值得深入探讨。

(4)"从文化资源到文化 IP"文创品牌建设论坛。文化资源与一个地域的环境和历史传统、人文情感等因素息息相关,在全国各地,文化资源的多元性和丰富性令人惊叹。文化品牌的持续经营与传播路径需要艺术设计、品牌运营、创意营销的介入和推动。

(5)全国文化产业(创客)项目专题推介会。文化产业发展的关键落实首先是文化产业市场主体的活力,而文化市场主体的活力则来自文化创业企业和文化创业型人才的培育培养。文化创新创业是集合文化创意生产、文化社会价值、文化生产力的催化器,是丰富文化产业社会供给、满足文化消费需求、链接文化产业上下游的重要方式,更是培育和催生文化产业发展新动力、激发文化创新潜力的重要途径。文化产业(创客)项目推介会将借助苏州创博会品牌效益,提供优质创业平台,以强大服务力为创业创客对接优质市场资源。

中国苏州文化创意设计产业交易博览会自 2012 年创办以来,在助推文化创意和设计服务与相关产业融合发展,激发创新潜能和创业活力等方面发挥了积极作用。创博会已累计吸引了 110 多万创意设计专业人士、文化产业从业人员和市民群众参展参观,累计签约项目 2100 多个,交易总额 310 多亿元,成为全国文化创意设计企业和创意人才交流合作的重要平台。

资料来源:根据 http://www.js.xinhuanet.com/2019 - 04/20/c_1124391564.htm 资料改编。

第三章 文化产业项目立项与决策

学习背景

　　文化产业项目管理的第一个阶段是项目的发起和启动阶段，是一个文化产业项目从无到有的立项与决策过程，即要回答是否要做一个项目、做什么项目的问题。这个阶段的主要任务是识别项目需求，提出项目构想，做出项目决策，定义项目目标和内容，进行项目可行性论证，提出项目申请。文化产业项目管理的这一阶段以提出项目构想为起点，并以项目建议书、项目可行性报告、项目申请报告、项目立项批文等为主要成果。

　　一个文化产业项目的内容好不好、丰不丰富、契不契合市场需求，决定了该项目的成败。文化产业项目的提出，首先需要深入了解项目的市场需求，明确项目的目标定位和服务对象。一个好的文化产业项目不仅要符合文化消费受众的需求、文化企业自身发展的利益需求，还要符合国家法律法规和文化政策导向，要有利于弘扬中华优秀传统文化、有利于塑造社会主义核心价值观等，更要有较高的文化内涵、艺术水准、科技含量等。

　　文化产业项目的可行性分析是一个由粗到细、由浅入深的循序进行的过程。文化产业项目可行性分析的过程一般可以分为项目机会分析、项目初步可行性分析、项目详细可行性分析等阶段。经过多方科学论证的文化产业项目，可以以书面申请报告的形式向相关文化行政主管部门或项目审批部门进行项目申请。最终获得批准或承认的文化产业项目得以立项。

学习目标

1.了解文化产业项目提出的背景；

2.掌握文化产业项目的选择标准；

3.熟悉文化产业项目可行性分析的内容；

4.掌握文化产业项目可行性分析报告的撰写；

5.理解文化产业项目申请立项的程序。

第一节　文化产业项目的提出

一、文化产业项目需求分析

(一)文化产业项目需求分析的含义及必要性

文化产业项目需求分析,是文化产业项目发起人或项目投资者,通过对市场需求、社会需求、公众需求以及项目发起人或项目投资者自身发展需求等方面的综合分析,确定项目的方向以及项目投资必要性的项目准备工作。

我们生活在一个以变化为特征的年代,不断面临新的变化,而变化正是需求产生的根源。文化产业是为满足大众需求而产生并不断发展的,文化产业项目的产生正是来自市场、社会和公众不断变化的各种需求。需求是项目的内在驱动力量,需求的提出引发了整个项目过程。在以消费者为中心的市场经济环境下,文化产业项目的开发同企业的产品开发一样,必须以需求为导向。文化产业项目需求分析是文化产业项目管理的基础和出发点。

具体来讲,文化产业项目需求分析的必要性主要体现在以下几个方面:

1. 使项目目标明确

文化产业项目需求分析是在对市场需求、社会需求、公众需求、项目发起人以及项目投资者自身发展需求等方面的综合分析基础上,运用科学的方法明确项目方向和项目目标。即在确立项目目标的时候充分考虑了项目利益相关各方的需求,做出了目标的整合,避免了项目发起与实施的盲目性。

2. 确保项目经济效益

文化产业项目需求分析紧紧围绕市场进行全面调研,并进行目标人群的定位与细分。其通盘考虑了相关的媒体配合战略规划,以及项目投资、赞助、融资的结合点,充分整合了文化艺术和市场资源,能有效保障项目获得好的经济效益。

3. 增强项目竞争力

文化产业项目需求分析在准确识别市场需求的基础上,综合考虑现有的各种无形资源和有形资源,能有效突出项目特色,提高项目的市场竞争能力。

4. 提升项目服务水平

文化是为人民生活服务的,特别是在一些文化事业单位和不断新生的文化企业逐渐与市场接轨、行政指令性项目越来越少的情况下,文化产业项目必须符合人们的需求。项目需求分析专业队伍必须充分考虑政府的需求、公众的需求、赞助投资者的需求,以及企业自身追求经济利益的需求等,使文化产业项目在满足大众艺术和文化享受的同时,能整合各方目标,提高整个行业的服务水平,激发人们更高的潜在需求,推动文化产业健康发展。

(二)文化产业项目需求分析的内容

1. 发现问题并提出项目设想

文化产业项目需求分析首先要找出是为了解决什么样的问题而开展一个具体项目。通常,这类问题都是限制文化产业发展的关键性问题或瓶颈性问题。这些问题的存在是开展一个项目的基本前提和必要条件。因此,文化产业项目管理可以将发现问题作为一个项目需求分析的起点。当然,在发现问题的基础上,还需要进一步分析问题并找出解决问题的办法,即提出项目的基本设想。

2.分析项目机遇和条件

在发现问题和提出项目基本设想的基础上,还需要进一步分析和识别是否存在能够解决问题、实现设想,从而使文化产业项目获得发展的机遇和条件。这一分析既包括了对文化企业或组织自身内部条件的分析,更重要的是包括了对外部环境和机遇的分析与研究。

3.分析需求并提出项目提案

在分析机遇和条件等项目环境的基础上,还需要进一步分析项目设想在满足文化产业发展、文化企业或组织需求方面的情况,即项目设想能够在多大程度上解决文化产业或文化组织所面临的问题。如果项目设想有利于文化产业发展并能够满足文化企业或组织的基本需要,能够解决组织存在的问题,就可着手提出项目提案或项目建议书了。

(三)文化产业项目需求分析的方法

1.项目需求调查方法

文化产业项目需求调查,是通过对收集和调查的数据的分析,找出项目发展可能出现的制约因素,以及可能出现的问题和现有潜力。项目需求调查的内容一般包括有效需求、潜在需求以及需求的增长速度三个方面。项目人员可以采用抽样调查法、观察法、访问法、实验法等进行需求调查。一般情况下,文化产业项目需求调查基本可以划分为调查准备、调查实施和调查分析总结三个阶段。

(1)调查准备阶段。调查准备阶段要研究确定项目调查的目的和要求、调查的范围和规模、调查力量的组织等问题,并在此基础上制订出切实可行的调查工作计划。项目需求调查的结构和内容一般包括调查目的、调查内容及范围、调查方法、调查进度和费用预算等,并根据项目具体情况而有所变化。

(2)调查实施阶段。调查实施阶段的主要任务是组织调查人员深入实际,系统地收集各种可靠的资料和数据。①文案资料的收集。文案资料是需求调查的基础资料,也是市场调查工作的基础,可以分别向各级统计机构、经济管理部门、金融债券机构、生产和销售企业等收集市场信息,也可从各种文献报刊中取得。②一手资料的获取和收集。在项目需求调查中,还应通过实地调查法、问卷调查法以及实验调查法等方法收集项目需求的原始资料。

(3)调查分析总结阶段。项目调查的分析总结阶段是得出调查结果的阶段,该阶段要通过对调查资料的整理、加工,使之系统化、条理化,以揭示项目需求各种因素的内在联系,真实反映市场的客观规律。①进行分析整理。市场获得的资料大多是分散、零星的,某些资料甚至是片面、不准确的。需要对资料进行比较分析,删除错误信息,进行各种统计分析,并制成统计图表。②进行综合分析。资料的综合分析是需求调查的核心,通过综合分析,可全面掌握资料反映的情况和问题,探索事物之间的内在联系,从而审慎地得出合乎实际的结论。③编写项目需求调查报告。调查报告是市场调查成果的最终体现,需按照调查的要求和格式编写调查报告。

2.项目需求预测方法

文化产业项目需求预测,是在项目需求调查的基础上,运用已有的知识、经验和科学方法,对市场未来的发展状态、行为、趋势进行分析并做出推测与判断的过程。

文化产业项目需求预测解决的问题主要包括：①项目方向的预测，即分析发起项目或投资项目是否符合社会需求，以及项目的目标市场在哪里；②项目方案或项目产品方案的预测，社会需求不仅决定着项目投资方向还决定着项目投资内容；③项目规模或项目投资规模的预测。

项目需求预测的方法一般可以分为定性预测和定量预测两个大类。

(1)定性预测。定性预测的核心是专家预测，主要是依据经验、智慧和能力，在个人判断的基础上进行预测的方法。定性预测方法可以进一步划分为直观预测法和集合意见法两类，其中，直观预测法主要采用的是类推预测法等，集合意见法主要包括专家会议法和德尔菲法等。

(2)定量预测。定量预测是依据市场历史和现在的统计数据资料，选择或建立合适的数学模型，分析研究其变化规律并对未来做出预测的方法。定量预测可进一步划分为因果性预测、延伸性预测及其他方法三个大类。其中：因果性预测是通过寻找变量之间的因果关系，分析自变量对因变量的影响程度，进而对未来进行预测的方法；延伸性预测是根据市场各种变量的历史数据的变化规律，对未来进行预测的方法，主要包括移动平均、指数平滑、成长曲线分析、季节变动分析等，适用于具有时间序列关系的数据预测；其他方法则主要包括经济计量分析、投入产出分析、系统动力模型等预测方法。

二、文化产业项目选择

在充分进行文化产业项目需求分析和环境条件研究的基础上，项目发起人可积极寻找、识别并提出可行的项目方案，并进行科学的项目选择。所谓文化产业项目选择，是指遵循特定的原则、运用一定的方法，从备选的文化产业项目中慎重选择出符合项目发起或投资目标、符合内外环境和自身条件的项目的决策过程。

(一)文化产业项目选择的标准

一个优质的文化产业项目，应是符合项目发起人或投资方目标诉求、符合项目组织内外环境和自身条件；具有较高的文化艺术内涵和水准，能很好地对优质文化资源进行文化创意创新性转化；符合新时期人民群众的文化消费需求；符合国家文化发展繁荣的法规政策及导向；具有较大增长空间的文化产业门类；有利于增强文化企业竞争力，有利于带动地方文化产业发展水平，有利于增强国家文化软实力的项目。

1.较高的艺术水准

就文化产业的属性而言，它是典型的知识经济、绿色经济，具有强大的传播力、渗透力和影响力功能，以及物质资源消耗少、环境污染小、附加值高的特点。其自身更有着较高的艺术水准和深度的创意作支撑。

2.符合目标受众的需求

受众是指大众传播媒介的信息接收者或传播对象。目标受众具有一般"受众"的意义，但它又是特定的，是指传播活动中特定媒介渠道或媒介内容的诉求对象。文化产业项目选择时考虑目标受众需求的目的，在于用尽可能少的资金达到尽可能大的效果，尤其是对于中小文化企业而言，资金压力较大，任何的资金浪费都将成为企业的包袱。选择符合目标受众需求的项目，可以有效促进文化产业项目的顺利实施和目标的达成。

3.满足赞助企业的投资诉求

相对于传统媒体营销来说，赞助是企业一种新的营销手段。企业在参与赞助前必须要对赞助所能够带来的利益进行评估,以便能够提升企业形象及品牌的知名度,增加产品销售,增进与其他方面的沟通。

4.符合国家的法规政策及导向

《文化产业振兴规划》指出,发展文化产业,必须实施重大项目带动战略。以文化企业为主体,加大政策扶持力度,充分调动社会各方面的力量,加快建设一批具有重大示范效应和产业拉动作用的重大文化产业项目。在这样的大背景下,文化产业项目的选择应首选那些符合政策要求,有较大增长空间的产业门类,有利于培育较强竞争力的企业集团,有利于增强国家文化软实力的项目。

(二)文化产业项目选择的程序

为有效保障文化产业项目申请的成功,一套简单而高效的规范化项目选择程序就显得尤为必要。

(1)寻找并提出文化产业项目建议。

(2)文化产业项目部门内部项目立项,并组建文化产业项目策划小组。

(3)进行文化产业项目方案的调研、咨询与讨论,选择出满意的文化产业项目。

①文化产业项目的效益性判断。效益性是选择文化产业项目的逻辑起点和归宿。这里的效益性是广义的概念,既是社会效益、经济效益、文化效益、生态效益的统一,也是微观效益与宏观效益的统一,又是近期效益与远期效益的统一。

②文化产业项目的可行性判断。项目的可行性是项目决策的前提。文化产业项目的可行性判断应首先分析项目所涉及的人力、财力、物力能否满足项目活动的需要,充分论证项目的竞争能力、发展潜力及其影响力,以及项目的投入产出比、项目周期长短等。

③文化产业项目的创新性判断。创新是文化产业项目的灵魂,因此所选择的文化产业项目必须充分体现出创新性。

④文化产业项目的灵活性判断。环境是影响文化产业项目顺利进行的重要因素。无论是内部环境还是外部环境都会对文化产业项目活动产生不可预知的影响。因此,文化产业项目选择应确保所选择项目的灵活性,即项目应能够根据实际情况随时调整方案,以确保项目的实施效果,或能将损失降到最低。

(4)完善所选的文化产业项目思路,撰写文化产业项目建议书,并提交完整的项目策划文案作为文化产业项目建议书的附件。

三、文化产业项目建议

在完成文化产业项目需求分析和项目选择工作的基础上,项目发起人应提出有意义的文化产业项目建议,并形成项目的提案或项目建议书。项目提案和项目建议书在作用和内容上基本是相同的,一般国外习惯使用项目提案的说法,我国习惯于使用项目建议书的说法。

通常,一个文化产业项目建议书主要包括以下内容。

(一)项目目标

项目建议书首先应明确所建议的项目预期要达到的目标。一个文化产业项目的项目目标主要包括两个方面:①项目产出物所要达到的目标要求,如项目产出物的质量、数量等;②有关项目工作的目标要求,如项目周期、成本等。一个文化产业项目建议书中所定义的项目目标应符合具体、可行、能够度量、便于检查和表达简洁等方面的要求。

(二)项目任务和范围

在确定项目目标的基础上,项目建议书还需要根据项目目标界定项目的任务和项目的范围,包括阐明和界定项目要解决的具体问题、项目要满足的具体需求、项目的主要任务、项目最终成果的形式与内容,以及实现项目目标所需开展的主要活动等内容。一个文化产业项目建议书界定的项目任务和范围应达到表述明确、切实必要、有相应的资源保障和有一定的弹性等方面的要求。

(三)项目工作和项目产出物的具体要求

项目建议书还需要以项目目标为依据,进一步规定和描述项目工作和项目产出物的具体要求。这包括:度量项目工作的任务、绩效、质量、经济效益等方面的具体指标,如项目周期、成本和工作质量的度量指标等;度量项目产出物的数量、质量、科技水平、经济技术效果等方面的具体指标,如信息系统开发项目的系统功能、信息处理速度、可扩展性等度量指标。一个文化产业项目建议书中有关项目工作和项目产出物的具体规定和要求,应是切实可行和能够度量的,因为这些是最终检验项目工作和项目产出物的基准。

📖 小资料

博物馆文创产品如何才能吸引消费者

文化创意产品也称为文化衍生品,即以某种特定的文化形态或文化内涵以及文化背景为基础,通过创造性思维,将文化元素与实用物品相结合所研发出来的产品。博物馆文化创意产品就是利用馆藏文物开发的具有纪念意义或兼具实用功能的产品,承载着与博物馆主题相关的历史、文化信息,并被赋予了地方特色和艺术气息。什么样的创意产品才能吸引消费者?

第一,要有趣。在文化创意产品上能够体现出"有趣"的特点,就能够首先吸引住消费群体的眼球,赢得市场。例如:故宫博物院开发的"朕亦甚想你"折扇、猫胶带等,台北故宫博物院的"朕知道了"胶带等。

第二,要有用。就是要让文化创意产品具备一定的实用功能。与传统的旅游纪念品不同的是,文化创意产品要具有一定的实用性。文化创意产品的意义在于它的纪念性,而纪念性主要通过观赏性和实用性体现。如故宫博物院开发的朝珠耳机,三星堆博物馆开发的青铜面具类饼干、巧克力等食品。

第三,要有艺术性。一件好的文化创意产品,是要通过精心设计完成的。在设计的过程中,除了要考虑实用性和趣味性,更要兼顾艺术性。运用专业的艺术设计思维,合理选择艺术元素,运用典型图像、多变的色调、精绝的构图,巧妙结合,突出唯一性,兼具收藏性,从而达到一见钟情、过目不忘的效果。

只有符合"有趣、有用、有艺术性"的"三有"原则,才能称之为文化创意产品。目前,一些博物馆文化创意产品的研发瓶颈是没有对文化创意产品的特点建立准确的认知,因而难以形成有效的市场竞争力。

资料来源:元浦说文.博物馆文创产品,如何才能吸引消费者[EB/OL].(2017-11-08)[2019-06-08].http://www.sohu.com/a/203156996_100001736.

第二节 文化产业项目的可行性分析

一、文化产业项目可行性分析的内容

文化产业项目可行性分析,是项目投资决策之前对项目方案进行充分分析、研究、讨论与评价的过程,是对项目方案在详细调查、周密研究的基础上所做的技术、经济、财务、社会、环境、法律及组织上的可行性论证和方案比较,并最终以可行性报告的形式发布。

文化产业项目可行性分析是一个由粗到细、由浅入深的循序进行的过程。文化产业项目可行性分析的过程一般可以分为项目机会分析、项目初步可行性分析、项目详细可行性分析三个阶段。

1.项目机会分析

项目机会分析是项目可行性分析的初始阶段,用于鉴定项目的投资机会,目的在于寻求那些可能会有良好发展的投资项目,能给企业带来盈利、能给国民经济带来多方面好处的投资项目。项目机会分析早在进行项目构思或项目策划之时就已经开始,并体现在项目策划方案和项目建议书中。项目机会分析与评价一般包括地区评价、行业评价和资源评价三部分内容。其中:地区评价主要是通过对地理位置、自然特征、民族特性、人文习俗、地区经济结构、经济发展状况、教育文化程度、消费特色等方面的分析来选择项目;行业评价主要是通过分析行业的特征、企业或合作投资者在行业中所处的地位和作用、增长状况等进行项目的方向性选择;资源评价对文化产业项目具有决定性的意义,它是对文化产业项目能利用的资本、技术、专利、文化资源的丰富程度和质量高低的分析和评价。

2.项目初步可行性分析

项目初步可行性分析是在项目机会分析的基础上,对项目方案进行初步的技术、经济和社会环境的分析与评价,是对项目是否可行做出的初步判断。项目初步可行性分析的重点,主要是根据国民经济和社会发展的长期规划、行业规划和地区规划以及国家产业政策,从宏观上分析和论证项目建设的必要性,并初步分析项目建设的可能性。项目初步可行性分析介于项目机会分析和项目详细可行性分析之间,如果经过项目初步可行性分析,判断该项目是有生命力的,并有必要进行投资建设,即可进行进一步的项目可行性分析。需要指出的是,不是所有的项目都要进行初步可行性分析,一些小型的项目,在明确了项目投资机会后,可以直接进行项目详细可行性分析。项目初步可行性分析的结果将形成项目初步可行性研究报告。

3.项目详细可行性分析

项目详细可行性分析是在项目初步可行性分析的基础上对与项目有关的文化资源、工程、技术、经济等各方面条件和情况进行详尽、系统、全面的调查研究与分析,对各种可能的建设方案和技术方案进行详细的比较论证,并对项目建成后的经济效益、社会效益进行预测和评价。它是文化产业项目进行评估和决策的重要依据。对项目进行详细的可行性分析,可综合利用各种专项方法,有层次地对项目进行全面分析和识别相关因素,从而依据分析论证的结果采取有效措施,修改项目策划方案,有利于提高项目的社会效益和经济效益,实现项目决策的科学化。项目详细可行性分析的结果是项目详细的可行性研究报告。

二、文化产业项目可行性分析报告的撰写

1.项目可行性分析报告应达到的要求

(1)可行性分析报告应内容齐全、数据准确、论据充分、结论明确,能够满足项目决策者确定项目方案的需要。

(2)可行性分析报告中的项目重大技术、财务方案,应该有两个以上的备选方案。

(3)可行性分析阶段对项目投资和成本的估算应采用分项详细估算法,估算的准确度应达到规定的要求。

(4)可行性分析确定的融资方案应能满足自己筹措及使用计划对投资数额、时间和币种的要求,并能够满足银行等金融机构信贷决策的需要。

(5)可行性分析报告应反映出在可行性研究过程中出现的对某些方案的重大分歧及未被采纳的理由,以供决策者权衡利弊进行决策。

(6)可行性分析报告中应附有供项目评估、决策审批所必需的合同、协议、意向书、政府批件等。

2.项目可行性分析报告的主要内容

(1)项目实施的必要性。项目实施的必要性主要从两个层次进行分析:①从项目层次分析拟建项目对实现企业自身可持续发展重要目标、重要战略和提高竞争能力的必要性;②从国民经济和社会发展层次分析拟建项目是否符合合理配置和有效利用资源的要求,是否符合区域规划、行业发展规划、城市规划的要求,是否符合国家产业政策和技术政策的要求,是否符合保护环境、可持续发展的要求等。

(2)项目市场分析。项目市场分析的内容包括分析和预测拟建项目或项目产品在国际国内市场的供需状况和价格,研究确定项目的目标市场,进行项目竞争力分析等,并在此基础上预测可能的市场份额,以及项目的营销策略等。

(3)项目建设方案。项目建设方案的内容主要包括项目建设规模和项目建设方案,使用的工艺技术和主要设备方案,厂址选择,主要原材料与辅助材料,职业安全、卫生和消防设施方案,项目组织机构与人力资源配置等。

(4)项目投资估算。项目投资估算是在确定项目建设方案的基础上估算项目所需的投资,分别需要估算项目建设工程费、设备购置费、基本预备费、建设期利息及流动资金等。

(5)项目融资方案。在进行项目投资估算、确定项目投资额的基础上,需要研究分析项目的融资主体、资金来源渠道和方式、资金结构以及融资成本和融资风险等。结合项目融资方案的财务分析,比较、选择和确定项目融资方案。

(6)项目财务分析。项目财务分析的内容包括:按规定科目详细估算项目营业收入和项目成本费用,预测项目现金流量,编制现金流量表等项目财务报表,计算相关指标,进行项目财务盈利能力、偿债能力及财务生存能力分析,评价项目的财务可行性。

(7)项目经济分析。对于财务现金流量不能够全面、真实地反映其经济价值的项目,应进行项目经济分析。即从社会经济资源有效配置的角度,识别项目产生的直接和间接的经济费用和效益,编制经济费用效益流量表,计算有关评价指标,分析项目建设对经济发展所做出的贡献,以及项目所耗费的社会资源等,评价项目的经济合理性。

(8)项目资源影响分析。对于区域及宏观经济影响较大的项目,还应从区域经济发展、产

业布局及结构调整、区域财政收支、收入分配以及是否可能导致垄断等角度进行项目分析。对于涉及国家经济安全的项目,还应从产业技术安全、资源供应安全、资本控制安全、产业成长安全、市场环境安全等角度进行项目分析。

(9)项目社会评价。对于涉及社会公共利益的项目,还应分析拟建项目的社会影响,分析主要利益相关者的需求及对项目的支持和接受程度,分析项目的社会风险,提出防范和解决社会问题的方案等。

(10)项目不确定性分析。项目不确定性分析主要是进行项目敏感性分析,即计算敏感度系数和临界点,找出敏感因素及其对项目效益的影响程度,进行项目盈亏平衡分析,计算盈亏平衡点,粗略预测项目适应市场变化的能力。

(11)项目风险分析。项目风险分析是对项目的主要风险进行识别,采用定性和定量分析方法估计项目风险的程度,研究并提出防范和降低项目风险的对策措施。

(12)结论和建议。在完成以上项目分析内容之后,应做出项目可行性分析的归纳与总结,说明所推荐项目方案的优点,指出可能存在的主要问题和可能遇到的主要风险,做出项目是否可行的明确结论,并对项目下一步工作和项目实施过程中所需解决的问题提出建议。

三、文化产业项目立项申请

(一)文化产业项目立项的概念

文化产业项目立项,是指文化产业项目发起人以书面报告的形式向相关行政主管部门进行项目申请,并最终获得相关行政主管部门批准或承认的过程。文化产业项目立项具有一些明显特征:①文化产业项目立项有一个明确界定的目标;②文化产业项目立项是一次性的努力;③文化产业项目立项有项目资助机构提供的必要资金或经费。

(二)文化产业项目立项申请书的撰写

文化产业项目立项申请书,又称文化产业项目申请报告。不同资助机构要求的项目立项申请书的格式有很大区别:有的要求宽泛,可以任意发挥;有的则限定格式,提供表格。

文化产业项目立项申请书的内容一般包括以下几部分:

1.项目名称、项目由来及背景等项目概述性内容

经过项目的可行性分析和项目的初步论证,项目的选题和方向已经确定。在撰写项目立项申请书时,还需要仔细斟酌用词,以确定一个能够高度概括而又能准确表明项目内容的名称。项目立项背景主要是描述项目的历史、发展及现状,以及通过该项目的实施,项目受益人群将会有何种变化,该项目会给社会带来哪些有益的影响等。

2.项目内容、进程、预算及难点等项目核心性内容

项目立项申请书最核心的内容包括项目目标、项目内容,以及如何达成项目目标、选择项目运作方式的说明,项目的简单计划,如与地方政府、其他组织合作的计划等。项目进程是指详细的日程安排,其作用是将工作安排反映到日历上。它不仅规定了整个项目以及各阶段的起止日期,还具体规定了所有项目活动的开始和结束日期。项目预算过程可以分成估算和预算两大部分。项目估算的目的是估计项目的总成本和误差范围,而预算则是将项目的总成本分配到各工作项中去。项目估算的内容包括人工成本、费用、设备、原材料、劳务和外包成本等。

3.项目参与人员、项目合作者等项目实施主体内容

项目主持人、项目执行人、项目参与人员和项目合作者等项目实施主体的详细资料,包括具体的学历、职业经历、项目运作经验、该领域的主要研究经历等。有些项目要求有不同类型的合作者,包括国际合作者、政府部门合作者和其他非营利组织等。填写项目立项申请书时应列出合作者的基本数据、合作形式及合作内容,以及项目合作者开具的有关合作的承诺书等。

4.项目预期成果等目标性内容

项目立项申请书填写的成果是指项目运作的预期成果,即该项目期望获得的成果,如果需要的话,还要包括项目的中期成果等说明。除此之外,项目立项申请书也应包括对项目实施过程中可能出现的项目风险及项目风险管理的内容,以及必要的项目辅助说明性、支撑性、证明性附件。

📖 **小资料**

会展项目可行性研究的六个步骤

(1)可行性研究开始阶段。确定可行性研究的范围,包括会展项目的大小、类别、地域等;进行项目宏观环境的背景分析;明确会展项目主办者的要求与目标。

(2)调查研究阶段。主要是前述的市场环境、竞争环境、会展举办地条件分析以及自身环境分析等。

(3)优选方案阶段。围绕项目要素目标,将会展项目的市场、资源、投入、产出等方面进行组合,设计出各种可供选择的方案,然后对备选方案进行详细讨论、比较,要定性与定量分析相结合,最后推荐一个或两个备选方案,提出各个方案的优缺点,供决策者选择。此阶段相当于机会分析和初步可行性分析阶段。

(4)详细研究阶段。这是可行性研究最核心的阶段。需对最优方案进行详细分析研究,进一步明确项目具体范围,并对项目的经济与财务情况做出评价。其中,目标市场定位的深入分析十分重要。定位时需考虑会展类型、产业标准、地理细分、行为细化等因素。同时进行风险分析,表明不确定因素变化对会展项目经济效果所产生的影响。在这一阶段得到的结果必须论证出项目在政策上可通过审核以及技术的可行性、条件的可达到性、进度的可保障性、资金的可筹措性和风险的可化解性等。

(5)编制可研报告阶段。可行性研究报告的编制内容,国家有一般的规定,如工业项目、技术改造项目、技术引进和设备进口项目、利用外资项目、新技术产品开发项目等都有相关的规定。会展项目的可行性研究报告,目前国家并没有统一规定,可以参照其他类型项目的可行性研究报告的内容和体例,并根据自身的特点来编写。

(6)资金筹措计划阶段。会展项目的资金筹措在项目方案选优时,已经做过研究,但随着项目实施情况的变化,也会导致资金使用情况的改变,这都要编制相应的资金筹措计划。同时,优选方案的资金计划应更为翔实可行。

资料来源:江金波.会展项目管理:理论、方法与实践[M].北京:清华大学出版社,2014.

第三节 文化产业项目的评估与决策

一、文化产业项目的评估

(一)文化产业项目评估的含义和原则

文化产业项目评估,也称文化产业项目前评估,是在文化产业项目可行性研究报告和项目立项申请书的基础上,根据有关政策、法律法规、方法与参数,由有关机构应用预测技术来分析和评价拟实施项目在技术上是否可能、经济上是否有利、建设上是否可行,所进行的系统、客观、综合分析和全面、科学的评价活动。文化产业项目评估的目的在于确定项目是否可以立项。其是文化产业项目决策科学化、规范化、程序化、民主化,避免或减少项目决策的失误,提高项目投资的效益和综合效果的重要保证。

文化产业项目评估一般应遵循以下原则:

(1)文化产业项目评估必须符合党和国家制定的国民经济和社会发展规划及经济建设方针政策,严格执行各项规章制度和技术经济政策。

(2)文化产业项目评估必须建立在满足技术功能要求和可行的基础上,要求项目所采用的技术是经过试验鉴定或实际验证证明其是合适、过关和稳妥可靠的,并具有可靠的市场、原材料、能源和人力资源供应等必要条件。

(3)文化产业项目评估应遵循可比原则,即效益和费用计算口径要一致。在计算期内使用同一价格和参数。

(4)文化产业项目评估应以动态分析为主,采用国家规定的动态指标。必要时也可采用一些静态指标进行辅助分析。评价指标可采用价值指标、实物指标和时间指标,也可补充比较指标。

(5)文化产业项目经济评估工作的质量不仅取决于方法本身的科学性,同时还取决于市场需求预测、技术方案选择、固定资产投资估算、产品成本估算、项目实施进度计划等基础数据的可靠性。进行项目评估时要对上述工作的准确性程度认真审核。

(6)文化产业项目评估的内容、深度及计算指标应能满足审批项目建议书和设计任务书的要求。

(7)文化产业项目评估主要是经济性评估,但也应结合技术、环境、政治和社会等各方面因素进行综合评价,选定最佳项目方案。

(8)文化产业项目评估必须确保科学性、公正性和可靠性,必须坚持实事求是的原则。

(二)文化产业项目评估的内容

一般而言,文化产业项目评估的内容主要会涉及项目创意理念的创新性与先进性、项目设计规划的科学性、项目技术水平的可行性、项目预期收益的效果等。

1.功能评估

项目功能评估是着重评估项目的规模是否适当和经济合理,项目功能设计流程是否合理,项目技术水平是否先进适用,布局和规划是否协调等。

2. 技术经济指标评估

项目技术经济指标评估是评估项目执行单位生产或使用的技术指标，设备、材料和能源消耗量指标，项目用地面积和建筑面积指标，以及其他有关指标是否符合先进且合理的原则。

3. 财务经济效益评估

项目财务经济效益评估是分析并评估项目执行单位的年营业收入和费用支出指标、单位项目建设投资指标以及利润和利润率、投资收益率、项目建设周期、投资回收期、损益（盈亏）计划等指标是否能达到定额标准的要求。

4. 社会效益评估

项目社会效益评估主要包括对项目实施可能产生的社会劳动就业效果、收入分配效果、环境保护效果、节能效果、创收效果、技术进步和获取技术诀窍效果等社会效益内容的评估。特别是要评估项目实施能否起到改善地区经济结构、劳动就业结构、行业经济结构、城市规划、生产力布局，以及提高人民的物质和精神文化生活水平的作用。

5. 综合评估

通过上述四个方面的项目分析、比较和评估后，再从社会和国民经济的宏观效果出发，结合建设项目微观经济的优缺点进行综合评估，最终提出项目评估意见或修改意见。

（三）文化产业项目评估的方法和程序

文化产业项目评估程序和方法的科学性与合理性对项目质量的保证具有重要意义。文化产业项目评估的基本方法有观察法、问卷法、文献法、访谈法等。对大多数文化产业项目的评估，往往是对这些评估方法的综合运用。

文化产业项目评估的基本程序包括：

1. 项目评估准备

项目评估准备阶段需要收集并整理项目评估所需要的相关基础资料，对项目建议书、项目可行性报告、项目立项申请书、项目进展状况、财务报告、年度工作计划等与项目运作有关的文件以及项目所在地区的相关资料、组织战略规划和宗旨等相关资料应做详细的阅读。

2. 开展项目评估与调查

根据项目评估需要，对项目情况进行系统的调查与评估，与项目的直接参与人员、间接参与人员进行座谈，召开由项目受益者、项目管理者和资助者参与的会议，进行一对一访谈和现场观察等。对于大量的重复性问题或者不方便访谈的问题，可以采取问卷方式调查。

3. 撰写项目评估报告

根据系统调查和综合评估的结果，评估人员将对项目各项内容的评估结果做出科学的总结，并写出评估报告。项目评估报告力求格式规范、准确清晰，避免专业晦涩的词语，以便于阅读和对比。项目评估报告一般包括摘要、项目概况、评估方法、项目内外部影响因素、项目实际调查的情况、项目意见和结论、参考资料等内容。项目评估报告是筹措项目资金、进行银行贷款、开展项目设计、签订项目合同、进行项目实施准备的重要依据。只有通过了项目评估并被认为是可行的项目，才允许依次进入项目的设计、实施和运行阶段。

二、文化产业项目的审批与立项

一个文化产业项目在经过了项目可行性分析、项目立项申请和项目前评估后，还必须经由相关决策机构审批。文化产业项目的最终决策,即是文化产业项目的审批过程。对于一些影响国计民生或与地区利益相关的重大项目,甚至还需要报送更高主管部门,直至国务院审批。不论文化产业项目的可行性分析报告、项目立项申请书和项目评估报告是否通过了审批,这一过程的终结才标志着项目立项与决策阶段的完成。项目立项申请报告一旦获得审批,那么这一文件就成为项目投资决策的依据、项目设计的依据、项目资金筹措和资源配置的依据、项目实施的依据和指导文件,以及项目实施完成并投入运营以后所做的项目后评估的重要依据。

对项目各方面的分析研究成果进行归纳、综合分析,形成评估结论,可供决策者进行科学决策。项目结论的具体内容包括推荐项目方案、主要必选项目方案及项目建议三部分。其中:推荐方案将依次说明推荐项目方案各部分的主要内容和分析研究结果,说明推荐方案实施的基本条件,推荐方案的不同意见和存在的主要问题,推荐方案的结论性意见归纳,主要的技术经济指标等;主要必选项目方案,是在项目决策中通过多方案比较,推荐相对优化的方案,在结论部分对由于各种原因未被推荐的一些重大必选方案进行描述,阐述方案的主要内容、优缺点及未被推荐的原因,以便决策者从多方面进行思考并做出决策;项目建议,是考虑到任何项目都有利有弊,有必要对项目实施阶段和运营阶段应注意的问题和应采取的措施提出必要建议,包括对项目下一步工作的重要意见和建议等。

文化产业项目的最终决策过程常用的方法主要有两类:一类是成本-效益分析法,另一类是专家判断法。

(一)成本-效益分析法

成本-效益分析法是选择和定义项目时最主要使用的方法,主要适用于那些可量化的项目决策分析。这一方法是以现行国家财务、税务等法规为依据,在分析确定出项目成本与效益后,通过比较项目各备选方案的成本与效益而做出项目选择决策的方法。在这类方法中,决策树和决策表最具有代表性。决策树与决策表都是结构化的决策分析方法。这种方法首先要根据"问题或机遇"设计出几个可行的项目备选方案;其次确定出每个方案所面临的各种条件,以及这些条件发生的概率大小;再次确定出各备选方案在不同条件下的损益或经济效益;最后由决策者通过权衡各方案的期望效益做出决策和选择。这种项目选择与决策方法的优点是简便易行,同时较全面地考虑了项目所面临的各种条件和不确定性,能够综合权衡项目的效益和损失,所以是一种有效的项目选择与定义的方法。

(二)专家判断法

专家判断法主要是指根据项目管理专家的经验做出项目的分析、比较、判断、评价和选择的方法,包括专家打分法和层次分析法等具体的判断分析法。专家判断法在项目最终选择和定义中使用更为广泛。专家判断法强调由那些具备特定知识或受过专项训练的个人或群体提供专家判断,然后使用一些定性分析和转化办法做出项目选择与定义的最终判断与决策。在这类方法中,层次分析法是最具有代表性的方法。层次分析法是针对非定量决策所提出的一种评价分析方法,于1973年由美国学者萨蒂(A. Saaty)最早提出。层次分析法可以将一个复杂问题按照目标层、准则层、指标层等层次进行分层,然后根据决策目标和准则将问题分解为不同层次的构成要素,形成一个层次分析模型,进一步对各层的要素进行对比和分析并按照"比率标度"的方法构造出判断矩阵;最后运用求解判断矩阵的最大特征解及其特征向量得到各要素的相对权重,并使用"和积法"汇总得到项目备选方案的优先序列,根据项目各备选方案的优先序列得分就可以做出项目最终的选择和决策。

本章小结

1.文化产业项目的立项与决策阶段是文化产业项目管理的发起和启动阶段,是围绕一个项目创意进行分析、预测、讨论、决策的阶段。该阶段的主要任务是:识别项目需求,提出项目建议,定义项目,做出项目决策,并以项目建议书、项目可行性报告、项目立项申请报告等为主要成果。

2.文化产业项目需求分析,是指项目发起人或项目投资者,通过对市场需求、社会需求、公众需求以及项目发起人或项目投资者自身发展需求等方面的综合分析,确定项目的方向以及项目投资必要性的项目准备工作。在此基础上,项目发起人可积极寻找、识别并提出可行的项目方案,并进行科学的项目选择,形成项目提案或项目建议书。

3.文化产业项目可行性分析,是项目投资决策之前对项目策划进行充分分析、研究、讨论和评价的过程,是对项目方案在详细调查、周密研究的基础上所做的技术、经济、财务、社会、环境、法律及组织上的可行性论证和方案比较,并最终以可行性报告的形式发布。

4.文化产业项目立项,是指项目发起人以书面报告的形式向相关行政主管部门进行项目申请,并最终获得相关行政主管部门批准或承认的过程。文化产业项目评估,是相关部门根据有关政策、法律法规、方法与参数,应用预测技术来分析和评价拟实施项目,以确定项目是否可以立项。

5.文化产业项目的最终决策,即文化产业项目的审批过程,这一过程的终结才标志着项目立项与决策阶段的完成。文化产业项目立项申请报告一旦获得审批,那么这一文件就成为项目投资决策与项目设计的重要依据。

复习与思考

1.为什么要进行文化产业项目需求调查及需求预测?

2.文化产业项目可行性分析及其报告的主要内容是什么?

3.简述文化产业项目评估的基本原则及程序。

4.试撰写一份文化产业立项申请报告。

本章案例

文化和旅游部征集2019年"一带一路"文化产业合作项目

2019年4月,文化和旅游部发布通知,公开征集2019年"一带一路"文化产业和旅游产业国际合作重点项目。

1.项目申报重点方向

(1)推动文化产业和旅游产业融合发展;

(2)促进文化和旅游消费;

(3)打造具有丝路特色的旅游线路;

(4)建设文化产业和旅游产业交易和服务平台;

(5)促进文化和旅游投资与基础设施建设;

（6）扩展数字文化产业合作；

（7）加强创意设计产业合作；

（8）深化文化装备和旅游装备产业合作；

（9）强化国际化产业人才培养。

2.项目申报要求

（1）以习近平新时代中国特色社会主义思想为指导，全面贯彻党的十九大和十九届二中、三中全会精神，坚持以社会主义核心价值观和新发展理念为引领，坚持开放包容、互利共赢，坚持共商共建共享。

（2）紧扣重点支持方向，结合各地、各单位和沿线国家实际情况，具有切实可行的实施方案。申报主体在本地本行业具有领先优势。对配合春节等中国传统节庆、区域性及国际性文化节事、国家重点外交活动等的项目予以优先考虑。

（3）坚持把社会效益放在首位，社会效益和经济效益相统一。内容积极健康，内涵丰富、创意新颖，符合沿线国家和地区文化传统、审美习惯和消费模式，突出中国传统文化精髓与现代文化发展，有利于引导企业开拓海外市场，有利于提升中华文化的影响力。

3.项目申报流程

（1）各地申报主体包括国家文化消费试点城市、文化文物单位文化创意产品开发试点单位、文化和旅游部参与共建各院校等向所在省（区、市）文化和旅游厅（局）申报。文化和旅游部直属单位、国家对外文化贸易基地直接申报。

（2）各省（区、市）文化和旅游厅（局）负责初选，并于2019年4月30日前通过文化和旅游部产业公共服务平台（www.ccipp.org）在线提交申报材料，文化和旅游部直属单位、国家对外文化贸易基地直接登录该平台提交申报材料。

（3）各省（区、市）文化和旅游厅（局）报送项目不超过6个。文化和旅游部直属单位、国家对外文化贸易基地申报项目不超过2个。国家文化消费试点城市报送项目不超过2个，不占各地指标。文化文物单位文化创意产品开发试点单位可报送不超过1个项目，不占各地指标。

（4）2018年11月已参加文化和旅游部产业发展司组织的动漫游戏产业"一带一路"国际合作项目申报的项目统一纳入本次项目评审，不再重复申报。

4.项目审核认定

文化和旅游部产业发展司汇总申报材料，并组织专家及文化和旅游部相关司局组成专家委员会进行评审，于2019年6月底前评选出2019年"一带一路"文化产业和旅游产业国际合作重点项目，公示后予以公布。

资料来源：文化和旅游部办公厅.文化和旅游部办公厅关于征集2019年"一带一路"文化产业和旅游产业国际合作重点项目的通知：办产业发〔2019〕50号［A/OL］.（2019-03-26）［2019-04-05］.http://zwgk.mct.gov.cn/auto255/201904/t20190419_842946.html？keywords＝.

第四章 文化产业项目设计与计划

学习背景

　　一个文化产业项目在获得了立项审核批准并签订了相关的项目合同后,就进入了文化产业项目的设计与计划阶段。一个文化产业项目管理活动会涉及多个环节、多个层面的项目活动内容,这些活动都必须得到很好的计划和安排。文化产业项目设计与计划就是对文化产业项目的各项活动所进行的事前性和全局性的筹划与打算,是引领文化产业项目有序发展的重要手段。在整个文化产业项目管理过程中,项目的设计与计划工作是最为重要的一环。

　　文化产业项目的设计与计划在整个项目管理过程中处于指导地位,贯穿于文化产业项目管理的各个阶段,并涉及项目的各个方面。文化产业项目设计与计划阶段的主要任务,是对项目工作和项目产出物做出全面的设计和规定,并以各种计划性文件为主要阶段成果,包括文化产业项目进度计划、成本计划、质量计划、资源计划、沟通计划、风险应对计划、人力资源计划、采购计划等,同时还会有一些与项目计划相关的支持性细节信息和文件。

学习目标

1.了解文化产业项目设计与计划的概念与作用;

2.掌握文化产业项目设计与计划的内容与程序;

3.理解文化产业项目范围设计的基本内容;

4.掌握文化产业项目进度计划的基本内容;

5.掌握文化产业项目质量计划的基本内容;

6.掌握文化产业项目资源计划的基本内容。

第一节 文化产业项目设计与计划概述

一、文化产业项目设计与计划的概念

　　文化产业项目的设计与计划,是项目管理者根据项目目标的规定,对文化产业项目各项活动所做出的周密安排,是在项目预算范围内为完成项目预期目标而进行的项目任务系统安排的一系列过程。文化产业项目设计与计划是整个项目实施的基础,是文化产业项目管理活动的首要环节。

文化产业项目的设计与计划主要回答以下问题。

（1）什么（what）：确定项目经理与项目团队应完成哪些工作。

（2）怎样（how）：明确应如何完成这些工作和任务，并利用工作分解结构来确定项目必须完成的各项工作清单。

（3）谁（who）：确定承担工作分解结构中每项工作的具体人员。

（4）何时（when）：确定每项工作具体何时开始，需要多长时间，需要哪些资源。

（5）多少（how much）：确定工作分解结构中每项工作需要多少经费。

（6）哪里（where）：确定各项工作在什么地方进行。

文化产业项目的设计与计划不是一蹴而就的，而是一个由宏观到微观、由粗到细逐渐分解和逐渐细化的过程。形象地来讲，一个文化产业项目设计与计划开始可能只会告诉你要做哪几件事（里程碑），后来逐渐告诉你每件事有哪些活动（目标分解），然后再告诉你每项活动应该怎么去做（具体工作流程）。而执行文化产业项目设计与计划的过程就像是拆锦囊，每到一个路口，就拆开一个锦囊，里面会告诉你如何往下走。文化产业项目设计与计划工作的层次性如图4-1所示，不同层次的项目目标规划及其工作内容、工作方法、项目实施工作中所处的阶段和层次各有不同。

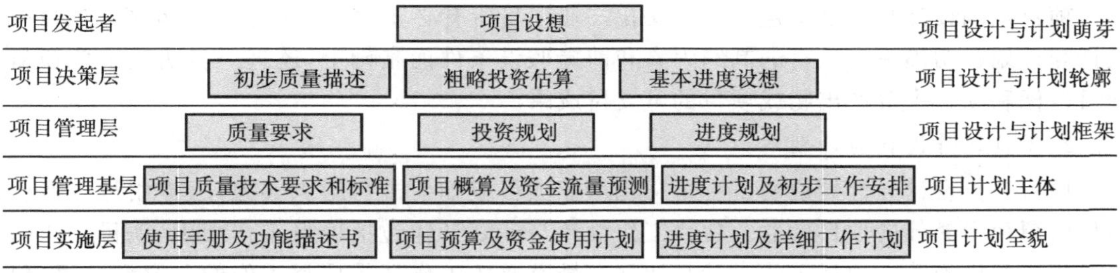

图4-1 文化产业项目设计与计划工作的层次性

二、文化产业项目设计与计划的作用

文化产业项目设计与计划是文化产业项目所有活动的行动指南，使项目工作有了明确的项目目标和具体的项目步骤，可以协调项目组成员的行动，使项目工作有条不紊地进行。同时，文化产业项目计划又是项目工作进度和项目质量的考核标准，对项目组成员具有较强的约束和督促作用。

文化产业项目设计与计划的作用具体表现为以下五个方面：

（1）文化产业项目设计与计划有利于明确项目组成员的工作内容、责任范围和地位以及相应的职权，以便按照项目计划要求去指导和控制项目的各项工作，减少项目风险。

（2）文化产业项目设计与计划可有效促进项目组成员之间，以及项目组成员与项目委托人和项目管理部门之间的交流与沟通，使项目的各项工作协调一致，并通过协调沟通了解项目关键因素，解决项目关键问题，提高项目相关利益主体的满意度。

（3）文化产业项目设计与计划使项目组成员明确了自己的奋斗目标、实现目标的方法和途径及项目的期限，有利于确保项目以最短的时间、最低的成本及最少的其他资源需求，来实现项目目标。

（4）文化产业项目设计与计划是进行项目分析、项目协商及记录项目范围变化的基础，是约定项目时间、人员和经费的基础，为项目的跟踪控制过程提供了一条基线。它可用以衡量项目进度、计算各种偏差及决定项目预防或整改措施，便于对项目变化进行管理。

（5）文化产业项目设计与计划可以把项目叙述性报告的需要减少到最低量，通过用图表的方式将计划与实际工作进行对照，使项目的实施、监控、评估等各项报告效果更好，也可以提供审计跟踪并把各种变化写入文件，提醒项目组成员及项目委托人应对这些项目变化。

三、文化产业项目设计与计划的内容

广义上讲，一个完整的文化产业项目设计与计划既包含项目的战略性方案设计与计划，如项目的意图、构想和使命，项目目标，项目环境分析，达成项目目标的战略方案，项目方案的评估与选择等；也包含详细的项目操作性设计与计划，如项目团队与人力资源的计划、项目进程安排与人员责任分工计划、项目市场营销与传播推广方案设计与计划、项目赞助计划、项目资源配置计划等。本章重点讲述的文化产业项目设计与计划的内容，主要是从狭义的角度来讲的。

狭义上讲，文化产业项目设计与计划的内容一般包括以下方面：

1. 项目范围设计与计划

项目范围设计与计划确定了一个文化产业项目所有必要的工作和活动的范围。项目范围设计与计划在明确一个项目的制约因素和前提假设条件的基础上，还进一步明确了该项目的项目目标和项目主要产出物或项目的可支付成果。

2. 项目工作设计与计划

项目工作设计与计划说明了一个文化产业项目应如何进行组织实施，怎样用尽可能少的项目资源获得最佳的项目效益。项目工作设计与计划具体包括项目工作细则、项目工作内容以及相应的措施等。项目工作设计与计划中最重要的工作就是项目工作的分解和排序，包括设计制订出项目分解结构图，并分析出项目各个工作单元之间的相互依赖关系等。

3. 项目人员设计与计划

项目人员设计与计划说明了一个文化产业项目团队的构成以及项目组成员应该承担的各项工作任务，包括项目人员的分阶段投入计划，以及投入人员必须具备的技能要求等，并制订出项目成员工作绩效的考核指标，构建起项目人员激励机制。

4. 项目资源设计与计划

项目资源设计与计划明确了一个文化产业项目的实施所需要的各种技术、信息、设备、材料的供应和采购安排等其他资源的来源、质量、数量、规格等具体的计划内容。

5. 项目进度计划

项目进度计划设计并确定了一个文化产业项目各项工作内容的开展顺序、项目开始及完成时间，以及项目各项工作之间的相互关系等。

6. 项目成本计划

项目成本计划明确了完成一个文化产业项目所需要的成本和费用，并结合项目工作内容、人员、资源、进度等进行设计与计划安排，给出描述成本与时间关系的项目费用基准。同时将项目费用基准作为度量和监控项目执行过程中项目费用支出的主要依据和标准，从而确保以最低的项目成本达成项目目标。

7.项目质量计划

项目质量计划是为了达到并超过项目客户满意的期望而确定的一个文化产业项目的质量目标、质量标准,以及实现该目标的项目实施和管理过程的质量计划内容。

8.项目变更计划

项目变更计划规定了当一个文化产业项目发生偏差时,处理项目变更的步骤、程序,以及实施项目变更的具体准则等。

9.项目风险计划

项目风险计划主要是对一个文化产业项目实施过程中可能发生的各种不确定因素进行充分的估计,确定出项目风险管理所需要使用的相关工具和方法,包括项目风险的识别、项目风险的分析、项目风险的监控和项目风险的应对方法等,并为项目可能出现的某些意外情况制订出相应的项目应急行动方案等。

10.项目支持计划

项目支持计划是对一个文化产业项目管理的支持性手段,包括项目市场营销与传播推广支持计划、项目软件支持计划、项目培训支持计划、项目行政支持计划,以及项目的文件管理和维护支持计划等内容。

四、文化产业项目设计与计划的程序

文化产业项目设计与计划内容的编制工作会经历一系列的过程。文化产业项目设计与计划工作程序如图4-2所示。

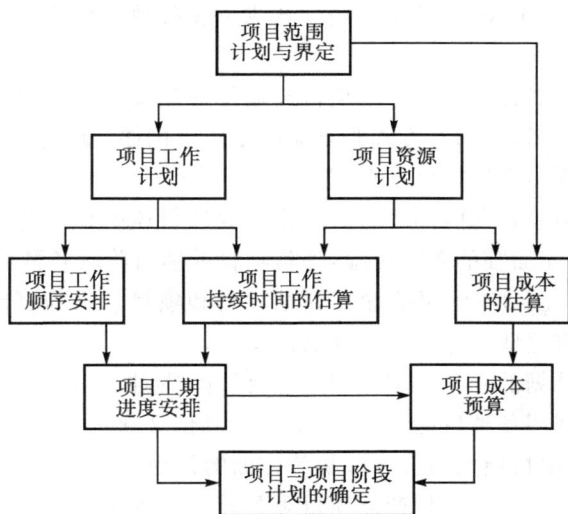

图4-2 文化产业项目设计与计划工作程序

一般而言,文化产业项目设计与计划的编制过程遵循以下程序:

1.项目范围的计划与界定

文化产业项目的设计与计划首先要说明和描述一个文化产业项目或项目阶段的具体工作范围,即定义项目的目标并进行项目目标分解,将一个大项目分解成为多个较小的、可实施和易管理的作业部分。

2．项目工作内容的确定和项目工作顺序的安排

在项目任务分解的基础上，文化产业项目设计与计划应确定完成各个项目阶段所需开展的具体工作任务和活动，并明确项目各项活动间的顺序关系，安排相应的项目工作排序文件。

3．项目各项工作持续时间的估算与计划的排定

文化产业项目设计与计划应估算项目各项工作实施所需的时间，并在分析各项具体工作的顺序关系、持续时间和所需各种资源的基础上，计划安排好各项工作的实施计划。

4．项目资源的安排与项目成本估算

文化产业项目设计与计划还需确定项目各项工作实施所需的资源种类和数量，包括人员、资金、设备、技术、原材料等资源，并估算完成项目各项工作所需成本和花费等。

5．项目成本预算和项目集成计划的确定

依据上述文化产业项目设计与计划工作给出的各项信息，进一步确定文化产业项目或项目阶段的总预算，以及项目各项具体工作的详细预算，并制订完成一个项目集成计划文件。

（1）项目质量计划的制订。根据文化产业项目集成计划，可以进一步研究确定文化产业项目或项目阶段工作有关的各项工作质量标准，并明确采用什么方法和开展哪些工作去满足这些项目质量标准。

（2）项目组织计划的制订。文化产业项目的组织设计与计划是计划、安排和确定一个项目组织或项目各阶段的团队组成、团队成员的角色、责权关系和组织结构的组织计划管理工作。

（3）项目人员配备计划的制订。文化产业项目人员配备计划是计划、获得和配备项目或项目各阶段所需人力资源的工作，以及安排项目各成员和各项工作任务的具体配备等方面的计划工作。

（4）项目沟通计划的制订。文化产业项目沟通计划是要确定项目各个利益相关者在信息和沟通方面的需求和权力以及沟通方式等方面的工作。例如，哪些人、需要什么信息和什么时候需要、何时提供和怎样给他们提供信息，等等。

（5）项目风险识别与项目风险的量化。文化产业项目风险识别与量化是分析和确定文化产业项目或项目阶段可能面临的各种风险，评价项目或项目阶段各种风险的变化和发展，以及项目各种风险之间的相互影响等，并在全面评估项目和项目产出物可能出现的变化和可能的损失等工作的基础上，将这些信息整理成计划性文件。

（6）项目风险应对计划的制订。文化产业项目风险应对计划是在项目风险识别与分析的基础上，研究并给出能利用各种机遇、方法和手段去降低文化产业项目风险的措施，以及如何采用这些应对措施减少项目损失与失败威胁等方面的计划。

（7）项目采购计划的制订。文化产业项目采购计划是确定一个文化产业项目或项目阶段需要采购什么样的商品和劳务，什么时候采购这些商品和劳务，以及为获得各种商品和劳务所需开展的具体采购工作（如发现供应来源、开展询价和合同谈判等）的计划安排。

（8）形成文化产业项目设计与计划的系统文档。文化产业项目设计与计划的最后一项工作就是汇总以上项目设计与计划的各项成果，并编制完成文化产业项目设计与计划的系统文档。

📖 **小资料**

文化旅游景区项目策划的 6 大原则

1.深入市场研究

客源市场是景区的生命线。景区所策划的旅游产品、项目必须要适应市场的需求,这就需要在旅游策划前期慎重研究细分市场。旅游市场调研必须依靠实证的科学方法,对客源地结构、游客结构差异、游客需求差异、服务要求差异、游客购买行为、游客消费行为、时间安排、消费能力、旅游组织方式等进行定性定量相结合的实证研究。

2.以人为本

旅游产品吸引核的打造,最重要的是对游客旅游产品购买心理与游憩感受的深度理解。现在的生活已经不缺乏功能,旅游者需要的是一种感觉,一种触动视觉、听觉、味觉、触觉、心灵与肉体娱乐的精神感召与刺激。以人为本,设计出互动体验、亲和吸引、情境感悟、个性娱乐的旅游产品,形成旅游项目的市场核心竞争力,是项目设计追求并执行的原则和目标。

3.拒绝平庸

游客寻求的就是独特奇异。以差异化为基础的创意联想,一旦达到独特性之时,吸引核形成了,独特性卖点就产生了,产品吸引力才得以形成。项目设计应该拒绝平庸,以无穷智慧推动想象力和创造力,在旅游悟性和超前意识引导下,展开激情创意,就能形成出奇制胜的市场卖点和商业感召力。

4.与文化结合

资源的价值,来源于地质地貌、生态环境,来源于历史文化、民俗文化,也来源于现实的人脉关系、往来结构。深度挖掘一个区域的积淀,挖掘现实中纷繁现象背后的商机,才能把资源的本体价值充分地显现出来。在整个策划的过程中,一定要融合当地的文化特点,符合当地人的思维习惯,这样才能够显示整个景点的不同特色。

5.项目的可行性

旅游景区在开发初期,开发者往往只是看到了项目地的资源价值,没有真正从政策、法律、客户需求等诸多方面进行考虑,使得景区的开发具有极大的不确定性。景区策划一定要考量诸多方面,对其进行可行性评估,从而达到有效控制风险的目的。

6.具有前瞻思维

进入新时代,与时俱进的思维是每个行业必须尊崇的原则。旅游景区项目策划应该特别重视旅游开发与经营中管理流程的科学设计,遵循前瞻原则,才可能形成良性的旅游运作。在旅游项目的开发时,一定要具备超前意识,使得景区的开发时时与社会同步。

资料来源:关于旅游景区项目策划的 6 大原则[EB/OL].(2019 - 04 - 20)[2019 - 06 - 20].https://new.qq.com/rain/a/20190420A0F295.

第二节　文化产业项目范围计划与进度计划

一、文化产业项目范围计划

(一)文化产业项目范围计划的概念

文化产业项目范围计划,是以文化产业项目实施动机为基础,确定项目范围并编制项目范围说明书的过程。文化产业项目范围计划构成了项目实施组织与项目业主/客户之间达成协议或合同的基础,其内容包括对项目目标、项目产出物和项目工作范围等内容的全面说明和描述。文化产业项目范围计划的概念中涉及以下几个相关的概念。

1.项目范围

项目范围的理念是要明确项目的边界,分而治之。明确项目范围是为了交付满足范围要求的产品或服务所应做和必须做的工作。简单地讲,项目范围就是项目要做什么,怎么做。

2.项目范围的界定

项目范围的界定是将主要的项目可交付成果分解为较小的且易于管理的单元,形成项目工作分解结构,以便达到下列目的:①提高项目相关估算的准确性;②为项目绩效测量与控制定义一个基准计划;③便于进行明确的项目职责分配。

3.项目范围说明书

项目范围说明书是一个书面的项目范围的综述性计划文件,这个项目范围综述性计划文件将作为未来项目阶段性决策的基础和依据。项目范围说明书包括项目的目标、项目可交付成果以及要求,并进一步明确了项目参与者之间能达成共识的项目范围等。

如果文化产业项目范围计划中的全部要素都已经具备或明确,那么制订项目范围计划的过程就相当于编制一份书面文件。例如,如果在项目建议书中已经全面地描述了项目产出物,而在项目说明书中已经明确定义了项目的目标,那么将这两部分文件的相关内容进行汇编,再增加其他内容就可以编制出一份项目范围计划了。

(二)编制文化产业项目范围计划的依据

文化产业项目范围计划的编制依据是文化产业项目立项阶段的产出物描述,如项目说明书、项目的基本目标和章程、项目假设条件和项目实施方案等相关信息。编制项目范围计划的依据还包括有关项目和项目产出物描述的各种支持性细节文件,以及在项目起始阶段所明确和定义的各种项目限制条件和项目的假设前提条件等方面的信息与资料。项目组织可依据这些信息和资料编制出一个完整的文化产业项目范围计划。

(三)编制文化产业项目范围计划的方法

编制文化产业项目范围计划最常用的方法就是项目工作分解结构法。项目工作分解结构是将项目按照其内在的结构或实施过程的顺序进行逐层分解而形成的结构示意图。它是项目管理中最有价值的工具,是制订项目进度计划、项目资源计划、项目成本计划等多个计划的重要基础。它分解项目活动所依据的最基本和最主要的信息,是项目团队在项目实施期间计划要完成的工作或要开展的活动的一种综合性、层次性、树形的项目活动描述。

1.项目工作分解结构的原理

项目工作分解结构的基本原理与因数分解的原理类似,就是把一个项目按一定的原则进行分解,将项目分解成任务,任务再分解成一项项工作,再把一项项工作分配到每个人的日常活动中,直到分解不下去为止。项目工作分解结构通常以项目可交付成果为导向对项目要素进行分组,归纳和定义项目的整个工作范围。项目工作分解结构每下降一层代表对项目工作的更详细的定义。

2.项目工作分解结构的作用

(1)项目工作分解结构可以获得一个项目需要完成的全部工作的整体描述,防止遗漏任何项目工作内容。

(2)项目工作分解结构能够帮助项目经理明确项目目标和澄清职责,建立起可视化的项目可交付成果,以便估算项目工作量和进行工作分配。

(3)项目工作分解结构有助于提高对项目时间、成本和资源估计的准确度。

(4)项目工作分解结构有利于项目团队的建立和获得项目成员的承诺,为项目绩效测量和项目控制定义了一个基准。

(5)项目工作分解结构为项目其他具体计划的制订建立了框架。

(6)项目工作分解结构便于对项目进行有效的跟踪、控制和反馈。

3.项目工作分解结构的层次和编码

文化产业项目的规模不同,复杂程度不同,其项目工作分解结构的层次也不同。对于一个小型的项目,4~6个层次就够了;项目规模越大,层次也就会越多,但最多一般不超过20个层次。项目工作分解结构层次的多少以便于项目工作的开展为原则。

项目工作分解结构还运用特定的规则对分解结构图中的每个节点进行编码,以简化项目实施过程的信息交流。项目工作分解结构编码最常见的方式是利用数字进行编码,每项工作的编码是唯一的,如图4-3所示。

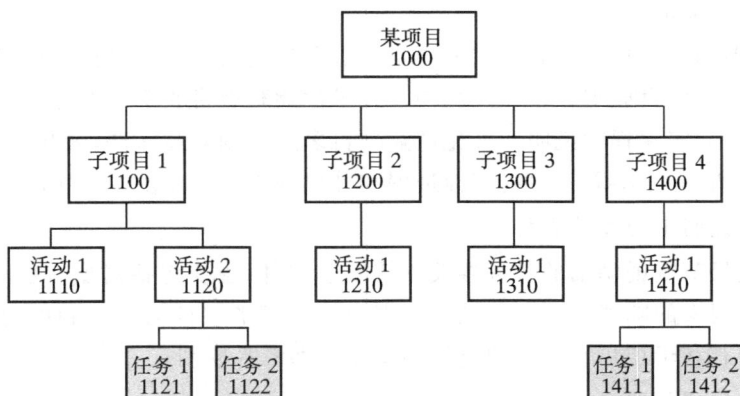

图4-3　项目工作分解结构层次与编码示意图

(四)文化产业项目范围计划的工作结果

1.项目范围说明书

文化产业项目范围说明书是未来项目决策的主要依据。项目范围的综述在一定程度上能够确保本项目所有的相关利益者对项目的范围有一个共同的理解。项目范围说明书的表达方式可以有多种,较典型一种形式如表 4-1 所示。

表 4-1　项目范围说明书示例

项目名称		项目编号	
编制日期		负责人	
项目目标及成功标准: 1.包括什么 2.不包括什么			
项目主要约束条件: 1.时间约束 2.资金约束 3.其他资源约束			
项目主要交付品: 1.是什么 2.不是什么			

随着文化产业项目的展开,项目范围说明书还会根据需要进一步修改或者更新,以便及时反映项目范围的变更情况。文化产业项目范围说明书一般包括以下内容:

(1)项目的合理性说明。它是对项目成立的理由所做的全面描述,也是对项目能够满足项目相关利益者的各种需求的综合说明。在项目后期阶段对项目活动进行界定和取舍时,项目理由是评价项目活动合理性的根本依据。

(2)项目产出物或可交付成果说明。它是有关项目产出物的简要描述,也是一份项目产出物清单和说明。从项目范围计划的角度出发,如果项目最终提供的项目产出物符合这类描述,就标志着项目已经完成。

(3)项目成果的简要描述。它是完成项目所必须达到的标准和指标性描述,项目成果主要是定量性标准,包括项目成本、项目进度、项目技术性能和项目质量标准等。

(4)项目目标的实现程度说明。文化产业项目多属于创新性活动,因此项目目标的实现程度不是一成不变的,而是随着项目的实施进展和外界环境的变化发生着相应的变动。

2.项目范围说明书的相关支持细节文件

文化产业项目范围说明书的各种相关支持细节文件,主要包括对所有已识别的项目假设条件及项目制约因素的陈述。项目范围说明书支持性细节文件的组织和编写,应以能够支持项目范围管理和有利于项目管理其他过程的使用和参考为原则。

3.项目范围管理计划

文化产业项目范围管理计划文件主要描述对项目范围如何进行管理、项目范围怎样变更才能与项目要求相一致等问题。项目范围管理计划可以作为整个项目应急计划的基础和核心。项目范围管理计划一般包括以下内容:①说明如何管理项目范围以及如何将变更纳入项目的范围之内;②对项目范围稳定性进行评价,即项目范围变化的可能性、频率和幅度等;③说明如何识别范围变更以及如何对其进行分类。

二、文化产业项目进度计划

(一)文化产业项目进度计划的概念

文化产业项目进度计划,是表达项目中各项工作的开展顺序、开始与结束时间,以及相互衔接关系的计划。文化产业项目进度计划在确定了项目的开始和结束时间的具体计划后,就需要进一步将总的项目目标转化为具体而有序的各项项目任务,并对每项任务的开始时间和完成时间做出安排,这种安排就构成了进度计划。项目进度计划包括了所有的项目工作的任务、相关成本和必要的完成任务所需要的时间估计等。项目进度计划是为保证文化产业项目各项工作及项目总任务按时完成所进行的一系列的计划工作与过程。

(二)文化产业项目进度计划的目的

文化产业项目进度计划是在工作分解结构的基础上对项目、项目活动所做出的一系列事先性的时间计划。制订项目进度计划的总体目的在于控制项目时间和节约时间。具体来说,制订文化产业项目进度计划有以下五个目的:

(1)项目进度计划有利于保证项目能按时获利以补偿已经发生的项目费用支出。

(2)由于一个项目小组通常是临时组建的,某些项目组成员或项目设备可能不属于项目经理的直接管辖范围,因此需要对这些资源做出合理的预期和假设,制订项目进度计划有利于进行有效的项目资源协调。

(3)项目进度计划有利于项目资源在项目需要的时候可以随时利用。

(4)项目进度计划预测了项目在不同时间上所需要的资金和资源的级别,以便赋予项目以不同的级别。

(5)项目进度计划有利于满足严格的项目完工时间约束。

(三)制订文化产业项目进度计划的方法

文化产业项目进度计划主要用于说明哪些工作必须于何时完成,以及完成每一项目任务所需要的时间,同时也能表示出每项活动所需要的人数等。制订文化产业项目进度计划常用的方法主要有以下几种。

1.工作清单

工作清单,是将计划工作内容以工作单元为主体,并以条列方式组合而成,使阅读者能对工作内容一目了然。而每项工作单元又可加注各工作的性质、工作频率、工作的重要性等补充资料,这对员工执行工作、管理层进行工作考核和进行特殊工作分析皆有益处。表4-2给出了一个项目进度计划的工作清单示例。

表 4-2　项目工作清单示例

编号	工作名称	负责人	执行人	起止时间	持续时间	完成标准	备注
1	筹备						
2	立项						
3	审批						
4	设计方案						

编号	工作名称	负责人	执行人	起止时间	持续时间	完成标准	备注
5	场地布置						
6	宣传推广						
7	开幕式						
8	闭幕式						

2.甘特图

甘特图是由美国学者甘特发明的一种使用条形图编制项目工期计划的方法,是一种比较简便的、应用广泛的工期计划和进度计划表达方式。甘特图把项目工期和实施进度安排两种职能组合在一起。甘特图的纵轴垂直向下依次排列工作任务的各项工作名称,横轴则表示活动与工期时间,对应各项工作逐项绘制线段或横道,从而使每项工作的起止时间均可由横道线的两个端点表示。另外,在图中也可以加入一些表明每项活动由谁负责等方面的信息。由于简单、明了、直观和易于编制,它成为项目整体的进度计划和控制的主要工具及高层管理者了解全局、基层安排进度或工作时间的有用工具。简单项目的甘特图如图 4-4 所示。

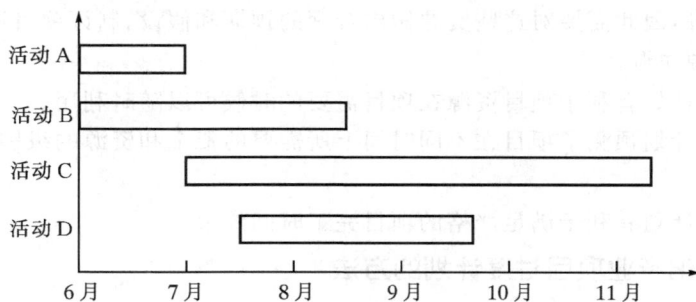

图 4-4 甘特图的示意图

3.里程碑

里程碑是项目中的重大事件,通常是指一个主要可交付成果的完成。它是项目进程中的一些重要标记,是在计划阶段应该重点考虑的关键点。里程碑既不占用时间也不占用资源。项目里程碑示例如表 4-3 所示。

表 4-3 项目里程碑计划示例

里程碑事件	2019 年 1 月 5 日	2019 年 2 月 10 日	2019 年 3 月 15 日	2019 年 4 月 30 日
项目审批完成	◆			
筹备工作开始		◆		
开幕式			◆	
闭幕式				◆

4.网络计划技术

网络计划技术,就是以时间为基础,用网络形式来描述一个系统,对系统进行统筹安排,寻求资源分配的协调方案。网络计划技术能够从系统的观点出发,用形象直观的图来表达项目各项工作之间相互制约、相互依赖的关系,易于协调和配合,保证有计划、有节奏地完成任务。网络计划图能反映出系统之间内在的联系,分清问题的轻重缓急,使管理人员能抓住工作重点,科学地组织和指挥,合理安排有限的人力、物力、财力资源,尽快完成项目。网络计划图又可分为节点图和箭线图。

(1)节点图。它用单个节点(方框)表示一项活动,用节点之间的箭线表示项目活动之间的相互依赖关系,如图4-5所示。

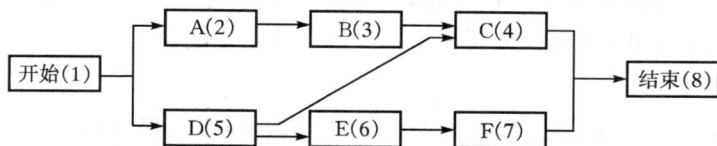

图4-5 用节点图法绘制的项目网络图

(2)箭线图。它是一种用箭线表示工作、节点表示工作相互关系的网络图方法,如图4-6所示。

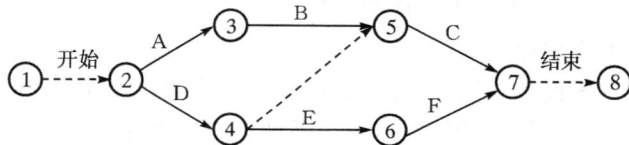

图4-6 用箭线图法绘制的项目网络图

5.日程表

大多数文化产业项目的管理者都离不开日程表,它是活动的日程或时间表。在计划的初期阶段,日程表的内容极为简单,时间分配只局限于活动的具体构成因素,随着计划的推进,日程表变得更为详细,如准确的舞蹈演员、表演模特、技术人员或其他员工的工作时间安排等,最后制订更为详细的日程表来确定每个人的任务和责任。项目日程安排示例如表4-4所示。

表4-4 项目日程安排示例

时间起讫	工作内容	备注
5月21日	项目1 会议开幕和通过议程 项目2 总干事的报告 项目3 执行委员会规划、预算和行政委员会的报告	
5月22日—5月23日	项目4 技术和信息事项 项目4.1 监测与项目相关的发展目标的实现情况 项目4.2 项目环境变化 项目4.3 项目组织在项目研究中的作用和责任 项目4.4 项目组人员的招聘与行为守则草案 项目4.5 项目与项目产品	

(四)项目进度计划方法的选择

1.项目的规模大小

规模较小的文化产业项目应采用相对简单的进度计划方法,如甘特图法;而大型文化产业项目,为了保证按期按质达到项目目标,就需考虑用较复杂的进度计划方法,如网络计划图法。

2.项目的复杂程度

文化产业项目的规模并不一定总是与项目的复杂程度成正比。有些项目的规模虽然不小,但并不太复杂,可以用较简单的进度计划方法;而有些项目的规模虽然不大,却需要很复杂的步骤和很多的专业知识,可能就需要较复杂的进度计划方法。

3.项目的紧急性

有些特定的文化产业项目急需进行,特别是在开始阶段,需要对各项工作发布指示,以便尽早开始工作,如果用很长时间去编制计划,就会延误时机。此时就应采用较简单的项目进度计划方法。

4.对项目细节掌握的程度

如果对文化产业项目的细节掌握不够,对工作之间的逻辑关系以及完成每项工作的时间估计不够,就无法应用复杂的项目进度计划方法。

5.有无相应的技术力量和设备

如果没有必要的技术设备,没有受过良好训练的合格的技术人员,就无法采用复杂的项目进度计划编制方法。此外,根据情况不同,还需考虑客户的要求、能够用在进度计划上的预算等因素。

第三节　文化产业项目质量计划与资源计划

一、文化产业项目质量计划

(一)文化产业项目质量计划的概念

文化产业项目质量计划是指确定项目预期达到的质量标准和如何达到这些质量标准的工作计划与安排。项目质量是通过质量计划的实施和所开展的质量保障活动与控制活动达到的,而不是通过质量检查得到的。因此,文化产业项目质量管理是从对项目质量的计划开始,并通过对项目质量计划的实施和开展的各种质量保障与控制活动来实现的。文化产业项目质量计划,实际上就是对项目产出物质量和项目工作质量的整体设计与规定。这是一项在项目管理过程中决定项目产出物和项目工作质量的决策性工作,它甚至直接决定了一个项目的成败。

(二)文化产业项目质量计划的前提条件

文化产业项目质量计划编制的前提条件,是确定项目质量计划的依据,即编制项目质量计划所需的各种信息与文件,其中主要包括以下几种。

1.项目质量方针

项目质量方针是文化产业项目组织和项目高级管理层规定的项目质量管理的大政方针,

是项目组织将如何实现项目质量的正式描述和表达,也是一个项目组织对待项目质量的指导思想和中心意图。任何一个项目组织都必须制订出自己的项目质量方针,因为它是制订项目质量计划的根本出发点。

文化产业项目质量方针的主要内容包括项目设计的质量方针、项目实施的质量方针、项目完工交付的质量方针。

2.项目范围的描述

项目范围的描述是文化产业有关项目所涉及范围的界定说明,包括项目目标的说明和项目任务范围的说明,其明确说明了为提交既定质量特色和功能的项目产出物而必须开展的工作和对这些工作的要求。项目范围描述主要包含下述内容:

(1)项目目的说明。项目目的说明是文化产业项目的根本使命和特定需求的说明。在项目完成之后,将依据项目目的去衡量一个项目成功的程度,评估项目根本目的的完成情况。

(2)项目目标说明。项目目标说明是文化产业项目要实现的目的性指标。这里既包括项目的总体目标,也包括项目的各专项具体目标,如项目的成本、质量、工期等专项目标。

(3)项目产出物简要说明。项目产出物简要说明是对于文化产业项目要提交产出物的特征、性能、要求等方面的简短而明确的描述,它是项目质量管理活动的基础性依据之一。

(4)项目成果说明。项目成果说明是文化产业项目产出物所包含的全部成果的概要清单,是对项目产出物的各组成"部件"的说明。其通常既包括项目有形产出物的说明,也包括项目无形产出物(过程或服务)的说明。

3.项目产出物的详细描述

项目产出物的详细描述是对文化产业项目产出物(产品)的全面与详细的说明,这种说明既包括对项目产出物的特性和功能说明,也包括对项目产出物有关技术细节的说明,以及其他可能影响制订项目质量计划的有关信息。项目产出物描述要比在项目范围描述中给出的项目产出物简要说明更为详细和准确,而且有时还是项目合同规定的说明内容之一。

4.相关标准和规定

文化产业项目组织在制订项目质量计划时还必须充分考虑所有与项目质量相关领域的国家标准、行业标准、各种规范以及政府规定等。当项目所属专业领域暂时没有相关的标准、规范以及规定时,项目组织应该组织有关人员根据项目的目的和目标自行制订项目的基本标准和规范。

5.其他信息

其他信息是指除文化产业项目范围描述和项目产出物描述之外,其他相关的项目管理方面的要求以及与项目质量计划制订有关的信息。例如,有关项目工作分解结构、项目进度计划、项目成本计划等方面的信息。

(三)制订文化产业项目质量计划的方法

1.成本-效益分析法

成本-效益分析法也称经济质量法,这种方法要求在制订文化产业项目质量计划时必须同时考虑项目质量的经济性。其中,文化产业项目质量成本是指开展项目质量管理活动所需的开支,而文化产业项目质量效益是指开展项目质量活动可能带来的好处(如质量保障的主要好处是减少项目返工、提高项目生产率和降低项目成本等)。文化产业项目质量成本-效益分析法的实质是通过运用这种方法编制出能够保障项目质量效益超过项目质量成本的项目质量管理计划。

2.质量标杆法

质量标杆法是指将其他项目的实际的或计划的质量结果或质量计划,作为新项目的质量比照目标,通过对照比较制订出新项目质量计划的方法。它也是文化产业项目质量管理中常用的有效方法之一。这里所说的"其他项目"可以是项目组织自己以前完成的项目,也可以是其他组织完成的或正在进行的项目。通常的做法是以标杆项目的质量方针、质量标准和规范、质量管理计划、质量核检清单、质量工作说明文件、质量改进记录和原始质量凭证等文件为蓝本,运用相关技术和工具,结合新项目的特点来制订新项目的质量计划文件。

3.流程图法

流程图法是用于表达一个项目的工作过程和项目不同部分之间相互联系的方法。通常它也被用于分析和确定项目实施的过程和项目质量的形成过程,因此它也是编制文化产业项目质量计划的一种有效方法。一般的项目流程图包括项目的系统流程图、项目的实施过程流程图、项目的作业过程流程图等。同时还有许多用于分析项目质量的其他图表,如帕累托图、鱼骨图、X-R图等也属于使用流程图法编制项目质量计划的工具和技术之列,因为这些工具和技术从不同的侧面给出了项目质量问题的各种原因,以及如何影响项目质量因素与后果等方面的信息。通过对项目流程中可能发生的质量问题的原因分析和归类,人们就能够编制出应对质量问题的对策和项目质量计划。同时,编制项目流程图还有助于预测项目质量问题的发生环节,有助于分配项目质量管理的责任,并有助于找出解决项目质量问题的措施。

(四)文化产业项目质量计划工作的成果

文化产业项目质量计划编制的工作成果是生成一系列项目质量计划文件。这些项目质量计划文件主要包括以下几种。

1.项目质量计划

文化产业项目质量计划是描述项目组织质量方针以及为实现其质量方针而对项目质量管理工作的整体计划与安排。这一文件的内容包括项目质量目标,实现项目质量目标所需的资源,项目质量保障的组织结构,项目质量管理的责任,项目质量管理的措施和方法等。

2.项目质量管理计划

文化产业项目质量管理计划是对项目质量管理工作的具体计划安排和描述,以及对项目质量控制方法的具体说明。项目质量管理计划文件给出了如何检验项目质量计划的执行情况,以及如何确定项目质量控制规定等内容的计划安排。

3.项目质量核检清单

文化产业项目质量核检清单是一种结构化的项目质量管理的计划工具,它可用于对照检查项目流程的各步骤或环节的质量计划安排与项目质量实施和控制的实际结果。简单来讲,项目质量核检清单就是一系列需要检查核对的工作与对象的清单。

4.可用于项目其他管理的信息

文化产业项目质量计划的另外一个工作成果,是给出了一系列可用于项目其他管理方面的信息。这些信息主要是指在制订项目质量计划的过程中,通过分析与识别而获得的有关项目其他方面管理所需的信息,这些信息对于项目的集成管理和项目其他专项管理都非常有价值。

二、文化产业项目资源计划

(一)文化产业项目资源计划的概念

项目资源包括了项目实施过程中所需要的人力、设备、材料、资金、能源、技术、信息以及各种设施等。文化产业项目资源计划是指通过分析、识别和确定项目所需资源的种类(人力、设备、材料、资金等)、数量、投入时间和来源等内容的一种项目计划活动。也就是说,文化产业项目资源计划是确定项目需要获得哪些资源、从哪里获得、何时得到它们,以及如何使用它们的过程,是涉及决定什么样的资源以及多少资源将用于项目的哪个工作的执行过程之中的计划。项目资源计划与项目的成本估算紧密相关,是项目费用估算的基础和前提。项目资源计划的详细程度和准确程度,必然会直接影响到项目费用的估算结果。由于任何文化产业项目都会受到资源的限制,因此在项目资源计划编制过程中,要确保项目资源的配置合理高效、物尽其用、人尽其才,使资源的可获得性、及时性和有效性达到最佳值。

(二)文化产业项目资源计划编制的依据

文化产业项目资源计划编制的依据涉及项目的范围、时间、质量等各个方面的项目计划和要求的文件,以及相关的各种项目支持性细节与信息资料。

1.项目工作分解结构

文化产业项目工作分解结构是既定项目工作的结构图和项目工作内容细目。它是项目团队在项目实施过程中要完成的全部项目任务和工作,而要完成这些任务就必须投入各种资源,不同的项目工作内容会有不同的资源需要,因此项目工作分解结构是安排项目资源计划的主要依据之一。

2.项目历史信息

已完成的同类文化产业项目所需的资源、项目资源计划和项目实际实施过程资源的消耗等方面的历史信息,是新项目资源计划的重要参考资料。这些信息既可以使人们更加科学、合理地建立新项目的工作分解结构和资源计划时,也可以使人们建立的项目资源需求、项目资源计划和项目成本估算更加科学、更加符合实际。

3.项目范围计划

一个文化产业项目的范围计划从某种角度说,是确定项目的目标、边界及其衡量标准。如果项目范围中的某个方面被忽略,就会在项目资源计划与保障方面出现漏洞,最终使项目的成功受到影响。因此,项目范围计划文件也是项目资源计划制订的一个重要参考依据,在制订项目资源计划时,必须全面评审项目的资源计划是否能够满足项目范围的所有需要。

4.项目资源描述

任何一个文化产业项目的资源种类、特性和数量都是限定的。因此,要制订项目资源计划就必须对该项目所需资源的种类、数量、特性和质量予以说明和描述。这种描述的内容包括:项目需要哪些种类的资源,这些资源的特性要求是什么,这些资源的价格是多少,何时需要这些资源,等等。这种项目资源的描述对于制订项目资源计划同样是至关重要的依据。

5.项目组织的管理政策

文化产业项目组织的管理政策也会影响项目资源计划的编制。项目组织的管理政策包括项目组织的组织文化、项目组织的组织结构、项目组织获得资源的方式和手段等方面的方针策略,以及项目组织在项目资源管理方面的有关方针政策等。

(三)文化产业项目资源计划编制的过程

文化产业项目资源计划的编制过程,包括资源需求分析、投资估算和预算、资源供给分析、融资、资源成本比较与资源组合、资源分配与计划编制等内容。

1.项目资源需求分析

通过分析和明确文化产业项目工作分解结构中每一项工作任务所需资源的数量、质量及种类,并根据有关项目领域中的资源消耗定额或经验数据,就可以确定出资源需求量。项目资源需求分析一般可按照以下步骤来确定资源数量:①计算项目工作分解结构各项工作的工作量需求;②确定各项活动的实施方案;③估计人员需求量;④估计材料需求量;⑤估计设备需求量;⑥确定资源使用时间等。

2.项目投资估算和预算

(1)项目投资估算。文化产业项目投资估算是指根据项目的资源需求和计划,以及各种资源的价格信息,估算和确定项目各种活动的成本和整个项目总成本的项目管理工作。项目成本估算既包括识别各种项目成本的构成科目多少,如人工费、设备费、管理费、物料费、开办费等,也包括估计和确定各种成本的数额大小。

(2)项目投资预算。文化产业项目投资预算是一项制订项目成本控制标准的管理工作,它涉及将项目费用估算中得到的项目整体成本分配到各子项目,以及确定整个项目总预算的一系列预算工作。项目投资预算的依据包括项目成本估算、项目工作结构分解和项目工期进度计划等。

3.项目资源供给分析

文化产业项目资源供给的方式多种多样,可以从项目组织内部解决,也可以从项目组织外部获得。因此,文化产业项目资源的供给分析需要分别从内部、外部资源进行分析,分析资源的可获得性、获得的难易程度以及获得的渠道和方式等。

4.项目融资

文化产业项目的资金来源主要包括内部融资和外部融资两个渠道。其中:内部融资主要是指公司的自有资金和生产经营过程中的资金积累部分;外部融资又可分为通过银行筹资的间接融资和通过资本市场筹资的直接融资,如债权融资和股权融资。按照融资成本的高低,项目融资遵循内部融资优于债务融资、债务融资优于股权融资的先后顺序。

5.项目资源成本比较与资源组合

在确定了一个文化产业项目需要哪些资源以及如何可以获得这些资源后,还需要比较这些资源的使用成本,从而确定项目资源的组合模式,即各种项目资源所占的比例及其组合方式。因为不同的项目资源组合模式其成本有时会有较大的差异,因此要根据项目实际情况,综合考虑项目成本、进度等项目目标要求,具体确定合适的项目资源组合方式。

6.项目资源分配与计划编制

文化产业项目资源的分配与计划是一个系统工程,既要保证项目各个任务得到合适的资源,又要努力实现项目资源总量最少、资源使用平衡。因此,项目资源计划必须在合理分配资源,使所有项目任务都分配到所需资源,并且所有资源得到充分利用的基础上进行编制。

(四)文化产业项目资源计划编制的工具

1. 资源矩阵

项目资源矩阵用以说明完成项目中的各项工作所需要用到的各种资源的情况,如表4-5所示。

表4-5 某项目资源矩阵表示例

项目工作	资源需要					
	项目经理	咨询人员	营销人员	设计人员	策划人员	公关人员
识别需求	P	S				
制订项目目标	P				S	
制订项目计划		S		S	P	
市场营销			P			S
媒体公关				S		P
……						

注:图中 P 表示主要资源,S 表示次要资源。

2. 资源数据表

项目资源数据表以表格的形式说明各项资源在项目周期中各时间段上的数量需求情况,如表4-6所示。

表4-6 某项目资源数据表示例

资源	不同时间(月)资源需求量											
	1	2	3	4	5	6	7	8	9	10	11	12
项目经理	1	1	1	1	1	1	1	1	1	1	1	1
咨询人员	3	3										
营销人员			4	4	4	4	4	4	2	2	2	
设计人员	2	2	2									
策划人员	2	2	2									
公关人员			2	2	2	2	2	2	2	2	2	2
……												

3. 资源甘特图

项目资源甘特图用以反映各种资源在项目生命周期各阶段用于完成哪些工作内容的情况,如表4-7所示。

表4-7　某项目筹备期间的资源甘特图表示例

筹备期/天	第一天	第二天	第三天	第四天	第五天	第六天
2	前期策划5人					
1			通知人员1人			
4				接受报名2人		
1			寻找赞助2人			
3					落实资金3人	
人数	5	5	5	5	5	5

4.资源负荷图

项目资源负荷图一般以条形图的方式反映项目进度及其资源需求情况,如图4-7所示。

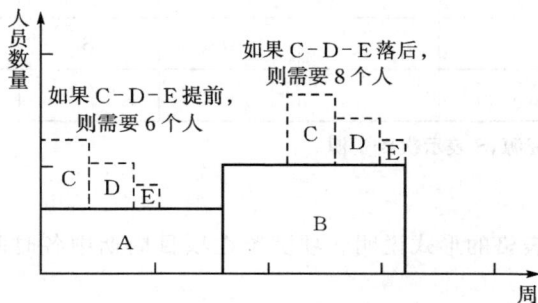

图4-7　某项目资源负荷图示例

5.资源需求曲线

项目资源需求曲线以线条的方式反映进度及其资源需求量的情况,如图4-8所示。

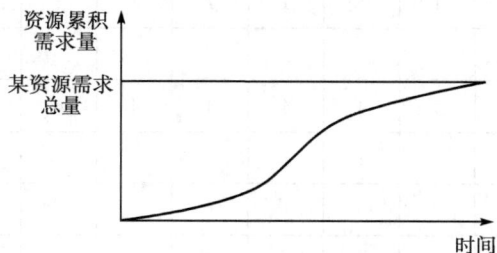

图4-8　某项目资源需求曲线示例

(五)文化产业项目资源计划的结果

文化产业项目资源计划工作的结果是制订出项目的资源需求计划,以及项目对各种资源需求以及需求计划的详细描述。文化产业项目资源的需求安排一般应分解到具体的工作层面并以图表的形式予以反映。总的来讲,一个文化产业项目资源计划的结果主要包括:①项目资源的总体需求计划;②项目各种资源需求及需求计划的详细描述;③项目各具体工作的资源需求计划与安排等。

📃 本章小结

1.文化产业项目设计与计划工作是项目团队成员在项目预算范围内为了完成项目的预定目标而进行的系统安排任务的一系列过程。项目设计与计划工作是项目管理过程的基本组成部分。

2.文化产业项目范围计划是确定项目范围并编写一个书面的项目范围综述性文件的过程。这个项目范围综述性文件将作为未来项目阶段性决策的基础和依据。项目范围计划包括用来度量项目或项目阶段是否成功的标准和要求。

3.文化产业项目进度计划是文化产业项目管理活动中最重要的计划部分,是所有项目计划的基础与核心,也是项目计划相关人员必须关注的计划。

4.文化产业项目质量计划是指确定项目预期应达到的质量标准和如何达到这些质量标准的工作计划与安排。文化产业项目质量计划编制的工作结果是生成一系列项目质量计划文件,包括项目质量计划、项目质量管理计划、项目质量核检清单、可用于项目其他管理的信息等。

5.文化产业项目资源计划是指通过分析、识别和确定项目所需资源的种类(人力、设备、材料、资金等)、数量、投入时间和来源等内容的一种项目计划活动。

复习与思考

1.文化产业项目设计与计划一般包括哪些内容?
2.文化产业项目设计与计划为什么很重要?
3.制订文化产业项目进度计划的方法有哪些?
4.如何通过甘特图、网络计划技术等方法分析文化产业项目的进度?

本章案例

乌镇戏剧节的主题设计

2019年10月25日至11月3日,第七届乌镇戏剧节成功举办。本届乌镇戏剧节以"涌"为主题,取涌现,激流勇进,灵感创意喷涌而出之意。

乌镇戏剧节由陈向宏、黄磊、赖声川、孟京辉共同发起,文化乌镇股份有限公司主办。戏剧节由特邀剧目、青年竞演、古镇嘉年华、小镇对话(论坛、工作坊、朗读会、展览)等单元组成。每一届乌镇戏剧节都有一个明确的主题,如:

第一届乌镇戏剧节,主题"映",体现戏剧与生活的相互辉映。赖声川的舞台剧史诗《如梦之梦》作为乌镇戏剧节开幕大戏。

第二届乌镇戏剧节,主题"化",寓意幻化、蜕变、发展。开闭幕大戏都与"白蛇传"神话有关:来自国家话剧院田沁鑫导演的《青蛇》与由曾获美国戏剧最高奖托尼奖的玛丽·辛默曼执导的《白蛇》。

第三届乌镇戏剧节,主题"承",体现戏剧历史的延续、继承与创新。瑞士苏黎世国家剧院《物理学家》和中国新青年剧团《飞向天空的人》两部大戏开幕,世界戏剧大师彼得·布鲁克的新作《惊奇山谷》为闭幕大戏。

第四届乌镇戏剧节,主题"眺",取其立足经典,远眺未来之意。林兆华导演全新力作《戈多医生或者六个人寻找第十八只骆驼》全球首演。

第五届乌镇戏剧节，主题"明"，取厚德载物、临照四方、阴阳和合之意。《风尘三侠》《裁·缝》全球首演。

第六届乌镇戏剧节，主题"容"，意为一种"虚空能容"的心境、一份"有容乃大"的胸怀、一种"兼容并蓄"的态度。孟京辉导演的全新舞台剧《茶馆》开幕首演。

拥有1300年历史的乌镇，具有深厚的文化底蕴和独特的自然景观、完备的演出和接待能力。乌镇戏剧节的一大特色在于各个演出场所的多元性以及专业性。在乌镇走路可到的范围内，有七个大小不一、功能不同，却同样美丽精彩的室内剧场，有在原是甲鱼塘的水面上建造的水剧场，有根据老建筑改造的沈家戏园，还有旧剧院翻新的国乐剧院，为乌镇戏剧节演出增添魅力。由著名建筑师姚仁喜主持设计的乌镇大剧院已成为乌镇最具特色的文化地标，也已被广泛称为全国最美之大剧院。由陈向宏及赖声川主持改建的5座古典小剧场，各具特色，每一个都有着个性和历史语言，全方位地展现古镇魅力与艺术结合的无限想象力。乌镇戏剧节另一大特色在于，它是一个艺术家的专业戏剧节；它是一个代表年轻人、代表未来的戏剧节；它是一个展示小镇文化自信，让世界看到具有中国传统文化自信的戏剧节。

乌镇戏剧节以繁荣戏剧事业、培养戏剧创作人才、提升戏剧作品的艺术水准、拓展戏剧市场为目的，旨在加强国际戏剧交流，发展和繁荣国内戏剧文化，进而实现江南小镇的文艺复兴。乌镇戏剧节给乌镇增添了丰富文化内涵和难以复制的艺术气质，越来越多的文化活动和项目走进乌镇，为这个千年古镇带来充满生机的未来。

资料来源：根据 http://www.wuzhenfestival.com 资料改编。

第五章 文化产业项目投资与融资

学习背景

　　项目投融资是一个国家发展经济、创造价值、积累财富、改善人民生活水平、推动社会进步最直接、最重要的经济活动,是投资、消费、出口这"三驾马车"中起主导作用的部分。文化产业与金融的结合,不仅仅是要解决文化产业项目的钱从哪儿来的问题,更是打通文化金融的血脉,多方发力、形成合力,发挥政府、文化企业、研究机构和金融资本的同频共振,多维一体地整合资源、培育功能、形成生产力的过程。

　　在当前"文化＋金融""文化＋旅游""文化＋设计""文化＋科技"等风口之下,社会资金被大量吸引到文化企业和文化产业项目中。资本是把双刃剑,文化产业项目的开展离不开资本,但又因文化产业项目投资的平均回收周期较长等特点,要谨防资金链断裂的危险。除了要在项目投融资规划上下功夫外,在项目规划设计层面也要因地制宜地去策划内容,在规划阶段就对项目成本有所控制。文化产业项目投资往往需要一个最低的资本额度,这部分资金一般来源于个人或组织的经营所得,属于投入项目的权益资本金;剩下缺口部分,可能来自银行、股票市场等金融机构,属于项目的融资。

学习目标

1. 了解文化产业项目投资的概念和特征;
2. 熟悉文化产业项目投资的主体和方式;
3. 了解文化产业项目融资的概念和特征;
4. 熟悉文化产业项目融资的主要模式;
5. 掌握文化产业项目投融资管理的主要内容。

第一节　文化产业项目投资

　　一个国家的经济发展,离不开这个国家的政府、企业、营利性金融机构和非营利性公益组织所进行的产业投资,而产业投资归根结底是由一个个具体的项目投资来实现的。2018 年 12 月国务院办公厅印发《文化体制改革中经营性文化事业单位转制为企业的规定》和《进一步支持文化企业发展的规定》,提出创新文化产业投融资体制,推动文化资源与金融资本有效对接,鼓励有条件的文化企业利用资本市场发展壮大,推动资产证券化,鼓励文化企业充分利用金融资源,投资开发战略性、先导性文化项目。

一、文化产业项目投资的基本概念和特点

(一)文化产业项目投资的概念

项目投资,是特定经济主体为了在未来可预见的时期内获得收益或是资金增值,在一定时期内向一定领域的项目投放足够数额的资金或实物的货币等价物的经济行为。项目投资可分为资本投资和证券投资等。前者是以货币投入项目,通过项目预期收益或项目后期经营活动取得一定利润;后者是以货币购买项目企业发行的股票和公司债券,间接参与项目企业的利润分配。

项目投资是创新创业类项目孵化的一种形式,是对项目产业化综合体进行资本助推发展的一种经济活动。文化产业项目的投资,就是指特定经济主体为了在未来可预见的时期内获得收益或是资金增值,在一定时期内向某一文化产业项目投放足够数额的资金或实物的货币等价物的经济行为。文化产业项目投资的方式主要有以下两种:一是通过文化投资公司,直接对文化产业项目进行投资;二是通过文化产业基金,用于投资文化产业行业内具有潜力的公司、团队及创新创业项目。

(二)文化产业项目投资的特点

1.投入高、风险大

文化产业项目自身的高创新性和不确定性,决定了文化产业项目投资的高风险性。无论是文化产业项目创业者还是项目投资人,都是希望选择有持续原创能力的项目、有较高用户黏合力和购买转化效率的项目,作为资本方也会用专业眼光指导项目投资的方向,但是所有的这些判断和决策都是面向未来的,谁也保证不了项目一定能够成功。以影视剧项目为例,前期需要投入大量资金,产业链也非常长,影响投资回收的因素也非常多。同时,文化项目产品在成型之前具有较长的周期,若是在投资过程中前期投资无法获取对应效益,必然会处于投资收益率的最低点,特别是用来进行固定资产建设的投资,回收期更是无法保障。

2.价值反复、收益延伸

对于文化产业项目投资而言,其最终获取的回报属于一个长链条,一旦项目获得成功、项目产品受到消费者青睐,依据分段转让销售的方式获取项目成果的延伸性收益。以影视剧项目为例,若是在投资产品时取得了成功,不仅能获取直接收益,还可以延伸产业链,如将剧情里主角穿的衣服、玩偶等作为品牌开发的衍生产品,既能增加电影的影响范围,又可以提高产业产品销售额度等。

3.无形资本、人才竞争

对文化产业项目投资而言,其在项目生命周期过程中融合了创意、信息、货币资本及技术等内容,由此管理、品牌及创意在文化产品创新中占据重要地位。其展现出的竞争并不是物质资本竞争,而是更注重以无形资源为核心的综合实力,换句话说人才竞争是文化产业项目投资的重点。文化产业项目投资方往往更看重的是项目团队的价值以及对项目发起者、创业者的价值观认同等问题。

(三)文化产业项目投资的热点

涵盖教育、IP、新媒体、消费等诸多方面的文化产业,不断影响着人们体验新的生活方式,

也吸引着资本不断向文化产业新业态渗透。IP改编及衍生、电影、二次元、网络游戏、网络影视剧及网络综艺、网络直播、短视频、自媒体、知识付费等文化产业项目已经成为投融资的热点。2014年至2018年的投融资规模占比前三位的分别为媒体网站、网络视频和影视音乐，2018年，上述三个领域吸引了85％的资本。

1. 互联网影视项目

互联网娱乐时代，网络大电影、网络剧、网络综艺渐成市场宠儿。相比于传统市场，网生的电影、电视剧、综艺节目的准入门槛低、投资规模小、制作周期短、项目频率高、资金回笼快，在版权交易、制作、发行、推广、广告及周边都存在发展变现机会，大量创业团队、传统公司等入场，异常繁荣。根据原国家新闻出版广电总局网络视听备案库提供的数据，2017年官方备案新增网络剧555部6921集；网络电影5620部；网络动画片659部；专业类节目2725档，包括综艺、娱乐、财经、体育、教育等。

2. 短视频项目

短视频市场组织形式已逐步由个体小团队向机构形式转移，内容分类已由泛娱乐向垂直细分化转移，美食类、美妆类、汽车类、生活类等短视频平台不断涌现。据中国互联网络信息中心发布的第40次《中国互联网络发展状况统计报告》显示，截止到2017年6月，中国网络视频用户规模达5.65亿，占网民总数的75.2％，继续保持在网络娱乐类应用中的首位。2018年，获得投资的短视频平台已经超过10家，今日头条和快手都获得了大额投资。差异化渠道涌现，"小视频＋"成为投资热点，"短视频＋社交""短视频＋电商"成为新一轮竞争和流量变现的途径。2018年12月，抖音月度活跃设备达到3.02亿台，快手2.68亿台，稳稳占据着行业前两位。第三位、第四位分别为今日头条孵化的西瓜视频、火山小视频。目前今日头条已经形成以抖音、西瓜视频和火山小视频为主的短视频矩阵，并依靠精准的定位，吸引了不同的人群，最大化地占领了市场。

3. 知识付费项目

随着版权保护不断改善、在线支付技术的升级、网络付费习惯的成长、居民对知识需求的日益强烈，知识付费的商业价值逐渐显露，果壳、知乎、得到、喜马拉雅FM等迅速发展。知识付费的业务表现形式可以是图文分享，可以是视频直播，可以是视频录播，可以是在线问答，可以是一对一直播，也可以是音频录播。在线教育类有网易云课程、沪江网等；专业领域网站类有36氪、雪球等；社交类有微博付费问答、微信付费阅读等；新兴知识付费类有在行、得到等。据《2017年中国知识付费市场研究报告》分析，内容付费用户规模高速增长，2017年预计达到1.88亿人，增长102.2％；2018年预计增长55.3％，达到2.92亿人。

4. 动漫游戏项目

在面向90后、95后新人群的动漫、游戏等互联网生态中，文化消费呈现出了非常圈层化的偏好和喜好，他们更加喜欢看动画、漫画，更加会沉浸于游戏化的场景当中，且具有较强的消费能力及消费欲望。以动漫为例，据不完全统计，2017上半年发生了30多起融资事件，融资总金额约10亿元。如：快看动漫C轮融资2.5亿元，娃娃鱼动画获得近5000万元投资，绘梦动画获得1亿元B轮融资等，投资者包括腾讯、华人文化、IDG资本、红杉资本、梧桐树资本、君联资本、华创资本等国内几乎所有知名投资基金。

5. 电子竞技体育项目

这几年，中国人越来越喜欢运动，体育行业的资本已经开始预热。据懒熊体育统计，有12

家上市公司成立了体育相关基金或专门从事体育投资的公司,发布公告拟成立的体育基金有14只。除了BAT、万达、苏宁、华谊等企业在体育产业领域展开积极布局外,华人文化、动域资本、红杉资本、如深创投、创新工场、IDG、达晨创投等创投机构也频频出手。电子竞技的用户规模潜力巨大,发展增速惊人,也是资本一直以来重点关注的领域之一。根据中国音数协游戏工委、伽马数据、国际数据公司联合发布的《2017年中国游戏产业报告》显示,2017年中国游戏市场实际销售收入达到2036.1亿元,同比增长23.0%。在大量的资本进入后,网络游戏加速融合发展。很多游戏企业在资本市场中的角色发生了改变,不仅仅充当融资体,同时作为投资体出现,呈现双向性。网络游戏市场的投融资活动处于更加活跃的状态。

6. 网络直播项目

网络直播市场越发垂直化、细分化,社交类直播、电商类直播、体育类直播、游戏类直播、秀场类直播、财经类直播、户外类直播等热门细分领域头部企业崭露头角。如秀场类中有YY、映客、花椒等。巨头们也早已经参与到了直播战场,如百度系有ALa直播、百秀直播等;阿里系有来疯、陌陌等;腾讯系有哔哩哔哩、斗鱼等。数据显示,2016年末,我国网络直播平台约有200家。中国演出娱乐行业协会网络表演(直播)分会联合中娱智库发布的《2017中国网络表演(直播)发展报告》显示2017年我国网络表演(直播)市场整体营收规模达到304.5亿元。

7. 自媒体项目

自媒体已经形成了涉及图、文、视频、音频等诸多内容的巨大集,始终吸引着资本的目光。据《2014—2017年194个自媒体融资名单》显示,2014年至2017年,单轮融资达到百万元级别的自媒体为80个,达到千万元级别的自媒体为92个,达到亿元级别的自媒体为16个;其中,财经、美食、娱乐三个领域的自媒体投资案例数最多,最受投资者欢迎。2016年,自媒体从业人员数量达240万人,微信公众平台达1206万个。

二、文化产业项目投资的主要模式

在文化金融政策扶持之下,我国文化产业投资基金数量和资金规模剧增。目前文化产业投资基金主要有政府主导、国有资本主导、文娱上市公司设立和创投机构主导等模式。

(一)政府主导

近年来我国文化金融扶持政策密集落地。2009年7月,国务院印发《文化产业振兴规划》,就明确要求由中央财政注资引导,吸收国有骨干文化企业、大型国有企业和金融机构认购,设立中国文化产业投资基金;2010年,中央宣传部等九部委联合下发《关于金融支持文化产业振兴和发展繁荣的指导意见》,鼓励多元资金支持文化产业发展,引导符合条件的保险公司参与文化产业投资基金;2012年6月,文化部出台《关于鼓励和引导民间资本进入文化领域的实施意见》,鼓励民间资本以投资基金形式进入文化产业领域;2017年4月,文化部制定出台《"十三五"时期文化产业发展规划》;2017年3月,国务院办公厅发布《关于进一步激发社会领域投资活力的意见》,首次明确提出推进文化等领域"投贷联动";2017年8月,国家发展改革委办公厅印发《社会领域产业专项债券发行指引》,推出文化产业专项债券;2017年4月,文化部印发《关于推动数字文化产业创新发展的指导意见》,成为国家层面首个针对数字文化产业的宏观性、指导性政策文件。

在专项类政府主导型文化产业投资基金中,中国文化产业投资基金具有代表性。它是唯一只国家级文化产业投资基金,由财政部、中银国际控股有限公司、中国国际电视总公司及深圳国际文化产业博览交易会有限公司等联合发起,总规模200亿元,首期募集41亿元,财政部出资5亿元。该基金项目投资将封闭运行10年,前5年为投资期,后5年为退出期。目前已投资了新华网、中国出版传媒、中投视讯、百事通、万方数据、欢瑞世纪、开心麻花、华视、微影时代、芒果TV、洛可可、蜻蜓FM等公司,还参与投资了电视剧《平凡的世界》、电影《绝地逃亡》和《栀子花开》等。

(二)国有资本主导

国有资本主导模式基金的发起人通常以大型国有文化企业或集团为主,具有较强的国资和行业背景,如华人文化产业投资基金。2009年4月,华人文化产业投资基金通过国家发展改革委备案审批,基金规模50亿元,成为第一个在国家发展改革委获得备案通过的文化产业私募股权基金。基金的主要发起方及出资方包括文汇新民联合报业集团、上海东方传媒集团有限公司(SMG)控股的上海东方惠金文化产业投资有限公司等机构。梳理华人文化产业投资基金的投资图谱,其在电影、电视、体育、资讯、互联网内容、网络科技、现场娱乐、数据与营销八大领域,均已落子布局。

2013年文化投资基金的规模达到第一波高潮。根据"新元文智"统计,2013年底已有超过100家文化产业基金成立,总规模达1408亿元;2014年,市场新增加51只文化产业投资基金,其中40只披露募资总金额,总募资金额高达1196.85亿元,平均单只基金的总募集金额达到29.92亿元;2015年,市场新增24只文化产业投资基金。另据艺恩网数据显示,2016年文化产业基金就新增241只;2017年,大量的金融资本仍在通过各种渠道进入文化娱乐领域。2013年到2017年,中国的股权投资新的资金募集以年均60%的速度增长。过去的20年,中国整个股权投资金额达到4万亿元、4万个项目。2017年投了1万多亿元,占到25%,投到文化娱乐250亿元左右,约占2.5%。

(三)文娱上市公司设立

一些基金的发起人为文化产业某一领域的领头企业,其根本目的是企业的平台铺设与产业链的纵深拓展。这种基金不因风险偏好而选择投资对象,更多关注自身在产业链上的战略布局以及被投企业长期的成长性。如腾讯产业共赢基金,主要关注网络游戏、社交网络、无线互联网、电子商务以及新媒体等领域,投资了酷我音乐、酷狗音乐、斗鱼TV等项目,通过产业投资,其版图一再扩大;阿里影业和芜湖歌斐资产管理有限公司成立规模为20亿元的海南阿里巴巴影业文化产业基金,聚焦影视娱乐产业链上优质标的的投资机会。此外,华谊兄弟、奥飞动漫、掌趣科技、互动娱乐、华策影视等上市文娱公司均设有产业投资基金。

(四)创投机构主导

该模式通常由创投机构为主要发起人,发起人投资经验丰富、资金管理能力较强,基金规模一般相对较小。如芒果海通创意文化投资基金(有限合伙),成立于2014年,目标规模5亿元,由海通开元、芒果传媒、厦门建发、中南重工四方共同发起设立,各方分别出资5000万元、1.5亿元、1亿元及1亿元,各占10%、30%、20%及20%;其余1亿元投资额由四方共同向其他投资者募集,芒果传媒和海通开元(或其指定方)各自成立一个全资的投资管理公司,共同管理该文化投资基金。

📖 小资料

2019 年全国优选文化和旅游投融资项目

为持续深化文化、旅游与金融合作,推动建立多层次、多渠道、多元化的产业投融资体系,促进优质文化和旅游项目落地实施,文化和旅游部、国家开发银行、中国进出口银行、中国农业发展银行、中国工商银行、中国银行、中国光大银行决定联合开展 2019 年全国优选文化和旅游投融资项目推荐遴选工作。

申报领域和优先支持的方向:

(1)文化和旅游基础设施项目。主要包括文化产业基础设施、文化装备制造;重点旅游景区(包括红色旅游)及配套基础设施;国家级、省级文化产业园区基础设施;文化、旅游特色小镇中的基础设施等。

(2)文化和旅游及相关产业融合发展项目。主要包括旅游演艺,文化主题鲜明、文化要素完善的特色旅游目的地,包含文化创意、度假休闲、农业观光、康体养生等主题的文化旅游综合体,专题文化旅游线路和项目等。

(3)文化、旅游产业新业态、新模式项目。主要包括动漫游戏、网络音乐、网络文学、数字艺术、数字文化装备、互联网旅游等与数字技术、互联网融合项目,以及体育旅游、康养旅游、研学旅游等旅游新业态项目。

(4)贫困地区、革命老区、民族地区、边疆地区的文化和旅游产业项目。重点扶持具有地域特点,能带动贫困人口就业的文化和旅游项目。其他地区通过东西部协作、万企帮万村等方式带动贫困人口脱贫的文化和旅游项目。支持国家级文化产业园区内重点文化和旅游项目。

(5)落实"一带一路"建设、京津冀协同发展、长江经济带发展、港澳大湾区建设、长三角区域一体化发展等区域发展战略,促进区域产业协同联动的项目。

(6)依法合规实施的文化和旅游 PPP 项目。

(7)符合文化产业和旅游产业特点并合规运作的创新型融资项目。主要包括无形资产融资,信用贷款,知识产权、存货等抵质押融资项目。鼓励银团贷款、银行联合贷款项目。

(8)符合文化和旅游部有关产业发展规划和重点支持方向的项目。

支持手段:

(1)入选项目将纳入文化和旅游部产业项目服务平台文化和旅游产业项目库,优先给予支持。

(2)入选项目在文化和旅游部产业项目服务平台、重点展会等各类推介活动上进行重点推介。

(3)协调相关部门,争取现有资金渠道对入选项目进行支持。

(4)鼓励并支持符合条件的入选项目发行文化和旅游产业专项债券。

资料来源:文化和旅游部办公厅等 7 家单位关于 2019 年全国优选文化和旅游投融资项目的通知[EB/OL].(2019-04-12)[2019-09-10]. http://www.ccipp.org/index.php? s=/Index/news_cont/id/616.html.

三、文化产业项目投资的管理

文化产业项目投资管理的内容包括以下几个方面:项目投资策划、项目投资费用估算、项目投资经济评价、项目投资决策、项目投资控制及项目投资风险管理等,如图 5-1 所示。

(一)项目投资策划

文化产业项目投资管理过程开始于待投资项目的策划。针对文化产业项目高收益、高风

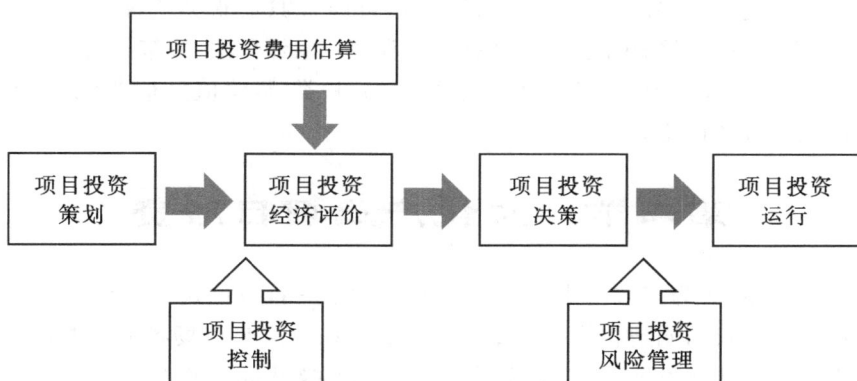

图 5-1　文化产业项目投资管理的内容

险的特点,项目投资策划人员需要进行科学而周密的前期判断,分析项目的可行性,整体规划投资周期,为后续的评价和决策做铺垫。

(二)项目投资费用估算

针对文化产业项目策划中的备选方案,项目投资估算人员需要了解各类项目的投资和成本费用的构成情况,然后运用一定的方法进行详细估算,为之后决策提供准确的评价依据。与一般项目不同,文化产业项目投资费用估算有着构成复杂、变化因素多、不确定性大等特点,使得投资费用估算显得举足轻重。

(三)项目投资经济评价

对文化产业项目进行投资经济评价,其根本目的是论证项目的经济可行性。项目经济评价的核心问题有两个:一是项目投资经济评价的基本要素,包括项目投资的现金流量、营业收入、税金及附加、利润总额及其分配估算等;二是针对项目投资如何进行经济评价。结合项目的特点,可选用的经济评价方法包括财务评价方法、综合评价指标法、金融资产定价模型方法以及随机动态规划法。

(四)项目投资决策

文化产业项目投资决策应遵循一定的原则并严格按照决策流程进行。制度化的项目投资决策过程有利于决策结果的客观性和公平性。针对项目投资成本的不可逆性、投资决策的灵活性、延迟投资的机会价值以及后续投资的非排他性等投资特点,实物期权分析方法和期权博弈方法都是可用于项目投资决策的方法。

(五)项目投资控制

投资控制是指导、监督、调节和限制项目的人力资源、物质资源和费用开支,预防可能发生的偏差并及时纠正已发生的偏差,在计划投资的范围内控制各项费用,保证投资目标的实现。项目投资控制贯穿于项目的始终,项目前期、项目实施期以及项目后期,都需要对项目的投资进行控制。

(六)项目投资风险管理

文化产业项目投资风险管理贯穿于项目的整个生命周期,大致分为项目投资风险识别、风险评估以及风险防范三个层面。基于项目的特点,可结合德尔菲法、SWOT 分析法或者情景分析等方法,识别投资项目的风险维度和深度,再利用专家评估法、决策树法、实物期权法等进行风险评估;或者进行风险模拟,找出具体项目的风险种类、风险值分布或者风险程度,然后确定投资风险防范的具体措施。

第二节　文化产业项目融资

近年来,文化产业成为多数创业者的切入点,催生了一批双创人才,带动了大量资本投入,使文化产业的股权投资与同期相比有了爆发性增长。在政府与市场各方的共同努力下,社会资本投融资渠道向多样化发展,股权众筹制度更加规范,文化和旅游部小微文化企业融资活动也带动了更多的创业投融资路演。在一系列利好条件下,文化市场的股权投资规模将随之提高增速,带动电商巨头、科技媒体、传统金融机构和民间资本机构数量继续增加,筹资规模持续扩大。

一、文化产业项目融资的概念和特点

(一)文化产业项目融资的概念

项目创始人最需要做的主要是三件事,"找钱、找人、定战略"。项目融资是一个专用的金融术语,是指为了项目的运转而进行的资金筹措行为。项目融资通常以项目未来收益的资产为融资基础,由项目的利益相关者分担风险。

文化产业项目融资,就是以文化产业项目的无形资产、预期收益或权益为基础,由项目利益相关者分担风险的一种无追索权或有有限追索权的融资方式。

(二)文化产业项目融资的基本特点

新时期,一方面日益增长的精神文化需求对我国文化产业的发展起到了巨大的拉动作用;另一方面,国家提出的新经济增长观对我国文化产业的发展起到了强劲的推动作用。在这一背景下,我国金融业面临着利率市场化、人民币国际化、互联网金融崛起等因素导致的新竞争时代,资本亟待寻求新的业务增长点和新的发展空间,文化产业日益成为各类资本的目标。

1.政府投入力度持续加强,吸引社会资本融入

2009 年 5 月,商务部、文化部、国家广电总局、新闻出版总署、中国进出口银行联合出台《关于金融支持文化出口的指导意见》(商服贸发〔2009〕191 号),这是第一次就金融支持文化产业发布专门的文件,所以是我国第一个具有专门政策性质的文化金融政策文件。2010 年,中宣部、中国人民银行、文化部等九部门印发了《关于金融支持文化产业振兴和发展繁荣的指导意见》(银发〔2010〕94 号),这是我国第一个国家层面的文化金融专门政策文件。2014 年之后,由于文化金融政策的推动,我国金融体系对文化产业的投入力度大大增加,同时文化金融政策在上下两个层面不断提升和扩展,内容也更加丰富,极大地推动了文化产业的发展。文化金融逐步成为国家文化改革总体政策和规划的重要内容。深化文化金融合作,发挥财政政策、金融政策、产业政策的协同效应,为社会资本进入文化产业提供金融支持,成为文化主管部门和地方政府制定文化经济政策中的"标准配置"。文化金融政策包含了银行、证券、保险、信托、基金、担保等行业,包含了股权类、债权类、风险管理类、互联网金融类等多种金融工具以及市

场、机构、金融基础设施等金融领域。据不完全统计,近几年每年全国各级政府的各类文化产业专项资金支出总规模超过 100 亿元,这个趋势还在继续;2017 年,我国文化娱乐休闲服务业流入资金158.04亿元,占全国文化产业资金流入的 4.00%;2018 年文旅特色小镇和文旅综合体项目投资规模合计达到 1.27 万亿元。

2.文化与金融密切对接,文化融资体系基本确立

近年来,我国金融与文化产业趋于深度融合,多元多层次的文化产业投融资市场逐步建立:

(1)银行依然是中国文化产业融资的主力。银行对文化产业的信贷规模不断扩大,越来越多的银行在体制机制上积极探索,多种文化金融创新模式不断推出。

(2)信贷资本市场对文化产业的支持力度不断加大,文化金融创新日趋深化。

(3)随着中国多层次证券资本市场建设推进,文化产业的股权交易日益活跃。

(4)在政策利好与文化消费活跃的促进下,各类风险资本进入文化产业的积极性不断高涨,文化产业的直接融资比重将大幅度提升。

(5)以文化产权交易所为主要载体的文化要素市场在治理整顿之后浴火重生,特色化发展和兼并重组将为丰富和健全中国文化产业投融资体系做出重要贡献。

(6)以众筹网为主要增长点的文化产业互联网金融将有大作为。

3.跨界融合项目更受青睐,平台类项目是重点融资领域

在当前"文化＋金融""文化＋旅游""文化＋设计""文化＋科技"等风口之下,社会资金被大量吸引到跨界融合项目和平台类文化产业项目中。2019 年 4 月新旅界研究院发布的《2018中国文旅产业投融资研究报告》,指出了近期文化旅游项目融资的几个热点领域:

(1)主题公园项目。2018 年发生投融资事件 15 起,投融资总额为 313 亿元。从发展特点来看,文化与主题公园的融合正在加深,文化 IP、文化活动、文化演艺正在增加。

(2)旅游演艺项目。2018 年发生投融资事件 7 起,投融资总额为 7.7 亿元。目前我国旅游演艺剧目约有 270 台,年演艺场次达到近 9 万场,年观众量约 7000 万人次,旅游演艺票房年收入达到 50 亿元以上。从发展特点来看,文学、动漫、影视等跨界融入,演艺活动文化内涵越来越深厚。从投资趋势来看,演艺活动将更重于沉浸式娱乐体验的营造,中小型演艺、轻资产可复制模式更受资本欢迎。

(3)文旅综合体项目。2018 年全国签约或开工项目 59 个,拟投资总额为 5337.6 亿元。从投资项目数量和金额可以看到,文旅综合体领域投资市场热情高,新项目签约量大,投资体量也大;从业态来看,在乡村振兴战略的带动下,田园综合体项目不断涌现。综合来看,文旅综合体代表着产业升级发展方向,能满足一站式度假需求,其市场规模可能进一步扩大。

(4)文旅特色小镇项目。2018 年签约或开工项目 67 个,已披露的拟投资总金额为7377.39亿元。从投资特点来看,拟建项目数量多,投资体量大,地区分布广,广东、浙江、重庆三省市投资金额领先;从投资方角度来看,除地产和文旅企业外,不乏其他行业的跨界企业,如苏宁、山东影视传媒集团等。

(三)项目融资的参与者

文化产业项目融资,一般情况下有三类参与者:一是项目发起方,可能是企业也可能是政府,可能是一家也可能是多家,它是项目实际的投资决策者,通常也是项目公司的股份持有者;二是项目公司,它是投资决策产生的结果,因而无法对投资决策负责,只负责项目投资、建设、

运营、偿贷;三是当需要债务资金支持时,银行(及其他债务资金提供方)要做出信贷决策。

第一,以项目融资方式筹建一个项目的时候,资金渠道可以有很多,但是资金性质无非两类:一类是项目不必偿还的资金,即权益资本;另一类是项目必须连本带息偿还的资金,即债务资金。

第二,在项目融资的情况下,自有资金与权益资本的概念是一样的。无论是权益资本还是债务资金,都是针对项目而言的;而自有资金的概念有时会引起误解,导致把"项目的自有"和"投资者的自有"混为一谈。例如,A公司出资3000万元,作为筹建B有限责任公司的资本金。这3000万元对于B公司这个项目而言,是权益资本或称自有资金;但对A公司这个投资者来说,则完全可能是通过借款或债券筹集的。

第三,在公司融资的情况下,自有资金的概念要更广义一些,它不仅包括权益资本的扩充,而且包括企业原有资产的提现和变现。

二、文化产业项目融资的主要渠道

文化产业项目的资金来源主要包括内部融资和外部融资两个渠道。内部融资主要是指公司的自有资金和在生产经营过程中的资金积累部分;外部融资可分为通过银行筹资的间接融资和通过资本市场筹资的直接融资。直接融资又包括债权融资和股权融资。按照融资成本的高低,项目融资遵循内部融资优于债务融资,债务融资优于股权融资的先后顺序。股权融资,是投资方投入一定的资金,换取其在被投资公司或者项目的股份;债权融资,包括贷款,贷款按资金来源可以分为政府的专项资金贷款和银行贷款。同时,项目企业也可以通过银行信贷市场这一快速便捷的资本市场来进行资本运作以获取发展所需的资金,以使得项目活动能够顺利进行。

1.自筹资金

自有资金筹措是文化产业项目资金的主要来源,大部分文化企业通过项目生产制作和经营销售回收成本并取得收益。不论是公司自投项目还是合伙参与项目,都通过自筹资金使企业获得资金积累和利润,实现项目投资和运营良性循环。尤其是在项目筹备初期,使用公司自筹资金启动项目的比例更高。对于已经上市的文化企业来说,从股市筹集的资金成为项目投资的主要来源,其优势在于没有到期还款和定期付息的压力。但因为文化产业项目核心资产大部分属于无形资产,很难通过财务会计指标加以反映,所以新股上市、股权融资和分红模式都需要持续进行优化。

文化产业项目的内部融资和外部直接融资如图5-2所示。

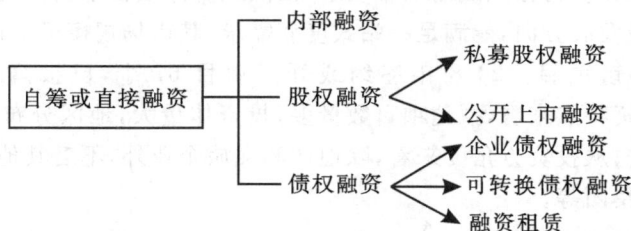

图5-2 文化产业项目的内部融资和外部直接融资

2.政府出资和拨款

政府出资和拨款主要是针对重大题材、主旋律题材和以地方文化旅游宣传为目的文化产业项目进行的投资。政府资助除了直接投入资金、减免税费、给予补贴之外,还会以提供场地、车辆、住宿等非货币形式进行投资。政府出资的文化产业项目要兼顾社会效益和经济效益,在投资上具有一定的行政化特点,经济目的弱化,但更加注重项目产出物的品质和工作质量。例如:一是投资主体与文学、剧本创作等专业机构建立联盟和合作关系,从产业价值链的前端开始征集、筛选和购买优秀文学作品和剧本的版权,并由投资方决定是独家拍摄还是与实力较强的民营电视剧制作公司联合拍摄;二是已经开机或主创人员已经确定即将开机的项目,政府以预购合作的方式进行投资。

3.预购资金

行业外资金主要来源于社会组织,它们看好项目的发展成果预期。这是组织进行多元化战略经营、获取更高利润率和资本积累的方式之一。行业外资金参与电视剧项目的方式大致有三种:一是成立独立项目公司,从项目策划初期进行直接投资;二是以定制剧和植入式广告的方式进行投资;三是通过私募、基金、债券等方式,对项目进行间接投资。例如:电视台和视频网站预购主要是以剧本作为判断标准,由电视剧购买方介入项目筹备策划阶段,与制作机构共同选择主创团队,对剧本提出修改意见,进行投资决策。电视台或视频网站与电视剧制作企业之间的合作为电视剧项目提供了资金支持,分摊了投资风险,使电视剧的版权销售有了保障,通过获得独有版权、共有版权,可以实现价值最大化。

4.商业银行贷款

商业银行贷款是为了满足借款人在文化产业项目实施阶段产生的用款需求,以该项目可能产生的收益为主要还款来源而发放的贷款。在实际贷款评估和操作中,商业银行将综合评估还款作品的预期收益、借款人自身的风险承受能力、现有融资结构情况等因素,对企业和项目进行调查和审查,根据评估结果和风险等级决定是否贷款。文化产业项目通过银行进行的外部间接融资方式如图5-3所示。例如:版权质押贷款是电视剧贷款的主要形式,多指电视剧制作公司将电视剧版权作为质押标的物,向商业银行申请的贷款融资。电视剧版权主要包括首轮播映权、信息网络传播权、音像版权、复制权、广告收入等。

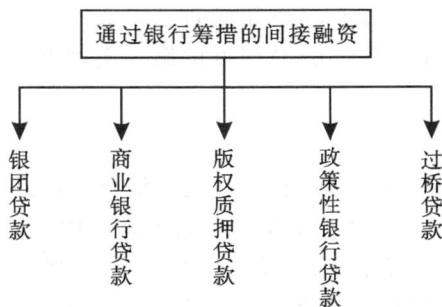

图5-3 文化产业项目通过银行进行的外部间接融资

5.产业投资基金

私募基金是文化产业项目融资的重要渠道。一般来说,基金公司对文化产业项目的评估有着专业的操作流程和评估标准,更强调专业人才的智慧、经验和社会关系网络,能够为所投资的项目提供更多的协同资源。私募基金对项目的估值和定价是其投融资的核心,能够做到"专款专用"。例如:私募基金直接投向电视剧项目,投资回报也直接取决于电视剧版权交易收入和广告利润等。私募基金不仅投资制作公司本身,也会直接投资一个或多个电视剧项目,投资金额视企业经营业绩和项目未来收益预期而定,投资方式较为灵活。

6.众筹模式

随着互联网金融迅速崛起,众筹成为文化产业项目投资者募资的一种新兴方式。例如:影视制作公司和发行公司将电视剧项目发布在众筹平台上,不但能够实现融资,还可以有效促进项目营销、加强项目与观众的密切联系。观众在众筹平台上的意见表达,可以使投资者实现参与电视剧创作的消费体验。观众的意见不仅能够影响剧本走向,也会影响主创阵容的选择等,是投融资决策的重要参考指标。

三、文化产业项目融资的管理

文化产业项目的融资管理,主要包括项目融资的组织、模式选择、风险管理以及效率评价四个方面的内容。

(一)文化产业项目融资的组织

文化产业项目融资管理从建立该文化产业项目融资的内部组织结构开始。项目融资的参与者包括项目发起人、项目公司、项目出资方、产品的购买者和使用者、咨询专家和顾问、所在国政府及相关机构。对文化产业项目融资的组织是在合理的内部结构基础上,将各参与方在融资运作过程中进行适时的协调和调度。

文化产业项目融资的轮次划分如下:

1.天使轮

文化产业项目早期,可能只是一个想法,什么都没有,甚至公司都还没注册。这时候投资的投资人,叫天使投资人。如果没有拿天使投资的钱,企业运营了一段时间,产品出来了,但是公司还是比较弱小,这时候拿的投资也还是叫天使轮。

2.A轮

文化产业项目设计雏形有了,但这时候项目的风险还比较大,投资的投资人一般叫作风险投资人(VC)。有的文娱企业一开始就是创始人自己拿钱做,没有天使投资也没有对外融资,当他融资时已经盈利几百万甚至上千万,这时候的第一次融资也是A轮,这时候A轮更多是轮次的意思。

3.B轮

文化产业项目阶段性成果已经显现,模式也比较清晰,需要更多的资金来复制。这时候的投资人要么继续是风险投资人,要么PE基金开始进来。PE基金是投资较为成熟企业的基金。PE基金和风险投资的区别是:风险投资投更早期,那时候估值更低,愿意冒更大风险来博取更高回报;PE基金投后期,估值往往更高,他们宁可投得贵一点、投更成熟企业以把投资风险降低下来。

4.C轮

文化产业项目交付运营时期,公司模式非常成熟,这时候往往企业已经有规模的利润。这时候投资的基金会以PE基金为主。

(二)文化产业项目融资的模式选择

文化产业项目融资模式决定了资金的来源和方式。文化产业项目融资模式的选择有赖于政治、法律和金融环境,项目本身特点,以及各参与方之间制衡与利益关系。根据具体情况综合运用融资模式,能够一方面保证资金充足和合理使用,另一方面保证项目的正常进行。

文化产业项目融资方式的选择可以分成以下几步:

(1)充分了解项目本身,即知己。必须充分了解自己以及可以运用的资源。也就是说必须知道我是谁,我有什么资源,我能整合什么资源,我有什么优势,我缺少什么,我处于什么发展阶段,我的资产特征是什么,收入模式是什么,资产特征和收入模式有没有调节和调整的空间。总的来说,首先要做到知己。

(2)充分了解潜在的融资对象,即知彼。必须充分了解潜在的投融资对象。要找到资金,那么必须要知道资金在哪里,是在私募机构、公募机构,还是在银行;这些资金都有什么特征,都有什么偏好,喜欢什么行业,需要匹配什么资产,找什么阶段的项目。也就是说必须要了解他们的喜好与要求。

(3)圈定融资目标,就是要确定意向合作方。融资不是随便乱找,到处撒网,而是要梳理出相对准确的目标,提高命中率。尽量提前明确融资的渠道和范围,要明确哪些资金适合文化产业项目。

(4)制订融资方案。这就需要根据项目的条件相机而动,精准形成切实可行、具有可实施性的方案,即商业计划书或者融资方案。根据项目不同的状态、阶段情况,可以选择不同的融资渠道和设定不同的融资模式。例如,项目的现金流不错,可以选择银行做项目贷款,或者信托贷款;如果项目有一定的规模也具备了上市条件,则可以找券商;或者规划要快速发展,要快速复制扩大规模,那么在上市之前就要规划设计股权融资或者作部分借贷;还有就是通过间接方式,找到合作方、投资人。当然,要想融资成功,必须还要有专业的团队和专业的策划。精准的融资设计是降低融资成本的基础。

(三)文化产业项目融资的风险管理

与文化产业项目投资的风险管理类似,文化产业项目融资的风险管理从步骤上也是风险识别、风险评估和风险控制几个阶段。与文化产业项目投资风险管理不同的是,整个项目过程中需要站在各参与方角度去进行项目融资风险管理。另外,从风险类别上看,投资风险主要集中在研发、生产及运营过程风险,而融资风险主要集中在金融、信用以及政府风险。在文化产业项目融资风险的评估方法方面,层次分析法、模糊综合评价法都是常用的方法,而网络分析法则是比较前沿的评估方法,能够兼顾层次分析法的优点并弥补其不足。

从文化产业项目全生命周期来看其投融资策略,在建设期,在没有经营型现金流的情况下,可能就要以股权融资和项目贷款为主;在运营初期和市场培育期,最好以流动资金贷款为主,这种方式可以不稀释原始股东的权益;而在项目成熟期,在现金流充沛和稳定的情况下,就要以流动资金贷款和资产证券化方式为主来解决运行的资金所需和迭代投资的资金所需。另外,资产证券化可以实现轻资产运营,提升净资产收益率,比较快速地拉升股价,让投资人获得股票差价的收益。

(四)文化产业项目融资效率评价

在文化产业项目融资管理中,融资效率评价也是近年来关注的热点,对融资效率的研究能够为后续的再融资或新的项目融资提供一定的参考和借鉴。影响项目融资效率的既有宏观因素也有微观因素,分析出这些具体影响因素,建立合理的评价指标体系,在已有数据基础上,运用数据包络分析方法进行评价。

投融资主体更注意项目的财务评价,即在国家现行财税制度和价格体系的条件下,计算项目范围内的效益和费用,分析项目的盈利能力、清偿能力,以考察项目在财务上的可行性。投融资主体通过项目的财务评价,计算财务收益率和投资回收期(或借款偿还期),并依此与基准收益率和基准投资回收期(或基准借款偿还期)比较,决定是否参与项目的投融资。由于项目融资数额巨大、周期长、牵涉面广,因此投融资主体不仅关心项目收益净现值的绝对值,而且关心项目的现金流量过程。作为贷款银行,非常关注项目净现金流量最弱的过程,即关注最弱现金流量是否能满足偿还贷款的要求。因此,将从项目财务评价和风险分析两方面,讨论判别投融资方案优劣的方法,并给出项目投融资方案优化与风险分析模型。

小资料

北京古北水镇项目投融资规划

古北水镇项目资源丰富,有司马台长城、温泉、古镇文化。古北水镇具有悠久的历史,是在原有守卫长城军民混建而居的古堡基础上发展起来的。其现存的"司马台古堡"是北京市重点文物保护单位,"长城+古镇"是罕见的雄伟自然、文化景观混合在一起的历史人文风景区。古北水镇项目总投资超过 40 亿元,面对如此巨大的资金需求,投资方采用成熟的市场化资本运作方式,由中青旅控股股份有限公司(以下简称中青旅控股)、乌镇旅游股份有限公司(以下简称乌镇旅游)、北京能源投资集团和其他战略投资者共同成立北京古北水镇旅游有限公司,按比例共同出资持股,承担古北水镇的开发、建设,成为项目开发建设所需的巨额资金的保障。古北水镇的投融资模式和方案设计如下:

1. 整体规划的收入模式设计

收入模式中,除了门票还有索道、温泉、餐饮、住宿、娱乐、演艺、展览等,让项目的收入来源更加丰富,而且各项收入之间还有互相促进的作用,以此来提升项目收入规模。采取的资产模式是租赁原有古镇,将原来的老房子和基础设施进行整修、改建,这样资产比较轻,投入比较少;项目新建的酒店是自持,这样项目的报表上资产栏看起来就比较好看。由此一来,既有比较合适的资产配比,又有比较大的营业收入,那么融资能力就很强了。

2. 良好的股东结构设计

古北水镇项目一共有四个股东,第一个是中青旅控股;第二个是乌镇旅游;第三个是长期投资人北京能源投资集团;第四个是私募投资机构北京和谐成长投资中心。整个股东结构非常合理。技术经验主要依靠乌镇旅游项目团队,市场组织由中青旅来保证,北京能源投资集团为长期投资人,而私募机构是财务投资者,这是一种非常好的组合与搭配。

3. 早期的现金流平衡安排

在平衡现金流方面,项目早期规划有一个比较好的安排,就是在项目开业的前后,龙湖地产规划了一个地产项目"长城源著",这样可以尽早地回收一部分投资,减少早期投资的压力。

4. 可持续发展规划

从可持续发展方面,比如说将来上市之后要做什么,项目也及早安排好了相关题材,规划了高尔夫、别墅地产、度假公寓等多种业态和设施,以满足可持续发展的需要。

5. 退出规划

退出规划方面,应该说这个项目财务条件已基本具备了独立上市的前景。如果未来难以独立上市,还留了后手,因为里面有一个大股东是中青旅控股,完全可以由中青旅控股来并购,实现财务投资者的退出。

资料来源:文旅项目投融资规划解读[EB/OL].(2018 - 07 - 07)[2019 - 09 - 20].http://www.sohu.com/a/239895696_756397.

第三节　文化产业项目融资的 PPP 模式

为了减轻财政负担、提高公共文化服务效率、满足公共文化服务需求以及转移项目风险,政府部门将 PPP 模式引入公共文化项目。

一、PPP 融资模式的基本概念

(一)PPP 融资模式的概念

具有经营性特点的公共文化服务项目建设,一般由政府担任投资主体,资金来源以政府财政投入为主。但是面临建设中的政府财政支出压力和私人部门希望通过投资带来投资回报和社会影响这样的背景和双赢的需求,对于资金需求量大、投资建设期长、能获得一定程度回报的项目,可以通过引入私人资金参与项目投资建设,拓宽政府投资项目的融资渠道。

PPP 是英文 public-private-partnerships 的简写,即政府和社会资本合作模式,是指政府采取竞争性方式择优选择具有投资、运营管理能力的社会资本,由社会资本提供公共产品和服务,政府/使用者依据公共产品和服务的绩效评价结果向社会资本支付相应对价的模式。最早对公共产品供给的公私合作模式做系统而深入研究的是 E.S.萨瓦斯。他认为在基础设施领域公私合作可以采取多种形式;并指出,采用公私合作的形式建设基础设施关键要处理好各参与方的角色以及竞争、规制、风险、招标和融资等问题。

(二)PPP 融资模式的内容

PPP 融资模式的本质,是公共部门首先不再购买资产,而是在特定的合作条件下购买服务,服务的设施由私人部门供给。PPP 模式鼓励私人企业与政府进行合作,参与公共基础设施的建设。PPP 模式是从文化发展需求出发,利用民营资源的产业化优势,通过政府与民营企业双方合作,共同开发、投资建设,并维护运营文化设施的合作模式。通过这种合作形式,合作各方可以达到与预期单独行动相比更为有利的结果。合作各方参与某个项目时,政府并不是把项目的责任全部转移给私人企业,而是由参与合作的各方共同承担责任和融资风险。

目前,各个省份基本都设立了不同规模的 PPP 引导基金,以股、债、提供前期费用补贴或提供融资担保等方式对 PPP 项目进行融资支持。同时,为了放大财政杠杆,很多省份的 PPP 基金采取母子两级基金的结构,引入社会资本的方式来运作。PPP 融资,从大类上划分,包括股权融资和债权融资两大类(见图 5 - 4)。从资金供给来讲,融资方包括银行、保险、信托等金融机构及私募基金等其他非金融机构。

(三)PPP 融资模式的运作流程

从运作流程来看,PPP 融资模式包括确立项目、成立项目公司、招投标和项目融资、项目建设、项目运行管理、项目移交等环节。政府部门和私人部门合作成立项目公司(special purpose company,SPC),以项目为主体,根据项目的预期收益、资产以及政府扶持措施(如税收优

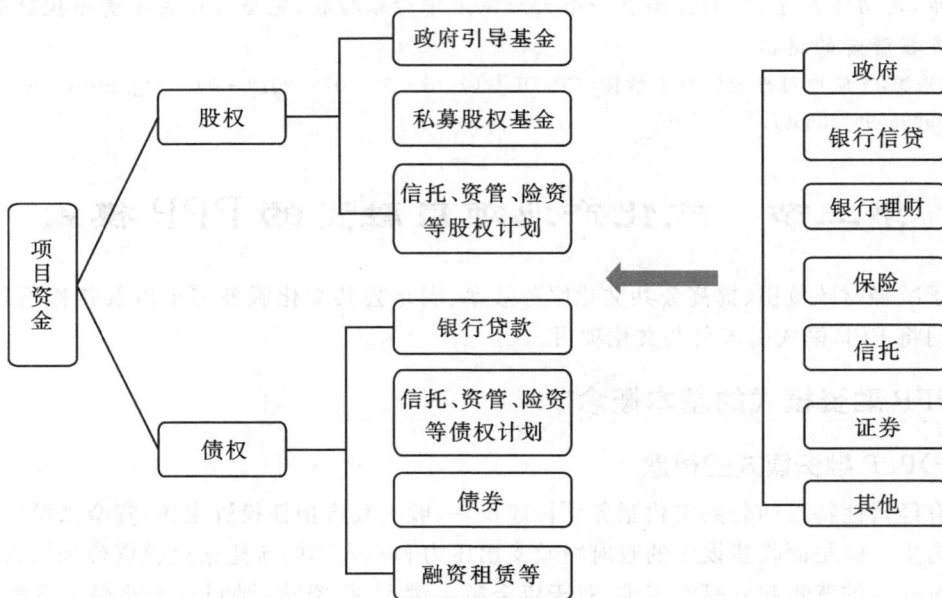

图 5-4 PPP 融资模式的内容

惠、贷款担保、沿线土地优先开发权等)的力度来安排融资。政府部门赋予 SPC 项目的特许开发权,由 SPC 代替政府进行项目的开发。项目建成后,SPC 在一定期限内拥有项目的经营权,在经营期限内,SPC 通过项目经营的直接收益和通过政府扶持所转化的效益来回收资金,经营期满后经营权将移交给政府。PPP 项目的主要参与方及关系如图 5-5 所示。

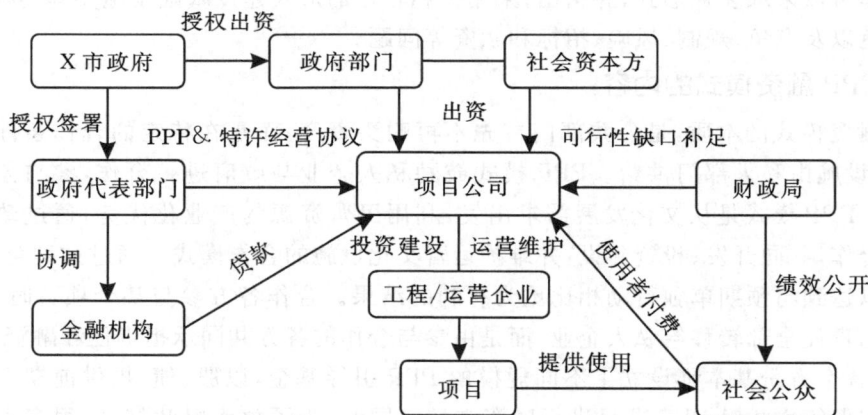

图 5-5 PPP 项目的主要参与方及关系

二、文化产业项目 PPP 模式的应用

(一)文化产业项目应用 PPP 模式的作用

1.减轻政府财政负担

如歌剧院、旅游景区、文化产业园区等大型公共文化项目,如果政府一次性投资,则当期投

资压力巨大,给当地政府的财政开支造成负担。而采用 PPP 模式之后,当期投资的压力分解到若干年的运营期之中,每年财政支出压力减小,为投资更多文化项目创造了条件。

2.提高文化服务效率

以前公共文化产品完全由政府提供,重投入而轻产出,许多公共文化项目贪大贪多,"面子工程"时有出现,造成政府财政支出的浪费。而社会资本在专业性上更强,重视产出效率,追求最大效益,所以会努力优化项目方案。因此采用 PPP 模式可以提高公共文化服务的投入产出效率。

3.满足高质量文化需求

在政府对公共文化产品大包大揽的模式下,受视角所限,所提供的公共文化产品不一定是人民群众真正需要的。而采用 PPP 模式引入社会资本参与经营,由于盈利的需要,社会资本会努力贴合市场,使公共文化产品最大限度发挥作用。且社会资本的专业性更强,能够更好地满足人民群众多样化、高质量的文化需求。

4.转移项目风险

文化市场效益易受外部因素影响,具有较大的不确定性,风险较高。在传统模式下,政府要独自承担公共文化项目的建设和运营风险;而在 PPP 模式之下,政府和社会资本共同分担投资风险,尤其是项目的建设风险大部分都转移给了社会资本。

(二)文化产业项目应用 PPP 模式的方式

文化产业项目 PPP 融资模式的应用可分为外包类、租赁经营、特许经营、剥离(非公有机构拥有)等方式。这几种方式具有私人参与程度与承担的风险程度呈逐渐增大的特点。

1.外包类

在外包类 PPP 项目中,政府部门负责投资并拥有产权,私人部门承包整个项目中的一项或几项职能并得到固定的费用,承担的风险较小。例如,只负责提供部分公共服务的服务外包形式,以及负责设施管理维护的经营和维护(O&M)合同。采用外包类模式能够引入竞争,利用私人部门的技术提高服务的质量和效率。

2.租赁经营

租赁经营是指私人部门向政府部门支付一定的费用租赁公用事业的资产并负责其经营和维护。租赁经营的利润来源是所有经营所得与经营的费用之差,再扣除交给政府部门的租赁费用之后的余额。例如租赁-建设-经营(LBO)模式,私人部门租赁现有设施,根据与政府签订的长期合同进行建设和经营,政府部门保留所有权,私人部门根据合同条款取得合理回报。

3.特许经营

特许经营模式是由政府通过特许权协议,允许私人投资者从事某项公用事业产品或服务的经营活动。私人部门参与部分或全部投资,在一定时间和一定范围内从事经营活动,并通过一定的合作机制与公共部门分担项目风险,共享项目收益。运营期间,私人部门拥有项目的所有权或经营权,所得收益作为项目偿还债务及投资回报的来源,约定期满后项目的所有权交还给政府。通过这种模式可以充分发挥公私部门的优势,节约成本,提高公共服务的质量。根据具体操作方式的不同,PPP 模式可细分为建设-运营-移交(BOT)、转让-运营-移交(TOT)等方式。

(1)BOT 模式。BOT 模式是指国内外投资人或财团作为项目发起人,从政府获得基础设施项目的建设和运营特许权,然后组建项目公司,负责项目建设的融资、设计、建造和运营,并在项目运营中收回投资、偿还贷款并赚取利润,特许期满项目公司将项目无偿转交给政府。采用 BOT 模式,私人部门承担融资风险,并享有特许期内的利润,项目的最终所有权归属政府。BOT 有多种演化模式,比较常见的有建设-拥有-经营-转让(BOOT)、建设-转让(BT)、建设-经营-拥有-转让(BOOT)、建设-租赁-转让(BLT)、建设-转让-经营(BTO)等。

(2)TOT 模式。这种项目融资模式是指政府与投资者签订特许经营协议后,把已经投产运行的可收益公共设施项目移交给民间投资者经营,凭借该设施在未来若干年内的收益,一次性地从投资者手中融得一笔资金,用于建设新的基础设施项目;特许经营期满后,投资者再把该设施无偿移交给政府管理。

4. 剥离

剥离是指通过出售等形式将公共资产或国有股权转让给私人部门。剥离具体有完全剥离和部分剥离之分。完全剥离模式中,所有权永久归私人保留。政府对私人部门进行管理和监督,避免出现行业垄断价格,同时确保服务质量。其典型模式是建设-拥有-经营(BOO)模式。采用 BOO 模式,私人部门通过特许权投资建设并永久拥有和经营某公共项目,并在与政府部门签订的合同中注明保证公益性的约束条款,接受政府在定价和运营等方面的管理监督。部分剥离模式能使政府在资产管理方面保持一定程度的控制权,并提高经营和管理效率。股权出售是部分剥离模式的典型模式之一,通过股权出售,政府部门放弃部分或全部所有权,并将经济风险和有效控制权转交给新的股权所有者。

三、文化产业项目 PPP 模式的风险管理

PPP 项目需要大笔资金,这些资金如何融、如何投、如何退是 PPP 项目融资双方需要重点考虑的问题。随着国家对地方政府债务的收紧,PPP 项目以社会资本方单独融资的方案会越来越多,越来越迫切。PPP 项目社会资本方如何采用更快速、更低成本又不影响 PPP 项目公益性、公共服务性的方式,是政府、社会资本及资金方需要综合考虑的问题。

(一)文化产业项目 PPP 模式的风险分析

资本的天性是追求快速投入、快速回报,短时间、高收益。出于这种考虑,投资者在决定向文化产业项目投入之前,都会犹豫不决、思量再三。因为文化产业项目大多具有投资时间长、收益回报慢的特点,在取得高收益之前,往往需要资金的持续投入,这种特性带来的是投资收益的不确定性风险。另外,即使在文化项目建设中最终采用了 PPP 模式,也可能会面临以下风险。

1. 项目融资成本过高,可能导致政府财政长时间难以为继

在文化项目建设中采用 PPP 模式,虽然每年政府财政支出的压力得到了缓解,但在总支出上,政府要比单独投资多支出融资补贴以及运营补贴,总投入实际是增加的。如果前期融资的成本过高,则可能会对未来数年政府的财政造成风险。如果项目实际建设成本超出预算过多,政府和社会投资方均可能面临巨大损失。尤其是大型综合文化场馆等项目,由于工程量较大、建设要求复杂,实际建设成本较容易超出预算,往往造成工期拖延和经济负担,导致整个项目无法按照原计划进展。

2. 项目承包商出于压缩成本的目的,项目建设质量可能降低

在文化产业项目 PPP 模式建设中,由于建设单位和承包商之间存在一定的信息不对称现

象,承包商为追求自身利润而采取机会主义行为,就有可能导致项目建设的质量下降,达不到项目设计质量的需求。文化产业项目要求社会效益与经济效益相统一,采用 PPP 模式,尤其是选用 BOT 等操作方式,社会资本在一定时间内拥有特许经营权,出于利润的考虑,文化产业项目中原有的公益性文化产品和服务可能被压缩,达不到项目原来的建设目的。

3. 项目建成运营后收入过少或运营成本负担过重,也会面临市场收益风险

文化市场需求变化快,而文化产业项目回收周期长,且易受到多重因素的影响,收益和市场需求较为不稳定。一方面,文化产业项目非常容易受到社会潮流、技术手段等外部因素的影响,更新迭代的速度非常快;另一方面,在 PPP 模式下项目有较长的投资期限,易发生市场预测与实际需求之间的差异状况,在项目完成交付时便有可能与实际的文化需求脱节,造成项目运营的浪费。

(二)文化产业项目 PPP 模式的风险应对

1. 有选择性引入 PPP 模式

不应盲目将 PPP 模式引入所有的文化产业项目中。宜选择公益性与经营性兼顾的文化项目,在向市民提供公益性文化服务的同时,也可以通过“使用者付费”的方式赚取收益,使运营方有利可图。而对于农村书屋、社区文化中心等纯公益性的公共文化项目,由于缺乏收益来源,不适用于 PPP 模式。

2. 加强 PPP 合作方审查

在选定 PPP 模式社会合作时,要重视对合作方的资质和能力进行审查,为社会投资方制订比较高的投标要求,如:在前三年内投资建设合同的累计金额、承接过至少三个大型文体设施等经验方面的要求。挑选经验成熟的合作方,能够对项目建设成本、运营成本实现比较好的控制,减少项目投融资的风险。

3. 做足市场需求调查

文化项目开工建设之前,要做好市场调查和分析工作。采用 PPP 模式时,政府和社会投资方都要独立、慎重、客观地做好市场调查与分析工作,避免受政策、视角等主观因素的影响,让文化项目能够适应群众的文化需要和市场的需求,保证在投入运营后能实现较为稳定的收益。

4. 调动社会资本参与项目的积极性

在对社会投资方的工程建设进行监管的同时,还要利用好政府补贴的作用。政府向社会投资方提供融资补贴和运营补贴,使实际经济效益不高的项目也能够产生稳定的利润,降低项目的运营风险,调动社会资本参与的积极性。

5. 健全项目风险管理机制

在 PPP 模式下建立起公平合理的风险分担机制。在项目合作协议中要明确责任分担。社会投资方承担项目建设成本和建设质量风险,社会投资方和政府共同承担项目运营风险。在公平合理的风险分担机制下,才能建立起政府和社会资本的互信关系,保障公共文化项目的顺利进行。

文化产业项目 PPP 模式风险管理的内容如图 5-6 所示。

项目识别	项目发起 → 项目筛选 → 物所有值评价 → 财政可承受能力评估
项目准备	管理架构组建 → 实施方案编制 → 实施方案批准
项目采购	资格预审 → 采购文件编制 → 响应文件评审 → 谈判合同签署
项目执行	项目公司设立 → 融资管理 → 绩效监测与支付 → 中期评估
项目移交	移交准备 → 性能测试 → 资产交割 → 绩效评价

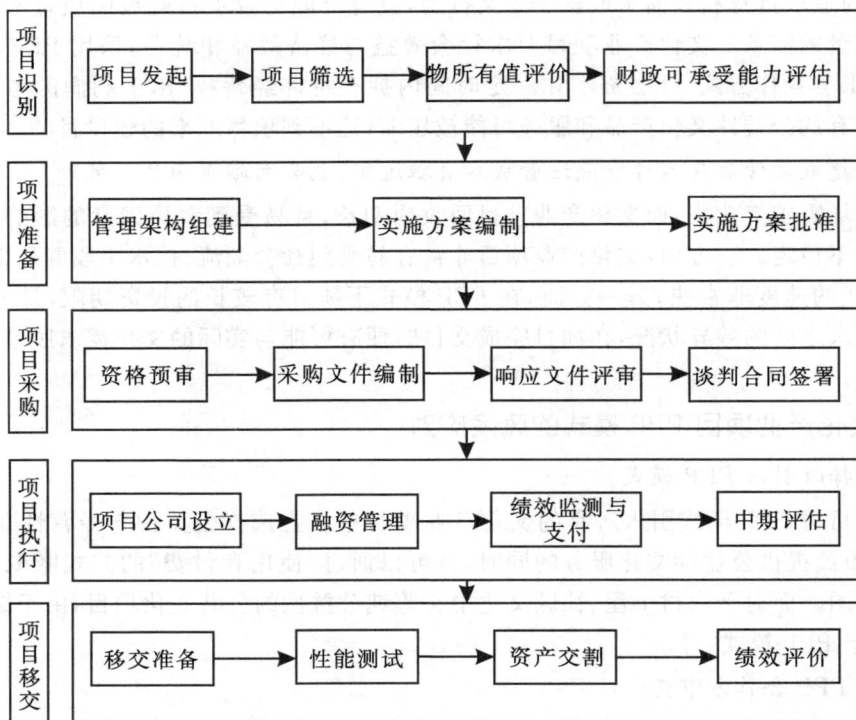

图 5-6　文化产业项目 PPP 模式风险管理的内容

本章小结

1. 项目的投融资是一个国家发展经济、创造价值、积累财富、改善人民生活水平、推动社会进步最直接、最重要的经济活动，是投资、消费、出口这"三驾马车"中起主导作用的部分。文化产业项目的投资，就是特定经济主体为了在未来可预见的时期内获得收益或是资金增值，在一定时期内向某一文化产业项目投放足够数额的资金或实物的货币等价物的经济行为。

2. 文化领域的投资方式主要有两种：一是通过成立文化投资公司，直接对文化产业项目进行投资；二是成立文化产业基金，用于投资文化产业行业内具有潜力的公司、团队及创新创业项目。目前文化产业投资基金的模式主要有政府主导、国有资本主导、文娱上市公司设立、创投机构主导四种。资本不断向文化产业新兴业态渗透，IP 衍生、电影、二次元、网络游戏、网络影视剧及网络综艺、网络直播、短视频、自媒体、知识付费等成为文化产业项目投融资热点。

3. 项目融资是一个专用的金融术语，是指为了项目的运转而进行的资金筹措行为。项目融资通常以项目未来收益的资产为融资基础，由项目的利益相关者分担风险。文化产业项目融资，就是以文化产业项目的无形资产、预期收益或权益为基础，由项目利益相关者分担风险的一种无追索权或有有限追索权的融资方式。

4. 文化产业项目融资主要包括内部融资和外部融资两个渠道。内部融资主要是指公司的自有资金和在生产经营过程中的资金积累部分；外部融资可分为通过银行筹资的间接融资和通过资本市场筹资的直接融资。直接融资又包括债权融资和股权融资。按照融资成本的高低,项目融资遵循内部融资优于债务融资,债务融资优于股权融资的先后顺序。

5.PPP融资模式,是政府和社会资本的合作模式,是政府采取竞争性方式择优选择具有投资、运营管理能力的社会资本,由社会资本提供公共产品和服务,政府依据公共产品和服务的绩效评价结果向社会资本支付相应对价的模式。

6.文化产业项目大多具有投资时间长、收益回报慢的特点,在取得高收益之前,往往需要资金的持续投入,这种特性带来的是投资收益的不确定性风险。另外,即使在文化项目建设中最终采用了PPP模式,也可能会面临融资风险。需要科学决策是否应用PPP模式。

复习与思考

1.简述文化产业项目投资的概念和特点。

2.简述文化产业项目的投资热点。

3.文化产业项目融资的主要渠道有哪些?

4.如何进行文化产业项目融资模式的选择?

5.简述PPP融资模式的基本概念。

6.如何应对文化产业项目PPP模式的风险?

本章案例

福州海峡文化艺术中心项目的PPP模式

1.项目概况

福州海峡文化艺术中心项目于2013年开始筹备,2014年决定采用PPP模式进行投融资,2015年福州市政府与中建海峡建设发展有限公司达成合作并正式落地,于2018年建成并投入使用。福州海峡文化艺术中心项目是福州市第一个采用PPP模式建设的项目,也是目前公共文化项目中采用PPP模式的标杆项目之一。福州海峡文化艺术中心位于福州市仓山区城门镇,建筑面积达15.8万平方米,总投资额达35.33亿元,由歌剧院、音乐厅、多功能戏剧厅、艺术博物馆、影视中心和中央文化大厅六大部分组成,规模超过了悉尼歌剧院。

2.项目投融资模式

福州市政府管理的马尾新城建设发展有限公司与合作方中建海峡建设发展有限公司共同出资成立海峡文体中心建设公司,双方各占一半股份。双方的合作时间为十年,三年为建设期,七年为运营期。主要的建设项目采用建设-运营-移交(BOT)的操作方式。在总投资额35.33亿元中,包含建设成本27亿元、融资补贴5.65亿元和运营补贴2.68亿元。其中社会投资方中建海峡建设发展有限公司需要承包场馆建设工程,并负责70%建设成本的融资。如图5-7所示,福州市政府会将合作期限内艺术博物馆、影视中心和中央文化大厅以及配套的广告、停车位、商业经营等项目(合称为A部分)的特许经营权交由双方共同出资成立的项目公司。剩下的歌剧院、音乐厅和多功能戏剧厅(合称为B部分)则由福州市政府另外引进专业运营商进行商业运作,社会投资方仅负责提供场馆维护等配套服务。合作到期后所有场馆及经营权移交给福州市政府。

双方对项目投融资的风险进行了分担。根据协议,社会投资方要保证在合作期满后实现7200万元的保底收入,如达不到将由社会投资方补齐。在政府需要的时候,项目公司要将艺术博物馆和中央文化大厅给政府无偿使用。社会投资方要严格按照政府提供的施工图进行建

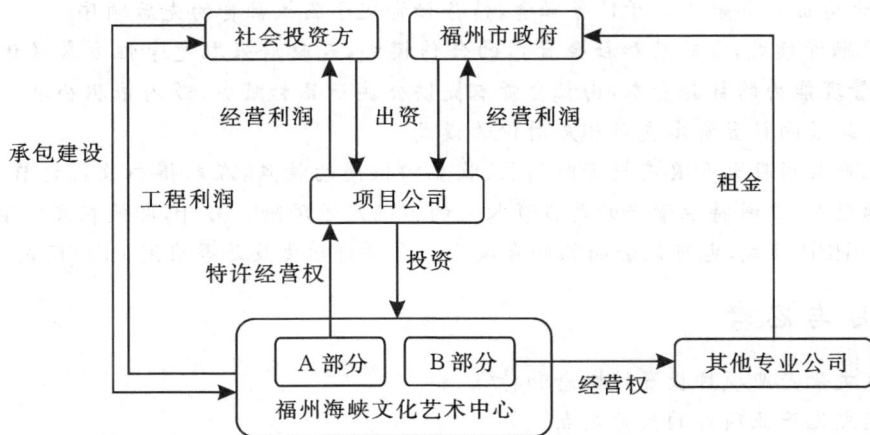

图 5-7 福州海峡文化艺术中心 PPP 模式合作阶段项目结构图

设,且实际成本要至少比施工图预算减少 2%。社会投资方进行融资的成本也不能高于同期银行贷款利率的 10%,否则超出部分由社会投资方自行承担。

3. 项目实施效果

福州海峡文化艺术中心项目通过采用 PPP 模式,获得了多方面的实际收益。

第一,福州市政府的财政压力得到了缓解。如果仍由福州市政府单独投资,该公共文化项目的建设成本为 27 亿元,施工工期要延长至 5 年,平均每年要由财政支出 5.4 亿元。这还没有算前期投入所需要的其他支出。而按照福州市政府与中建海峡建设发展有限公司合作的 PPP 模式,虽然福州市政府要多支出融资成本和运营补贴,但由于投资期限拉长到了 10 年,因此福州市政府平均每年的财政支出仅为 3.5 亿元,每年减轻了将近 2 亿元的财政压力。

第二,公共文化场馆的建设质量得到有力保证。本项目的场馆建设由社会投资方承包,在合作协议中有约定,如果本项目建成之后没有获得鲁班奖,社会投资方要被处以工程总价 2% 的违约金,相反如果获奖则获得 2% 的奖励。由于场馆建设工程是社会投资方在本项目中的最大盈利点,因此社会投资方会高度重视场馆的建设质量。

第三,公共文化场馆的建设成本得到有效控制。在本项目进行招标之时,福州市政府便确定了项目的施工图和预算。社会投资方在进行场馆建设时,实际支出还必须比施工图的预算至少低 2%。作为场馆建设的盈利方,社会投资方会在保证建设质量的前提下压缩建设成本,增加盈利,因此项目成本能得到合理有效的控制。

第四,公共文化服务更加专业化。按照协议,建成后的歌剧院、音乐厅和多功能戏剧厅交由福州市政府引进专业化的运营商运作,政府部门只负责进行治理,因而提供的公共文化产品和服务更加专业、质量更高,避免出现传统项目"重投入,轻运营"的现象。

第五,更好地满足了群众对高质量公共文化服务的需求,产生了良好的社会效益。社会资本在获得部分场馆的特许经营权之后,为了盈利,会根据市场的现实需求提供相应的文化服务,吸引市民前来消费。正如前文所述,其他场馆也将交由专业运营商运作,因此能够满足群众多方面、高质量的公共文化需求。

资料来源:谢洪浩.浅析项目投融资视域下公共文化项目的 PPP 模式:以福州海峡文化艺术中心为例 [J].人文天下,2017(11):56-61.

第六章 | 文化产业项目组织与团队管理

学习背景

现代文化产业项目活动,不仅是个体设计师、艺术家的灵感和文化创作活动,而是更多地表现为一种集体的创作和互动的行为过程,是内容创作和文化传播所构成的产业发展形态以及社会运作方式的创造性、创新性文化活动,甚至是一种集群化、网络化的项目组织活动方式。一个文化产业项目的各项活动及项目费用、项目质量、项目进度等项目要素,都必须按照一定的项目组织结构来组织运行。

文化产业项目组织管理的目的是要为文化产业项目创新活动提供组织方面的保障。确保文化产业项目目标高质量实现的关键取决于是否能有一个高效的项目团队。项目经理是文化产业项目团队的核心人物。文化产业项目组织管理的内容主要包括项目组织结构的合理选择、项目经理人的科学选拔、项目团队的有效建设、项目团队力量的高效整合等。

学习目标

1. 熟悉文化产业项目组织管理的基本内容;
2. 了解文化产业项目组织结构的基本类型;
3. 理解文化产业项目团队的概念和特征;
4. 掌握文化产业项目团队建设的过程和内容;
5. 掌握文化产业项目经理的角色和职能;
6. 了解文化产业项目经理的选择标准。

第一节 文化产业项目组织管理

一、文化产业项目组织与组织管理

任何一个组织都是为完成一定的使命和实现一定的目标而设立的。文化产业项目组织就是为完成文化产业项目而设立的组织。文化产业项目的组织管理,就是根据文化产业项目的目标和任务,进行项目工作结构分解、确定项目组织形式、选择项目合适人员、进行项目责任和任务分配,并明确项目部门之间相互关系等的一系列管理工作。通过文化产业项目的组织管理,项目组织各部门及每位项目成员都会非常明确各自的项目任务分工、管理职能,即应该做什么、谁要对何种工作和结果负责等。文化产业项目的组织结构、人员构成、具体职责等要素会依据具体项目的性质、复杂程度、规模大小、时限长短等情况的不同而有所不同。文化产业项目组织可以是某一组织的下属单位或机构,也可以是独立的一个组织,但任何的项目组织形式都具有目标性、开放性、临时性、团队性等特征。

文化产业项目组织管理的具体内容包括项目工作任务分解、项目组织规划、项目组织结构设计、项目部门划分、项目人员配备、项目责任和任务分配、项目团队建设、项目人力资源管理等。

文化产业项目组织管理工作的主要内容如图 6-1 所示。

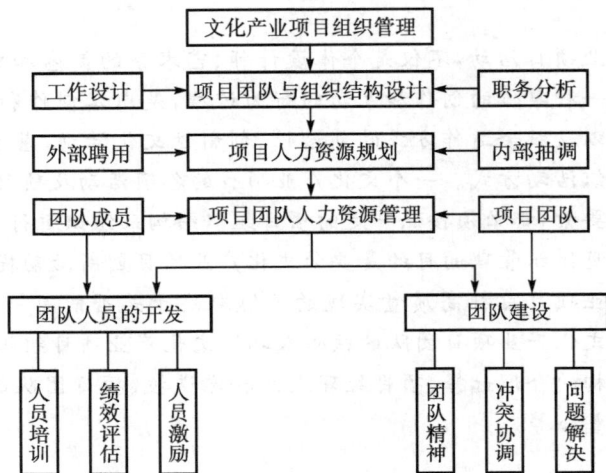

图 6-1 文化产业项目组织管理工作的主要内容

二、文化产业项目组织结构的类型

文化产业项目组织结构设计,是根据文化产业项目的具体任务需要,设计出具体的项目组织结构形式,通过分析和研究确定出项目组织结构中的职务与岗位,并进一步明确项目组织特定职务或岗位的责、权、利关系的过程。由于每个项目组织的使命、目标、资源条件和所处的环境不同,其组织结构也会不同。一般情况下,文化产业项目组织结构的形式可划分为直线职能型、项目型、矩阵型和组合型四个大类。

(一)直线职能型组织结构

直线职能型组织结构,也称为垂直式、金字塔式的组织结构。在这一组织结构中,每个项目组成员(雇员)都有一个直接的上级,项目组成员(雇员)需要上级的领导并向他汇报工作,以保证组织的直线指挥系统能够充分发挥作用;同时,项目组成员(雇员)还要按照专业化的分工划分部门。因此在这种组织结构中,除了有纵向的直线指挥系统之外,还有横向的一系列职能管理部门,负责项目各方面的职能管理工作。直线职能型组织结构形式如图 6-2 所示。文化产业项目直线职能型组织结构的特点是:责权清晰,分工明确,纵向信息沟通比较顺畅,易于分层授权,便于统一指挥;但这一组织机构形式过于强化纵向信息沟通的效率,组织的横向信息沟通不灵。

在这一项目组织结构中,项目经理和项目管理人员往往都是兼职的,一般不从直线职能型

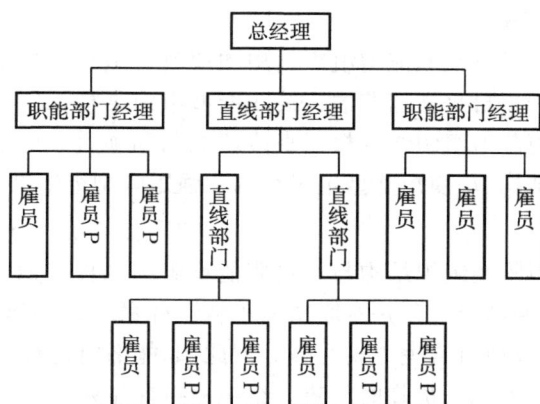

图 6-2　直线职能型组织结构示意图

注:图中带 P 的雇员是指被抽调到某项目组的雇员(下同)。

组织的其他部门选调专职的项目工作人员,因而是一种部门控制式的组织结构形式。在这一组织结构中,项目经理的权力和权威性很小,头衔只是简单地称为"项目协调人"。直线职能型的项目组织结构形式一般适用于专业性强、规模不大、不需涉及众多部门的文化产业项目。

(二)项目型组织结构

采用项目型组织结构形式的组织,内部通常会同时存在多个相对稳定的项目团队。每个项目团队通常都是由多种职能人员组合而成的,因而多数项目团队成员都具有一定的专长,他们在完成了一个业务项目后就会被分配到另一个业务项目组。这一组织结构形式中的绝大多数人员专门从事项目工作,只有少数人从事职能管理工作,如人力资源管理、财务管理和业务管理等。项目型组织结构中的职能部门一般不行使对项目经理的直接领导,只是为各种项目提供必要的支持或服务。

项目型组织结构形式通常是一种比较紧密的和相对稳定的项目组织方式,每个项目团队由专职项目经理、项目管理人员、项目工作人员和少量临时抽调的项目工作人员构成。项目型组织结构的形式如图 6-3 所示。在这一组织结构形式中,项目经理具有较大的责、权、利,可以从组织的各个部门获取项目所需的各种人力资源。项目型组织结构形式能迅速、有效地对各客户需求和项目目标做出反应,非常适合于可能有多种业务项目同时开展的组织,是一种能有效开展多个一次性和独特性项目任务的组织结构形式。

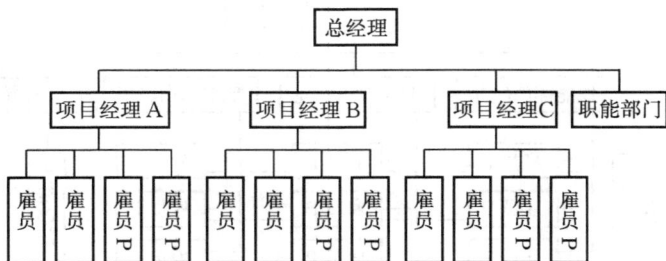

图 6-3　项目型组织结构示意图

(三)矩阵型组织结构

矩阵型组织结构形式是直线职能型组织结构和项目型组织结构的混合物,即矩阵型组织结构形式中既存在适合于项目日常运营的直线职能型组织结构,又有适合于完成专门项目任务的项目型组织结构。矩阵型组织结构根据直线职能制和项目制的混合程度不同,又可进一步划分为弱矩阵型组织结构、均衡矩阵型组织结构和强矩阵型组织结构。

1.弱矩阵型组织结构

如图6-4所示,弱矩阵型组织结构与直线职能型组织结构相似,但有自己正式设立的项目团队,并且项目团队中的部分人员是专职从事项目工作的。弱矩阵型组织结构以职能部门的垂直式管理架构为主,以项目管理方式为辅。因此,职能部门是常设、稳定的,而项目团队则根据项目特点从职能部门抽调人员临时组建。组织的指挥序列和资源配置也仍旧以职能部门为主,项目组织在项目完成之后就解散。虽然这种弱矩阵型组织结构形式的项目团队多数是临时性的,但团队中大部分人是专门从事项目工作的。弱矩阵型组织结构形式的项目团队不是非常正规,项目经理和项目管理人员多是兼职的,他们的权力和影响力较弱。

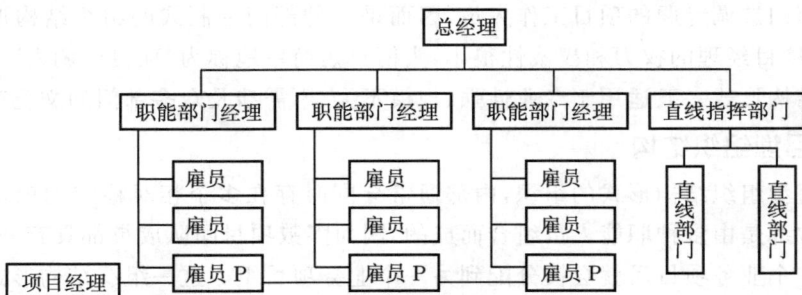

图6-4 弱矩阵型组织结构示意图

2.均衡矩阵型组织结构

如图6-5所示,均衡矩阵型组织结构形式是直线职能型组织结构和项目型组织结构相对均衡融合的一种组织结构形式,它兼有直线职能型组织结构和项目型组织结构两方面的特性。均衡矩阵型组织结构中有正式设立的项目团队,而且项目团队中较大一部分人员是专职从事项目工作的。均衡矩阵型组织结构形式中的项目团队除了有专职的项目管理人员,也有兼职的项目管理人员;项目经理可以是专职的,也可以是兼职的,他们的权力比直线职能型组织结构中的项目经理的权力大,但是又比项目型组织结构中的项目经理的权力小。

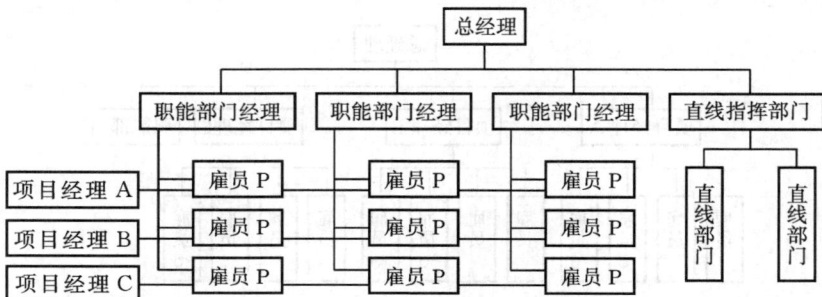

图6-5 均衡矩阵型组织结构示意图

3.强矩阵型组织结构

强矩阵型组织结构与项目型组织结构非常相似,如图6-6所示。强矩阵型组织结构以项目组织的扁平化管理架构为主体,职能部门只扮演二、三线的支持角色。强矩阵型组织结构形态的项目团队为常设组织,指挥序列和资源配置都以项目为中心。这种组织结构中的直线部门相对是一些不很重要的生产部门,它们所获得的资源和它们所具有的权力相对都比较弱。强矩阵型组织结构中的项目团队,绝大多数人员是专职从事项目工作的。这种组织中会有很多项目,专职从事项目工作的人在一个项目团队解散以后会很快转到另一个项目团队。项目经理和项目管理人员一般是专职的,他们的权力都较大。应该说组织的主要资源都被投入项目团队中。

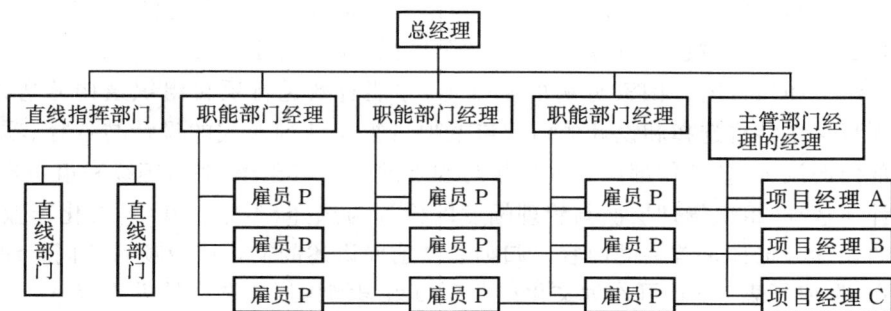

图6-6　强矩阵型组织结构示意图

(四)组合型组织结构

如图6-7所示,组合型组织结构是一种将直线职能型组织结构、矩阵型组织结构和项目型组织结构全面组合的组织结构形式。组合型组织结构既有直线职能部门,又有为完成各类项目而设立的矩阵型组织结构和项目型组织结构。从项目型组织结构的特性上说,这种组织结构有自己专门的项目队伍,项目队伍的设立有独立的管理规章制度,可以建立独立的报告和权力体系结构。组织的直线职能部门和项目部门与项目队伍还可以为完成一些特定的项目而按照矩阵型组织的方式去组织项目团队,在项目完成后项目团队的人员可以回到原有的职能部门或项目部门中去。

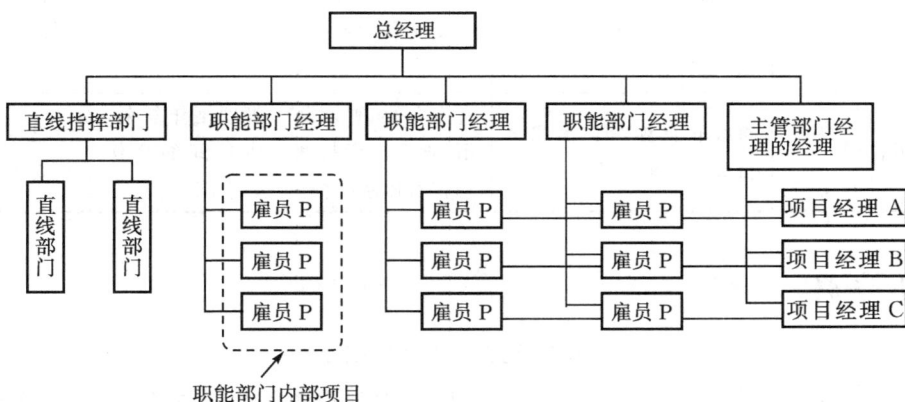

图6-7　组合型组织结构示意图

由于文化产业项目往往具有明显的不确定性和不可预知性,因此项目组织设计必须摒弃以往组织设计一成不变和存在最优模式的思想,把组织设计作为一个动态过程,强调项目组织的适应性与灵活性。

三、文化产业项目组织结构的选择

每种组织结构形式都有其优缺点和适用条件,不存在一种万能的、最佳的组织结构形式。承担和参与文化产业项目的组织,究竟选择采用什么样的组织结构来进行项目管理,是一项复杂的工作,需要综合考虑多方面的因素并根据项目的具体情况而定。一方面,组织要充分考虑自身的业务特点、发展规模、产权结构、人力资源素质和结构、市场环境和竞争对手、组织文化、项目管理的理念和能力等;另一方面,项目组织形式与结构的设计和选择还必须针对每个项目具体的项目目标、项目规模、项目专业领域、项目时限、项目资源与条件、项目的独特性等因素,在充分进行组织和项目内外因素分析的基础上,才能有效进行项目组织结构的选择和设计。文化产业项目组织结构选择和设计的内容包括项目组织结构形式的设计与选择、项目组织结构中工作部门的设置、各工作部门之间职权与职责的设计与选择、部门等级和组织集权与分权程度的设计与选择、组织管理层次与管理幅度的设计与选择,等等。其中,文化产业项目组织结构形式的设计与选择是首要的内容。归纳总结前面讲述的文化产业项目不同组织结构形式各自的特点,形成了表6-1,可作为文化产业项目组织结构形式选择的重要依据。

表6-1 项目组织结构形式的选择

项目组织结构类型	特征	优点	缺点	适用范围
直线职能型	项目成员往往来自同一职能部门	职能专一,关系简单,启动时间短	项目管理人员都是兼职的,权力小	项目规模小,专业面窄
项目型	按照项目划分部门,不存在职能部门	对客户需求反应迅速、有效,项目经理权力大	成本高	同时进行多个项目,项目类似
矩阵型	临时性的项目组织与永久性的职能部门同时存在,项目经理对项目结果负责,职能经理负责为项目提供所需资源	职能与任务结合,充分利用资源,促进交流和学习	双重领导,管理复杂	多项目企业,项目差别大,项目技术复杂
组合型	直线职能型、矩阵型和项目型组织的全面组合	有专门的项目队伍、管理规章制度和权力体系结构	管理工作复杂,成员间的合作要求高	大型项目,项目要求复杂

小资料

如何管理虚拟项目团队

随着全球化格局越来越明显,虚拟的项目团队(与非本地的同事合作)已经覆盖到了不同的国家和地区,已经成为职场中的现实。有效的虚拟团队管理将会是一个有价值的资产,形成虚拟团队的一个主要优点就是可以最大化地发挥成本效益的方式来利用不同地点的广泛人才。为有效地管理虚拟项目团队,项目经理要做好下面五个方面的努力。

1.管理目标

虚拟团队工作人员不能走进你的办公室来要求澄清问题,只能通过审查墙上发布的目标声明或者出席团队的重要会议来了解。确定项目明确的目标、期望以及每个虚拟成员的贡献如何与项目目标相一致至关重要。项目经理要通善于运用 SMART 原则来对项目目标进行清晰、详尽的文档解释说明,并在所有的场合保持一致,避免不同层面对目标的理解出现偏差或误解。

2.管理沟通

虚拟团队工作的关键在于项目经理需要了解虚拟团队工作人员的具体沟通需求以及自己的沟通方式,除了可能的初步面对面会议,虚拟团队成员可以通过电子形式的沟通方式(如电子邮件、即时消息、电话会议、视频会议等)相互联系。项目经理需要知道什么样的情况下只需要通过邮件来沟通,什么样的情况下采取电话沟通,而有什么重要的事情需要开视频会议(如里程碑达成)。有的时候,仅通过电话中对方的语音和语调,无法感受对方是否存在不满或沮丧的迹象。

3.保持积极性

虚拟团队成员由于经常和本地团队存在隔离,这会影响虚拟团队对项目交付的积极性。项目经理应该寻找让整个团队包括虚拟团队始终保持工作积极性的方法。如果有必要,可以通过常规电话和视频会议相结合的方式进行定期或不定期的务虚会,或者让本地团队和虚拟团队同步举行团队建设活动等,这些投入能够带来更大的效率产出。

4.定期评估

每个人的工作方式不同,虚拟团队的工作并不一定适合所有的人,通过邮件沟通、电话沟通或者视频会议方式给每个人带来的舒适度也会不一样。为了有效地管理虚拟团队的沟通问题,项目经理需要准确地评估每个人的舒适程度和对方对于虚拟环境工作的意愿,如果有任何迹象表明虚拟团队成员存在这种不舒适,项目经理需要和团队成员来交谈,对问题进行评估,并准备采取适当行动来克服这个问题。

5.使用工具

项目中虚拟团队的工作需要有行之有效的工具,如具有会议功能的电话,一个共享的网络空间,或者随时在线的即时通信软件可以让对方知道自己是否在线还是在和别人聊天。如果涉及不同的领域,还需要确保团队成员的软件与共用的工具是否兼容。如果软件较为复杂,要确保所有的项目团队成员接受过培训,让所有人能够顺畅使用这些工具。

资料来源:项目经理如何去管理虚拟项目团队,这是一个挑战[EB/OL]. (2018 - 09 - 19)[2019 - 08 - 05].https://www.jianshu.com/p/2643d62f2091.

第二节　文化产业项目团队管理

为有效实现文化产业项目目标,在确定了项目组织结构的基础上,还必然要调配一定的人员、配置一定的资源,并以特定的形式开展项目活动。由于文化产业项目活动是按照团队作业的方式开展项目工作的,文化产业项目团队是项目实施的主体,项目团队成员是具体执行和实施项目的关键。因此,文化产业项目团队的组建与建设,以及文化产业项目人力资源的配备与管理是文化产业项目组织规划与管理的重要内容。

一、文化产业项目团队的概念与特征

(一)文化产业项目团队的概念

文化产业项目团队是由一组个体成员为实现一个具体文化产业项目目标而组建的协同工作、具体从事项目全部或部分工作的组织或群体。一个文化产业项目可能会有完成不同项目任务的多个项目团队,也可能只有一个统一的项目团队。图6-8给出了一个典型的项目团队的组成方式。文化产业项目团队是一种临时性的组织,一旦项目完成或者中止,项目团队的使命即告完成或终止,随之项目团队即告解散。文化产业项目团队的根本使命,是要在项目经理的直接领导下,为实现项目目标、完成项目所确定的各项具体任务,而共同努力、协调一致和科学高效地工作。

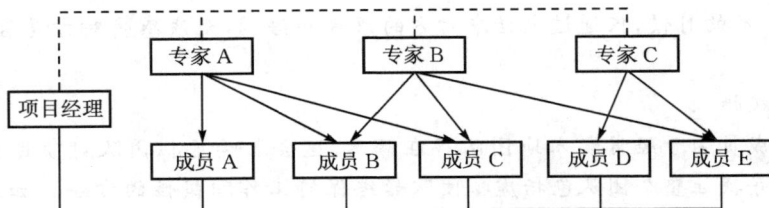

图6-8　一个典型的项目团队

(二)文化产业项目团队的特征

1. 目的性

文化产业项目团队的根本使命就是要完成特定的项目任务,实现某个特定项目的既定目标。因此,文化产业项目团队具有很强的目的性,它必须完成与既定项目目标有关的使命或任务,并以项目目标为导向形成项目团队具体的工作内容和工作程序。

2. 临时性

文化产业项目团队在完成特定的项目任务以后,其使命即告终结,项目团队即可解散。当项目出现中止的情况时,项目团队的使命也会中止,此时项目团队或是解散,或是暂停工作,如果中止的项目获得解冻或重新开始时,项目团队也会重新开始开展工作。

3. 团队性

文化产业项目是按照团队作业的模式开展项目工作的。团队性的作业是一种完全不同于一般运营组织中的部门、机构的特殊作业模式,这种作业模式强调团队精神与团队合作,要求项目团队以共同的价值观和共识作为项目成功的精神保障。

4. 渐进性和灵活性

文化产业项目团队的渐进性是指文化产业项目从立项、实施到完成的过程中,项目团队的成员往往是分批次逐渐进入项目团队并开展工作的,而随着项目的开展,有些已经完成自己项目任务的团队成员又会分期退出项目团队。文化产业项目团队的灵活性是指项目团队人员的构成、数量和具体人选等会随着项目的发展与变化而不断调整。

二、文化产业项目团队的组建与发展

一般意义上,文化产业项目团队是由于在兴趣、爱好、技能或工作关系等方面的共同目标而自愿组合,并经组织授权、批准的一个从事文化生产与活动的群体。它可以是从一个组织各部门抽调的相关人员在短期内组成的一个项目团队,也可以是通过临时招募、聚集一些相应的专业人员来完成某一项目开发和生产任务的一个项目团队。当然,许多组织内部本身就已经拥有多个经过多次项目合作与磨合的专业项目团队。另外,文化产业项目团队的确定,还必须是在既定投资总额的基础上寻找一个最佳组合,以形成项目投入产出效益的最大化。文化产业项目团队的组建与发展也会经历团队形成、震荡、规范和执行这样的四个阶段。

(一)文化产业项目团队形成阶段

文化产业项目团队的形成阶段是项目团队的初创和组建阶段,是将一组个体成员转变成为项目团队成员的阶段。图6-9给出了创建文化产业项目团队的一个基本过程。在这一阶段中,项目团队的成员刚刚从不同的部门或组织中抽调出来构成了一个新的整体,团队成员开始相互认识、相互熟悉。项目团队的每个成员总体上都会有一种积极向上的愿望,并急于开始工作和展示自己。在这一阶段,整个项目团队会努力创建团队形象,并尝试对要完成的项目工作进行分工和制订计划。然而,由于项目团队尚处于形成阶段,团队成员对自己和其他团队成员的角色与职责认识还不够清晰,每个成员也都存在适应新环境和新团队成员关系的问题,因此几乎还没有可能进行实际的工作。在这一阶段,项目经理需要为整个团队明确方向、目标和任务,为每个团队成员确定职责和角色,并创建良好的团队合作氛围。

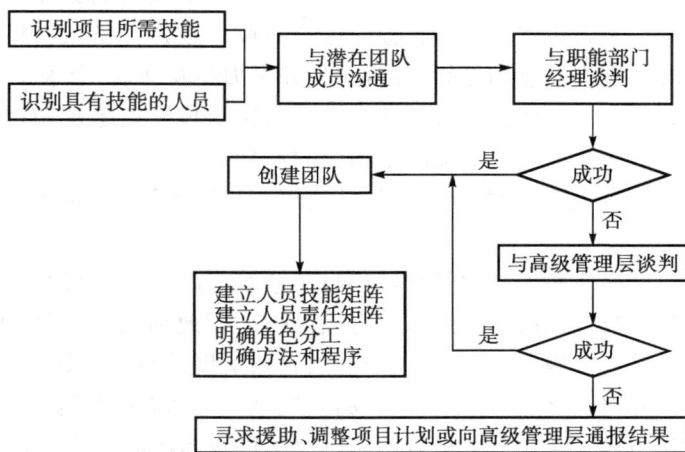

图6-9 创建文化产业项目团队的基本步骤

(二)文化产业项目团队震荡阶段

在这一阶段,文化产业项目团队成员对项目目标基本明确并按照分工开始了初步合作。项目团队成员在着手执行分配给自己的项目任务并逐步推进工作的过程中,会出现各种各样的问题。如:有些团队成员会认为项目的工作与个人当初的设想不一致;有些团队成员会发现项目团队成员之间的关系与自己期望的不同;有些团队成员会发现在工作、人际关系中存在着诸多的不如意;有些团队成员甚至还会与项目经理和管理人员发生矛盾和抵触,不满意项目经理的指挥或命令,不愿意接受项目管理人员的管理。

在这一阶段,项目团队成员在工作和人际关系方面都处于一种剧烈动荡的状态,项目经理必须有效应对和解决出现的各种问题和矛盾;引导项目团队成员根据任务和自身情况,对项目角色及职责进行必要调整;对项目团队成员之间的关系、行为规范等进行明确的规定和分类,使每位项目成员都明白无误地了解自己的职责、与他人的关系等;邀请团队成员积极参与解决问题和共同做出相关的项目决策。

(三)文化产业项目团队规范阶段

在经受了震荡阶段的考验后,文化产业项目团队会进入正常发展的规范阶段。在这一阶段,项目团队成员之间、团队成员与项目经理之间的关系已经理顺,绝大部分矛盾问题已得到了解决;同时,团队成员个人的期望得到了调适,团队成员的不满情绪大大减少;团队成员逐步接受并熟悉了工作环境;项目管理的各项规程得以改进和规范;项目经理和项目管理人员逐渐掌握了对项目团队的管理和控制;项目经理开始逐步向团队成员授权;项目团队的凝聚力开始形成,项目团队成员有了较强的归属感和集体感,团队文化逐步形成。

项目经理在这一阶段应对项目团队成员所取得的进步予以表扬,积极支持项目团队成员的各种建议和参与,进一步规范团队成员的行为,使项目团队不断发展和进步,为实现项目目标和完成项目团队的使命而努力工作。

(四)文化产业项目团队执行阶段

文化产业项目团队发展的执行阶段也是项目团队不断取得成就的阶段。在这一阶段中,项目团队成员之间的关系更为融洽,团队工作绩效更高,团队成员的集体感和荣誉感更强,积极工作,并且信心十足,努力为实现项目目标而做出贡献。在这一阶段,项目团队全体成员能开放地、坦诚地、及时地交换信息和思想,经常合作并尽力相互帮助,会根据实际需要,以团队、个人或临时小组的方式开展工作。项目经理会给项目团队成员以足够的授权,工作中出现的一些问题会交由适当的团队成员组成临时小组去自行解决。团队成员在做出正确的决策、取得工作成绩和获得表彰的过程中体验到工作的喜悦,体会到自己正在获得事业上的成功和发展。

项目经理在这一阶段应集中精力管理好项目的预算,控制好项目的进度计划和项目的各种变更;指导项目团队成员改进作业方法,努力提高工作绩效和质量水平,带领项目团队为创造更大的辉煌而积极努力。当然,每个文化产业项目团队最后都会随着该项目的完成而解散。

从以上内容可以看出,文化产业项目团队的发展是一个动态的过程,项目团队发展过程中各阶段的特征也非常明显。文化产业项目团队发展阶段及其特征的总结如表6-2所示。

表6-2 文化产业项目团队发展阶段及其特征

项目团队发展阶段	团队发展的阶段特征
形成阶段	项目团队成立,团队成员相互熟悉,项目经理为团队制订基本规则
震荡阶段	团队成员间出现各种冲突,团队成员开始反抗权威
规范阶段	团队成员达成共识,建立起密切关系,寻求共同工作,致力于项目的进展
执行阶段	团队成员积极、自主地合作完成项目任务,项目团队不断取得成就
终止	项目团队随项目的完成或团队成员的重新分配而解散

三、文化产业项目人力资源管理

(一)文化产业项目人力资源管理的概念和内容

文化产业项目人力资源管理,是根据项目需求和项目目标,采用科学的方法对项目人力资源进行合理规划、选拔、配置、培训、考核、激励,充分发挥人力资源潜能、保证项目目标高效实现的管理过程。文化产业项目人力资源管理的根本目的在于充分发挥项目人力资源的主观能动性,以有效实现既定的项目目标和提高项目效益。由于项目工作是以团队方式进行的,而且项目团队又是一个临时性组织,因此与一般的组织人力资源管理相比较而言,文化产业项目人力资源管理更加强调项目团队整体建设,项目团队成员管理的灵活性更强。

文化产业项目人力资源管理的具体内容包括:

1.文化产业项目人力资源需求计划

文化产业项目人力资源需求计划,是按照项目目标分析和预测所给出的项目人力资源在数量和质量上的明确要求、具体安排和打算,确定出在何时、何种范围以及如何增加或减少项目团队成员的人数,项目团队人员应具备的文化底蕴、文化创造力、专业素质和技能要求,等等。文化产业项目人力资源需求计划还要综合考虑项目执行组织的结构特点、任务关系、人员来源等制约性因素。

2.文化产业项目人力资源招募与配备

文化产业项目团队成员的招募与配备,是在项目工作分析和岗位需求分析的基础上,明确项目团队人力资源在何时、以何种方式加入项目小组,并根据所获人力资源的技能、素质、经验、知识等进行工作安排和配备,从而完成一个项目团队构建的过程。由于文化产业项目的一次性和项目团队临时性特征,项目人力资源的获得与配备过程与其他组织的人员获得与配备是不同的。项目团队中的一些人员可能在项目计划阶段就明确下来了,有些人员则需要经过招聘或谈判才能从项目母体组织的内部或外部获得,特别是一些特殊性、稀缺性人力资源,如画家、音乐家、书法家、文学家、歌唱家等艺术大师或文化大师的获得与配备过程更为复杂。

3.文化产业项目团队成员的任务和职责分配

根据项目任务需要和每个成员的专业、技能、特长等特点,项目经理在进行全局考虑和协调后,应人尽其才地安排好每个团队成员的角色和任务。文化产业项目人力资源角色和责任分配的结果通常可以用责任分配矩阵表来说明,如表6-3所示。文化产业项目的特殊性决定了项目成员的工作角色往往具有多重性,要求项目成员能够迅速转换角色,适应不同岗位的工作要求。

4.文化产业项目人力资源的考核、培训与开发

文化产业项目人力资源的发展包括了文化产业项目团队成员个体做出贡献能力的提高,以及项目团队整体绩效的提高。通过定期或不定期的项目团队与项目人员工作绩效的考核,可以及时获得项目执行情况的反馈信息,作为项目绩效管理和奖惩体系的依据,并能为项目团队建设和项目人力资源培训提供重要依据。项目人力资源的考核、培训与开发的成果表现为:项目团队成员个人技能的改善和提高,项目团队行为和绩效的提高,以及最终对文化产业项目工作起到的巨大的促进作用。

表6-3 文化产业项目人员与责任分配矩阵表示例

项目名称				项目编号			
制表日期				负责人			
编号	工作名称	人员					
		王明	张玉	刘娜	吴强	李丽	赵明	张洋
1	立项	○		☆				□
2	审批	□	○					
3	方案设计	■		○	☆	□		
4	现场调研	□			○	☆	■	
5	展台搭建		■			□	○	☆
6	服务培训		■			☆	□	○
7	宣传推广		○	■	☆		□	
8	开幕式	■			☆	○		
9	展期保障		■	☆			○	
10	展后工作	■		○				☆

注:表中○表示负责人,☆表示支持者,■表示批准者,□表示通知者。

(二)文化产业项目团队成员的选择标准和基本要求

1.遵守职业道德和职业行为规范

文化产业项目团队成员必须具有正确的价值观、良好的工作作风、较强的进取心和开拓精神,遵守职业道德和职业行为规范,严格执行团队的工作方针、办事程序、工作时间等。

2.具备文化产业项目管理相关领域知识与技能

文化产业项目团队成员应具备文化产业项目管理相关专业领域的知识与技能,包括各相关专业领域的知识、标准、规章制度,以及一些基本的组织能力、外语交流能力等。

3.理解文化产业项目相关背景

文化产业项目团队成员对所参与项目的背景理解越多、越透彻,就越能更具体、更有效地进行项目运作和管理。文化产业项目的背景情况包括项目所处的社会、经济、政治、文化等国际国内环境,以及项目具体涉及的人群和地区的经济、教育、宗教、习俗等。

4.任务导向,尽职尽责

文化产业项目团队成员在工作中必须尽职尽责,以任务和结果为导向,积极主动行使自己的职责,按照项目进度要求完成工作任务和目标,并能灵活适应多变的环境变化和要求。

5.掌握人际关系沟通技能

文化产业项目团队成员需要具备在组织内外进行有效沟通交流的能力,具备项目谈判和冲突管理的能力,具备与团队成员协作、合作的能力,具备与项目相关人员和组织进行商讨、协议的能力,以及对相关部门和人员施加影响、取得支持的能力等。

(三)文化产业项目团队成员团队精神的培养

一个高效的项目团队必须要有自己的团队精神,团队成员需要相互依赖和忠诚,齐心协力地共同努力,为实现项目目标而开展团队作业。

1.高度的相互信任

相互信任与支持是高效团队的灵魂。高度的相互信任意味着每个团队成员都相信团队的其他人所做的和所想的事情是为了整个集体利益,是为了实现项目目标和完成团队使命。团队成员精诚合作,相互信任和支持;同时,团队成员也承认彼此的差异,欢迎和鼓励不同的观点和方案。接受差异和不同观点使每个团队成员都能感到自我存在的必要性和自己对于团队的贡献。

2.超强的凝聚力

高效项目团队的成员之间有着强烈的相互依赖,这种依赖会形成团队的一种凝聚力。超强的凝聚力就是团队精神的最好体现。项目团队成员遵循共同的行为准则,优先考虑团队利益,荣辱与共,分担成功和失败,一位团队成员遇到困难,其他成员都会提供无私的帮助。

3.统一的共同目标

每个项目团队成员对要实现的项目目标有着清晰明确的理解,对项目结果以及由此带来的益处有着共同的认识和期望。每位团队成员都清楚自己的项目角色和职责,在积极完成各自角色和职责的基础上都强烈地希望为实现项目共同目标而付出自己的努力。

4.开放的交流与合作

项目团队成员跨组织、跨部门的交流与合作很普遍,这就要求高效的项目团队成员之间必须能够进行开放、坦诚而及时的沟通,从而使每个团队成员都能成为彼此的力量源泉,能够相互做出和接受批评、反馈和建议。有了这种全面的交流与合作,团队就能够形成一个统一、开放、灵活的整体。

5.关系平等与积极参与

项目团队成员在工作和人际关系上是平等的,在项目的各种事务上都有一定的参与权。一个具有优良团队精神的项目团队多数也是一个民主和分权的团队,团队的民主和分权机制使成员能够以主人翁或当事人的身份积极参与各项工作,形成团队作业和团队精神。

6.自我激励和自我约束

项目团队成员的自我激励和自我约束,使得一个团队能够协调一致、统一思想和统一行动;使团队成员能够相互尊重,重视彼此的知识和技能;并且每位团队成员都能够积极承担自己的责任,约束自己的行为,完成自己承担的任务,有效实现整个项目团队的目标。

四、文化产业项目团队绩效的影响因素

文化产业项目目标的实现,依赖于项目团队的出色表现。影响项目团队绩效的首要因素就是团队精神,但除了团队精神以外,还有一些影响项目团队绩效的重要因素。

(一)文化产业项目经理的领导力

文化产业项目经理的领导力,即项目经理是否能够充分运用职权和个人影响力去影响团队成员的行为,从而带领和指挥项目团队为实现项目目标而奋斗。这是影响项目团队绩效的根本因素之一。因此,文化产业项目经理必须不时地检讨自己的领导工作和领导效果,不时征询项目团队成员对于管理工作的意见,努力改进和做好项目团队的领导工作。

(二)文化产业项目团队目标的明确度

文化产业项目团队目标的明确度,即文化产业项目团队的项目经理、项目管理人员和全体团队成员是否都充分了解项目各项目标,以及项目的工作范围、质量标准、预算和进度计划等项目信息。这也是影响项目团队绩效的一个重要因素。文化产业项目经理和管理人员不但要清楚项目目标,而且要向团队成员宣传项目的目标和计划,向团队成员描述项目的未来远景及其所能带来的好处,努力使项目团队每位成员都清楚地知道项目的整体目标。

(三)文化产业项目团队成员职责的清晰度

文化产业项目团队成员职责的清晰度,即项目团队成员对自己的角色和责任的认识是否清楚,是否存在项目团队成员的职责重复、角色冲突的问题等。这同样是影响项目团队绩效的重要因素。项目经理和管理人员在项目开始时就应该使项目团队的每位成员明确自己的角色和职责,明确与其他团队成员之间的角色联系和职责关系;项目团队成员也应积极要求项目经理和管理人员界定团队成员的职责,解决团队成员职责不清的问题,使每个团队成员不仅知道自己的职责,还能了解其他成员的职责,以及他们是如何有机地构成了一个整体。

(四)文化产业项目团队成员之间的沟通

文化产业项目团队成员之间的沟通,即项目团队成员对项目工作中所发生的事情能否进行充分的交流和足够的信息沟通,以及项目团队内部与外部之间的信息交流是否及时、有效。它不仅会影响团队的绩效,而且会决定项目决策和项目的最终成败。项目经理和管理人员必须有效采用会议、面谈、问卷、报表和报告等多种形式的信息沟通手段和渠道,使项目团队成员及时了解项目的各种情况,保持项目团队与外界的沟通畅通和有效,并鼓励团队成员之间积极交流信息,努力进行合作。

(五)文化产业项目团队的激励力

文化产业项目团队的激励机制是否健全,项目经理和项目管理人员所采用的各种激励措施是否有效,也是影响项目团队绩效很重要的一个因素。因此,项目经理和管理人员需要积极采取各种激励措施,如目标激励、工作挑战激励、薪酬激励、个人职业生涯激励等措施,有针对性地对每个团队成员进行激励,并营造出有效的团队激励机制和环境。

(六)文化产业项目团队的约束力

文化产业项目团队是否具有健全的规章制度规范来约束项目团队及其成员的行为和工作,同样是影响项目绩效的重要因素。项目经理和管理人员应制订基本的项目管理规章制度,并要求项目团队要严格执行规章制度,加强团队约束力,从而使项目团队的绩效能够不断提高。

📖 小资料

2018 中国文化产业年度人物

2019 年 2 月 23 日,由光明日报社、深圳市委宣传部主办,深圳报业集团、光明日报文化产业研究中心承办的"2018 中国文化产业年度人物揭晓典礼暨第七届中国文化产业主题峰会"在深圳市五洲宾馆举行。10 位文化产业界杰出人士荣获"2018 中国文化产业年度人物"殊荣,他们是:裘新(上海报业集团党委书记、社长),傅若清(华夏电影发行有限责任公司董事长),彭迎信(腾讯音乐娱乐集团首席执行官),陈睿(哔哩哔哩董事长兼 CEO),宋歌(北京文化董事长兼总裁),余建军(喜马拉雅 FM 联合创始人兼联席 CEO),张娴(宋城演艺发展股份有限公司总裁),王斌(中信出版集团董事长),叶建强(深圳国际文博会有限公司总经理),张志华(山东出版集团有限公司董事长)。

(1)宋歌带领"北京文化",通过投资《流浪地球》《战狼 2》《无名之辈》等优质项目,取得了社会效益和经济效益的"双丰收"。

(2)傅若清主持华夏电影公司工作期间,投资出品发行《红海行动》《湄公河行动》《警察日记》《智取威虎山》《滚蛋吧!肿瘤君》《十八洞村》《功夫瑜伽》等多部电影佳作。

(3)张娴主导推动"宋城演艺"上市,成为"中国演艺第一股";打造"千古情"超级 IP,在杭州、丽江、三亚、九寨沟、桂林等众多旅游风景区落地。

(4)陈睿带领哔哩哔哩建设中国最大的年轻人潮流文化娱乐社区,快速成长为视频界的"独角兽";2018 年 3 月在美国纳斯达克上市。

(5)彭迎信将腾讯音乐娱乐打造成"一站式"音乐社交娱乐平台,旗下包含 QQ 音乐、酷狗音乐、酷我音乐、全民 K 歌和酷狗直播等产品组合,与环球音乐、华纳音乐、索尼音乐等全球数百家唱片公司和版权方建立深度合作,曲库达 1700 万首。2018 年 12 月,腾讯音乐娱乐集团在纽交所上市。

(6)余建军带领喜马拉雅 FM 迅速成长为中国最大的音频分享平台。将有声小说、音乐、培训讲座等 19 种类别的内容放到平台上,让用户能随时随地用"听"来获取信息、学习和娱乐;其"大平台＋小老板"模式给每个人提供微创业机会,独创 PUGC(专家用户内容生产)生态战略,引领着音频行业的创新。

(7)裘新带领上海报业集团积极推动媒体深度融合、整体转型,让一家以报刊为主的传统报业集团转变为拥有网站、客户端、微博、微信公众号、手机报等各种新媒体形态,新媒体收入占集团半壁江山的现代新型主流媒体集团。

(8)王斌带领中信出版集团以创新的理念和市场化方式引领出版行业。出版《谁动了我的奶酪》《乔布斯传》《从 0 到 1》《未来简史》《人类简史》等畅销书。

(9)张志华坚持理念创新、规划先行,推动山东出版取得了跨越式发展,打造"一带一路"图书版权贸易洽谈会等"走出去"文化平台。2017 年推动山东出版登陆 A 股市场。

(10)叶建强带领深圳文博会公司连续 14 年承办深圳文博会,打造了重要的海内外文化交流和展示平台,历届累计成交总额超过 1.7 万亿元,出口成交额累计超过千亿元,已成为中国文化走向世界的桥头堡,被誉为"中国文化产业第一展"。

2018 年,中国文化体制改革不断深化,文化产业领域不断取得新进展,新事件、新业态、新模式层出不穷。一批领军人物大胆探索、敢为人先,引领中国文化产业蓬勃发展。2018 中国文化产业年度人物推选活动便是在此背景下,通过盘点文化产业代表性事件,聚焦文化产业标志性人物,见证中国文化产业的发展进程。从 10 位 2018 中国文化产业年度人物的故事里,能够感受到中国文化企业家们不忘初心、追求卓越的光荣与梦想,感受到中国文化产业欣欣向荣发展的前景与希望,感受到新时代讲好中国故事、弘扬中国价值的自信和底气。

资料来源:魏沛娜,杜翔翔."2018 中国文化产业年度人物"揭晓!快看他们是谁[EB/OL].(2019 - 02 - 23)[2019 - 08 - 20]. https://www.thepaper.cn/newsDetail_forward_3029771.

第三节 文化产业项目经理管理

一、文化产业项目经理的角色定位

(一)项目团队的领导者和决策人

文化产业项目经理是项目团队的最高领导人,是项目管理决策者和工作制订者,要确定项目及各项目阶段的目标、范围、任务,要规定各项工作的要求。当然,有时项目经理也并不是整个项目的最终决策者,而项目业主/客户才是一个项目的最终决策者。因此,项目经理在确定项目或项目阶段的目标时需要充分考虑和尊重项目业主/客户的要求和期望。

文化产业项目经理在带领项目团队完成项目任务和工作的过程中,扮演着项目领导者的角色。项目经理的领导职责主要体现为:需要充分运用职权和个人影响力去影响、激励和诱导员工为实现项目目标而努力;需要身先士卒地带领项目团队成员去"攻克堡垒";也需要指导项目团队按照正确的方向和方法去完成项目工作,进行"坐镇指挥";还需要通过积极授权使下属根据指导去完成任务。

(二)项目的计划者和分析师

任何文化产业项目都包含一系列的计划工作,既有项目集成计划工作,也有各种专项计划工作。一个项目的各项活动和任务都是通过项目计划工作做出的安排进行的。虽然每个文化产业项目团队都有自己的计划管理人员,但文化产业项目经理是项目计划最主要的制订者。即使是由项目组其他管理人员做出的一个项目计划,最终也还是要经由项目经理的审查批准和最终决策,然后才能实施和执行计划。

在文化产业项目计划和工作安排的过程中,文化产业项目经理还扮演着项目分析师的角色。文化产业项目经理必须全面分析项目或项目阶段所处的外部环境和所具有的内部条件,并深入分析这些环境与条件可能给项目或项目阶段带来的机遇和威胁,分析和估算项目或项目阶段所需的各种资源,综合分析项目或项目阶段所面临的各种风险以及应对这些风险的措施。同样的,尽管项目组可能有专门的管理人员或专家去做项目分析的一些具体工作,但项目经理承担着通过项目分析得出正确结论的最终职责。

(三)项目的组织者与合作者

作为一个文化产业项目的组织者,文化产业项目经理要组建项目团队,设计项目团队组织结构,进行项目团队人员的配备,分配项目团队成员角色,安排项目管理人员的管理职责,自上而下地进行授权,分派各种项目管理任务,组织和协调团队成员的工作,等等,这些都是项目经理所完成的组织管理工作。

文化产业项目经理在整个项目实施过程中还扮演着合作者的角色,他要与项目团队的全体成员以及所有的项目相关利益者进行合作。项目管理是一种基于团队作业的管理,任何人都是以合作者的身份出现的,项目经理也不例外。

(四)项目的控制者和评价者

文化产业项目经理需要全面、及时地控制项目的全过程,根据项目的目标和项目业主/客户的要求与期望制订出项目各项工作的管理控制标准,组织项目管理人员去对照标准度量项目的实际绩效,对照项目标准分析和确定项目实际工作中所出现的各种偏差,并决定采取何种措施去纠正已出现的各种偏差。

文化产业项目经理还扮演着项目评价者的角色,他要客观衡量和评价一个项目的工期进度、项目质量和项目成本与预算的实际完成情况,及时评价和判断各种偏差的性质及其对于项目的影响,评价和判断项目实现过程中出现的各种问题,并评价各种项目变更的责任。

(五)项目利益的协调人和促进者

文化产业项目经理处于项目全体相关利益者的中心位置,如图6-10所示。作为利益协调人,项目经理不但要协调项目业主和项目客户的利益,还要协调项目业主/客户与项目团队的利益,以及项目团队、项目业主/客户和项目其他利益相关者之间的各种利益关系。

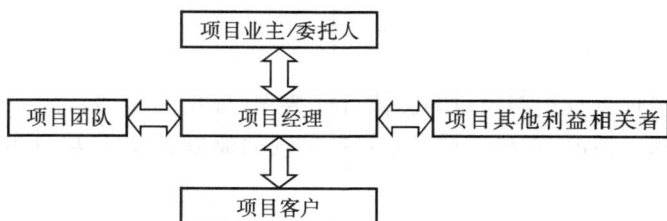

图6-10 项目经理与项目相关利益者关系示意图

文化产业项目经理需要监督项目进展的每一方面,应对项目进程中出现的各种局面,并通过自己的工作努力促进和增加项目的总体利益,从而使所有项目利益相关者都能够从项目中获得更大的利益,因此文化产业项目经理同时还承担着项目利益促进者的角色。

二、文化产业项目经理的责、权、利

(一)文化产业项目经理的职责

1.科学组织和协调

文化产业项目经理要设计和选择合理的项目团队及其组织形式和组织结构;对项目团队不同部门之间的各项工作和可能的冲突进行协调,使项目团队运转顺畅;同时还要明确项目费用、进度、质量的具体责任人和控制者,使项目控制落到实处。

2.制订周密的项目计划

文化产业项目经理要提出项目目标和执行计划,通过分析比较并最终确定最优项目实施方案和计划;与项目团队成员就项目目标和具体的项目计划进行充分交流,以达成共识;充分利用组织内部和外部条件,充分发挥组织各种资源的作用。

3.有效控制项目进度、费用和质量

文化产业项目经理要慎重进行项目风险估计、项目成本估算和预算,并对项目的实施过程进行同步跟踪、收集反馈意见,对项目进度、费用和质量进行动态调整和控制,尤其要加强项目面向市场的调研、推广、营销、招展或招商等工作。

4.努力争取项目所需资源

文化产业项目经理必须将所有应当用于本项目和项目团队的资源置于自己的控制之下,

仔细管理项目资源使其得到最有效的利用,并对项目所需每项资源的使用、管理都尽可能做到详细、具体、理由充分。

5. 及时做出项目决策

文化产业项目经理需要对项目的实施方案、项目团队的人事任免与人员奖惩、项目进度计划与安排、项目的变更与调整、项目合作伙伴的选择、项目合同的签订与执行等重大问题,根据项目的具体规模、性质、特点等,及时做出决策。

(二)文化产业项目经理的权力

作为一个项目的领导者、协调者、资源配置者、谈判者和危机管理者,文化产业项目经理在扮演这些重要的项目角色时,也必须拥有与之相对等的项目权力。文化产业项目经理的权力主要包括:

1. 项目决策权

文化产业项目经理有权按照项目的总体目标要求,根据具体项目的人、财、物等资源的变化情况以及项目的执行情况,在确保项目总目标实现的前提下,进行项目指挥调度和优化调整等重要的项目决策。

2. 项目人力资源管理权

文化产业项目经理有权对项目团队的组成人员进行选择、考核、聘任或解聘,有权对项目团队成员的任职、任务、奖惩等情况进行调配、指挥等管理。

3. 项目资源配置权

文化产业项目经理能够在项目预算和财务制度允许的范围内,掌管和支配项目的费用开支等资源配置,决定项目团队成员的计酬方式、分配方案和奖惩制度等。

(三)文化产业项目经理的利益

文化产业项目经理的最终利益,也就是项目经理行使其项目权力和承担相应的项目责任的结果,体现为经济利益和社会利益两个方面:一方面,文化产业项目经理按照组织规定的标准享受岗位工资、奖金、业绩提成等经济收益,以及由于项目成果所带来的经济性奖励等;另一方面,通过成功组织和完成项目所反映出的工作能力,将为其在组织内和业内树立起良好的社会形象,这将为其今后的职业生涯提供更多的机会和更广阔的发展空间。

文化产业项目经理的责任、权力、利益应是相互统一和一致的。通常情况下,一个文化产业项目的项目目标要求越高、项目风险越大、项目技术和质量要求越高、项目的复杂程度越高,项目经理相应的责任、权力和利益也就越大;同时,项目经理自身的领导水平和管理能力越强、项目管理经验越丰富,组织相应授予他的权力和他获得的利益也就会越大。

三、文化产业项目经理的素质与技能

文化产业项目的成功与否在很大程度上取决于项目经理的工作,取决于项目经理是否具备保障项目成功所需的各种素质和能力。文化产业项目经理的素质和能力可以通过不断的项目实践训练和培训得以培养和提高,但更需要项目经理通过不断的自我学习、大量实践并不断地总结经验、开拓创新来修炼和提升。

(一)文化产业项目经理的素质要求

1.勇于承担责任

文化产业的项目管理与文化产业的运营管理不同,多数的管理责任都是由项目经理来承担的。而且,项目管理所处的环境又相对不确定,在项目管理的过程中随时都需要项目经理做出判断、决策和选择。因此,文化产业项目经理必须首先具备勇于承担责任的素质。

2.积极的创新精神

文化产业项目是一次性的和独特性的,往往没有现成的经验和常规的办法可以借鉴,项目在实施过程中几乎处处需要创新和探索。因此,项目经理必须具备积极创新的精神,任何保守的做法、教条的做法和墨守成规的做法都会给项目的实施和实现带来问题和麻烦,甚至根本行不通。

3.实事求是的态度

文化产业项目管理需要勇于承担责任和积极创新,而承担责任和进行创新的前提是必须要实事求是、尊重客观规律。文化产业项目经理必须具有坚持原则、尊重客观规律和坚持实事求是的态度。不管是项目业主/客户还是上级或政府提出的要求、做出的指示,凡是有问题的,项目经理一定要认真说明和据理力争,决不能唯唯诺诺、唯命是从,更不能违背客观规律。

4.任劳任怨、积极肯干的作风

文化产业项目经理需要具有吃苦耐劳、任劳任怨、身先士卒、积极肯干的作风。因为在项目管理过程中,项目经理会遇到各种各样需要解决的矛盾、冲突和问题,如果没有任劳任怨的作风和积极肯干的敬业精神,项目经理就无法承担起管理整个项目的重担。

5.坚强的自信心

文化产业项目团队是在项目经理的独立领导下开展工作的,很少有上级或职能管理人员可以依靠,他们在许多问题上必须相信自己的判断、自己的决策和自己的指挥。在这种环境下,一个项目经理如果没有很强的自信心就会犹豫不决,贻误战机,耽误项目工作。因此,文化产业项目经理需要具有很强的自信心。

(二)文化产业项目经理的技能要求

1.概念性技能

在项目实施过程中遇到各种意外或特殊情况时,文化产业项目经理需要能够根据具体情况做出正确、及时的判断,提出正确、有效的解决方案,做出正确的决策并合理安排与解决问题。具体来讲,这就要求一个项目经理必须具备分析问题、解决问题、有效决策、灵活应变的能力。

2.人际关系能力

文化产业项目经理在与各方人员(包括项目的相关利益者和项目团队的全体成员等)打交道的过程中,需要充分地与他人沟通,能够很好地进行激励,能够因人而异地采取领导和管理方式,能够有效地影响他人的行为,以及处理好各方面的人际关系等。具体来讲,就是要求一个项目经理必须具备良好的沟通能力、激励能力、人际交往能力以及处理矛盾和冲突的能力。

3.专业技术能力

文化产业项目经理在项目实施过程中,还需要具有能够处理项目所属专业领域技术问题的能力。即项目经理不但要有项目管理和一般运营管理方面的能力,还必须具备项目相关专业领域的知识和技能。每个项目都是属于一定专业领域中的一次性和创新性的工作,这就要求项目经理必须具备足够的相关专业知识和专业技能。在项目管理中"外行领导内行"是非常困难的,所以多数项目经理都是由项目相关领域中的专家担任的。

本章小结

1. 文化产业项目组织管理的具体内容包括项目工作任务分解、项目组织规划、项目部门划分、项目人员配备、项目责任和任务分配、项目组织结构设计、项目团队建设、项目人力资源管理等。

2. 文化产业项目组织结构的类型可分为直线职能型、项目型、矩阵型和组合型四大类,每一类组织结构都有其自身的优点和缺点。项目组织形式与结构的设计与选择主要考虑项目规模、项目专业领域、项目时限、项目管理组织的经验、项目管理者的经营理念和能力、项目资源与条件、项目的独特性等。

3. 文化产业项目团队,是由一组个体成员为实现一个具体文化产业项目目标而组建的协同工作、具体从事项目全部或某项工作的组织或群体。文化产业项目团队的组建与发展要经历形成、震荡、规范、执行四个阶段。

4. 文化产业项目人力资源管理,是根据项目需求和项目目标,采用科学的方法对项目人力资源进行合理规划、选拔、配置、培训、考核、激励,充分发挥人力资源潜能、保证项目目标高效实现的过程。

5. 文化产业项目经理的根本职责是确保文化产业项目的全部工作在项目预算的范围内,按时、优质地完成,从而使项目业主/客户满意。文化产业项目经理在整个项目管理中处于核心地位,扮演着诸多不同的角色,对项目的实施和目标的实现负有最高责任,也拥有较大的权力和利益,必须通过不断的自我学习、大量实践训练来不断修炼和提升自身的素质和能力。

复习与思考

1. 项目组织与一般运营组织在组织结构上有哪些不同?是什么原因形成了这些不同?
2. 团队作业有哪些特性?在项目的实施过程中如何才能很好地发挥项目团队的特性?
3. 项目经理应该如何针对项目团队生命周期去开展项目团队的建设?
4. 如何理解项目人力资源管理?项目人力资源管理有哪些主要的内容?

本章案例

故宫文创团队

近几年,故宫文创可谓全面开花,文创产品多达数万种,朝珠耳机、顶戴花翎防晒伞、龙袍围裙、故宫口红、故宫睡衣……引发消费者对故宫大 IP、故宫文创的高度关注。随着"故宫文创旗舰店"的加入,故宫文创不再只是古怪精灵、萌萌哒的形象,也出现了大批偏向于"皇家"端庄华丽气质的高端产品,更有格调。如高仿的《千里江山图》和《清明上河图》、三希堂帖等,触角伸向了高端文化产品消费者。故宫博物院的文创产品在 2017 年的收入已达 15 亿元。借助这些实用又颇具创意的产品,故宫在厚重大气、文化底蕴丰厚的特性外,又洋溢着年轻的气息,年轻人成为故宫文创的忠实粉丝、故宫的拥趸。

故宫博物院拥有着自己非常优秀的研发团队,有着非常丰富的经验,但"术业有专攻",在具体的产品制作方面,故宫博物院选择具有文化理念、拥有强大经济实力、良好文化经营业绩以及能够保证古建筑和文物安全的优质企业与之合作,借助专业的力量,共同开发优质文化产品。故宫文创的精美得益于背后强大、严谨的设计团队,而能成为爆款则是因贴近了年轻人的喜好和需求。从橡皮、红包、文件夹、笔袋、手机壳到手表、手提袋、丝巾、雨伞,故宫文创最受捧的产品,都是人们的生活需求,大众需求什么故宫文创就研发什么。这些携带故宫元素的生活用品脑洞大开、趣味横生,拿来用会彰显个性与品位。而厚重大气的文创很适合观赏、收藏和送礼。文创产品屡成爆款,与故宫低下身段与年轻人打得火热的新媒体布局分不开。在不断推出产品的同时,故宫新媒体阵营也在社会化营销故宫"萌萌哒"的形象,会针对年轻人的喜好,引领社交话语。如,故宫朝珠耳机出来时,网络上就开始流行"戴这个上早朝(上班),听歌、写东西颇有批奏章的感觉,爱卿们要来一串儿么?"而故宫各类自媒体都以年轻化的交流方式吸引大众,如追着热播剧讲宫廷故事,用精美故宫猫、故宫大雪的图片吸引人等。

故宫越来越开放,也越来越努力走到大众文化的前沿。2016年纪录片《我在故宫修文物》火遍网络后,故宫的综艺、影视开发开始紧紧跟上时代。综艺节目《国家宝藏》对故宫《千里江山图》等文物的呈现,让故宫馆藏更加名声大振。《上新了·故宫》则是一档以故宫为主角的年轻、时尚综艺,并将故宫文创以"网红"方式进行推广,彰显了故宫俯下身姿接地气的精神。故宫人有故宫人的情怀,这份情怀是对文物的典守,是对古建筑的修缮保护,是对历史的敬畏,是对文化的责任。这样的情怀造就了智慧的故宫人、文明儒雅的故宫人、关注社会发展的故宫人、了解民众需求的故宫人、接地气的故宫人、爱故宫精心呵护故宫文物的故宫人。因此,每位故宫人在研发文创时,都会感念紫禁城的历史文化底蕴所赐予故宫人的情怀,让故宫的文化依托着产品、新媒体、数字技术等途径从"馆舍天地"走向"大千世界"。故宫博物院原院长单霁翔就曾表示,故宫的建筑之美与庞大的文物资源被更多人以走心的方式看到,文化的深层价值才能传播得更远。解读故宫文创,这才是最关键的。故宫因为"卖萌"、时尚愈活愈年轻,而爆款文创产品的背后,其实是让收藏在紫禁城里的文物、陈列在广阔大地上的遗产、沉睡在古籍里的文字活起来,以完美展现传统文化的魅力。

资料来源:上新了,上心了,故宫文创[EB/OL].(2018-12-16)[2019-08-20].http://finance.sina.com.cn/roll/2018-12-16/doc-ihqhqcir5908927.shtml.

第七章 文化产业项目市场推广与营销

学习背景

　　文化产业项目活动是一种市场行为,文化产品的价值实现需要依靠成功的市场交换才能够完成。一个文化产业项目,不仅需要进行市场需求调查和预测,并在此基础上进行项目的策划与设计,更需要进行项目的市场化宣传、推广、招商、包装与营销。文化消费需求的最终实现必须依赖于文化消费市场和消费环境,文化产业项目的落地实施和成果运用离不开市场、离不开营销。文化产业项目活动需要确立市场、竞争、营销等现代市场意识,要通过引入现代营销理念,通过项目推广策划和创意,包装、推介文化产业项目,不断提升文化产业项目活动的竞争力和影响力。文化产业项目的市场营销是文化产业项目管理活动的重要组成部分。文化产业项目市场营销的目的在于:通过精准指向市场需求,有效传递项目信息,诱导消费、强化品牌,推动项目预期经济、社会效益等回报的实现。

学习目标

　　1.理解文化产业项目市场营销的主要作用;

　　2.掌握文化产业项目市场营销的基本概念;

　　3.熟悉文化产业项目市场营销的核心内容;

　　4.理解文化产业项目市场营销的目标定位;

　　5.掌握文化产业项目市场营销的策略。

第一节　文化产业项目市场营销概述

一、文化产业项目市场营销的概念

(一)文化市场

1.文化市场的概念

　　文化产业的基础是市场,没有一个发育完备的文化市场,文化产业的发展就缺乏必要的生存基础。

　　文化市场,是进行文化商品交易和流通的场所,即文化产品和文化娱乐服务活动以商品形式在流通领域进行交易的场所。文化市场的概念有多层内涵:

(1)文化市场是以文化产品和文化服务为交换对象的场所,具有意识形态和商品形态的两重属性,是一种特殊的交易市场。

(2)文化市场上的消费者是具有一定的文化产品和文化服务购买欲望和购买能力的消费者群体。

(3)我国的文化市场是社会主义市场体系的重要组成部分,是社会主义精神文明建设的重要阵地。

2.文化市场的特点

文化市场具有以下特点:

(1)市场上参与交易的主体具有复杂性;

(2)市场交易以精神产品为主、物质产品为辅;

(3)市场交易的过程一般不发生所有权转移,更多的是使用权的交易;

(4)市场竞争主体多,竞争激烈。

3.文化市场的主体

学术界普遍认为在市场经济中最主要的市场主体是企业。甚至有些学者认为,企业就是市场主体的代名词。在文化市场领域同样如此,目前已有的文献和研究中,大多数学者都将文化市场主体认定为文化企业。胡惠林认为,文化市场主体即"文化市场运行过程中具有自我组织、自我调节、自我约束的经济体,也就是介入文化市场运行的有关当事人或实体"。

(二)文化产业项目市场营销

文化产业项目市场营销,通常也被称为文化产业项目市场推广或项目推介,是指将文化产业项目本身作为一种特殊商品,或是将项目产生的文化产品一揽子解决方案进行设计、生产、包装和传播等一系列市场化和产业化运作的过程。其中,文化产业项目或是项目产生的"文化产品"是和创造性活动联系在一起的、广义的概念,是可触摸的商品或无形的服务和理念,这些创造性的活动包括演出、展览、音像制品、数字图书出版、动漫设计、电视节目制作等。文化产业项目市场营销是文化企业站在卖方的立场上,根据市场环境的变化,将潜在交换转变为现实交换,满足消费者需要,从而有效实现项目目标所进行的与市场有关的一系列营销管理活动和业务活动的过程。

文化产业项目的市场营销过程,在实物上表现的是文化产品的传递以满足消费需要的过程,而在内层方面则是一种文化价值的传递和达到满意的过程。文化产业项目市场营销的最终目的就在于有效促进项目目标的达成、成功销售项目产品并创建项目和产品品牌。

以图书出版项目为例,西方发达国家在20世纪初就已经开始广泛采用针对市场的图书封面设计、特殊标志、书评、广告、畅销书排行榜等多种形式对图书进行市场宣传与推广。我国的图书出版市场营销则是在20世纪80年代开始的,当时各出版单位"自办发行"的高潮推动了图书销售模式的改变。近年来,图书出版活动领域迅速扩大,出版业在文化产业中的地位不断提高,出版商务活动日益增多,国际化进程不断加快。图书出版业竞争日趋激烈,图书产品选题开发重复、库存居高不下、退货率节节攀升,图书产品的买方市场凸显,出版单位的经济效益、利润指标呈下降趋势的现实,令各个出版单位对图书市场营销开始高度重视并积极采取行动。市场营销作为图书出版从选题、编辑、印刷到发行过程中的重要环节得以彰显,出版界纷纷提出重视并强化出版过程的选题和营销环节、精减中间环节设置,甚至提出了"营销龙头"之说。

二、文化产业项目市场营销的目的与作用

(一)文化产业项目市场营销的目的

1. 传递信息

文化产业项目市场推介、新闻发布等营销活动的首要目的在于使消费市场了解文化产业项目的存在,并通过提供项目或项目产品必要的细节,如时间、地点、形式、项目参与主体、项目产品购买方式和付款方式等,进一步树立和增加文化项目品牌的知名度,塑造和提高文化企业的正面形象。

2. 尝试说服

文化产业项目市场营销活动通过对项目的目标和宗旨、项目品质、项目产品的独特性、社会权威的认同,以及项目或项目产品丰富的个性、容易实现的产品消费、购买和付款方式等方面的舆论宣传,目的也在于引导消费者的兴趣点,提升市场对项目产品的预期,提前点燃消费者购买项目产品的欲望。

3. 实现教育

基于文化产业项目和项目产品的复杂性,文化产业项目市场营销活动的目的也在于进行消费市场预热,并给予消费者必要的欣赏和评价项目产品具体特征的基本知识、手段和标准的指导和培训,从而使消费者能够更好地了解文化产业项目和项目产品,提前做好选择消费的准备。

(二)文化产业项目市场营销的作用

1. 强化文化产业项目的市场属性

文化产业项目市场营销活动的研究对象,不是一般的任务型销售或者补贴型销售,其重要的前提就是要面向文化市场。文化产业项目的选题来源于市场、制作依托于市场、销售更要面向市场,项目市场推介与营销活动强化了文化产业项目的市场属性。

2. 提升文化产业项目的市场沟通功能

作为面向市场的文化产业项目,市场营销活动是文化产业项目管理不可缺少的一个组成部分,它所承载的功能包括提升组织形象、提升项目或项目产品品牌知名度、增进组织与市场其他各方的沟通、收集文化消费市场的反馈意见等。

3. 提高文化产业项目的质量监督力

文化产业项目和项目产品从启动、开发到制作、实施等管理过程都需要贴近市场、依托市场、面向市场,密切关注消费者的需求,要细分市场、综合考虑市场的接受情况。文化产业项目通过前期对文化市场进行的认真调查研究,制订了有效的项目管理计划;而文化产业项目的市场营销活动又通过市场承诺和预期提高了对文化产业项目质量的监督力,有助于制作出受市场欢迎的项目产品。

4. 市场营销成为项目成败的检验手段

文化产业项目和项目产品前期的立项、决策、策划、制作、设计、包装等内容是否成功,可以通过项目市场营销的过程和效果来进行初步市场检验。较成功的项目市场推介与营销成果,能在一定程度上反映出消费市场对该项目是接受和欢迎的。具体可以通过文化产业项目市

推介与营销前后媒体覆盖率的变化比较、项目品牌知名度的比较、目标对象对项目态度变化的比较等来评估项目前期工作的成败以及项目市场营销对文化消费市场所产生的影响。

三、文化产业项目市场营销的实施

（一）文化产业项目市场营销的基本形式

1．广告

广告是高度大众化的媒体传播方式，传播范围广、速度快、重复性好，并具有能充分引用文字、声音、色彩而极富表现力的特点，适合向分散的受众和众多目标顾客传递信息。

2．人员推销

人员推销虽是一种古老的营销方式，但因具有灵活性、能及时获得信息反馈、有助于建立长期信任与联系的优势，因此仍是一种广泛应用的营销方式。

3．营业推广

营业推广是一种采用刺激手段吸引消费者的营销方式，如赠样品、发优惠券、以旧换新、减价、免费限期试用、示范、竞赛、折扣、合作广告、有奖销售等方法均属此列。

4．公共关系促销

公共关系促销，适用于大型项目和批量消费，是充分运用各种手段，发挥经纪人作用，利用能为我所用之一切关系，广泛开展的公共关系（政治关系、亲朋关系、业务关系、协作关系及其他关系等）促销。公共关系促销要求项目营销人员要充分掌握项目信息源头，分析项目目标顾客并明确项目关键攻关人物，并得到项目组织给予的大力支持。

5．中介机构促销

中介机构促销主要是指由文化传媒企业、文化艺术产业公司等中介机构，利用其专业特长承接各类文化产业项目活动的形象代言、项目推广、产品推介、大型活动策划与执行、各类广告代理，以及提供系列商务咨询服务、营销策略、企业形象策划（VIS 设计）、多媒体交互设计（UI 设计）、景观导示设计（SI 设计）等营销业务。

（二）文化产业项目市场营销方式的比较

文化产业项目市场营销的多种方式各有其优缺点和适用范围，表 7 - 1 对此进行了总结。

表 7 - 1　文化产业项目市场营销方式的比较

营销方式	媒体	优势	劣势	适用对象
广告	电视	传播范围广，内容刺激，充满色彩，可增强可信度	制作和播放价格昂贵	大众市场
	广播	适用于有音乐品位的消费者，制作快捷、便宜	很难从其他广告和节目中脱颖而出	音乐活动
	报纸	传播范围广，提前期短	可能会昂贵，分布太广的报纸缺乏目标市场针对性	社区节目

续表

营销方式	媒体	优势	劣势	适用对象
广告	杂志和新闻快报	市场目标明确	广告提前期太长	特殊兴趣和专门的活动
	户外海报	便宜,可以在目标市场集中的地方展示	破坏建筑物的外观,容易被撕掉	青年人,社区活动和特殊兴趣活动
	宣传页	便宜,如果设计得当会有好的效果,目标市场明确	需要志愿者或付费来分发	青年人,社区活动和特殊兴趣活动
销售促销	为某种特定消费者进行价格折扣	吸引稳定消费群体	如果没有仔细挑选消费群体,可能会降低收入	广泛的大众市场活动
	和赞助者进行交叉促销	促进赞助商的销售,带来额外的销售量	赞助商的形象可能会盖过活动的形象	大多数活动
宣传	新闻发布	增加可信度,观众人数多	取决于参与人员的身份与社会信誉	所有活动
	出版社	具有可信度,读者数量大,观众为目标市场	必须有引起读者兴趣的内容	所有活动
	专业杂志	目标市场针对性强	广告提前期长	有趣的活动和专门活动
直接进入目标市场	信件、电话和电子邮件	浪费少、成本收益比例高	质量取决于邮件列表的针对性	有趣活动
	互联网	制作成本低,信息易于改变	很多人对网络安全有顾虑	高技术目标市场

(三)文化产业项目市场营销效果评估

在经过了一段时间的项目市场营销后,需要及时对文化产业项目市场营销的过程和效果进行评估。评估活动的主要内容应包括以下方面。

1.项目市场营销方案的评估

对文化产业项目市场营销方案的评估主要是对项目营销目标与战略定位进行的分析和评价,包括:项目市场推介与营销的目标是什么,采用了什么样的项目营销战略或营销组合,这样的项目营销目标与战略定位是否经过了周密的调研,营销组合中的每个变量是否有具体实施的书面方案,方案占用资源的多少,是否合理、可行,是否进行了精心的准备,等等。

2.项目市场营销过程的评估

对文化产业项目市场营销过程的评估主要是要分析为有效实施项目市场营销方案,项目各相关部门的每位成员发挥的作用如何,任务分配是否清楚,有无时间计划表,是否在按计划实施方案,各项职能是否协调一致,是否出现了意外事件,是否进行了方案变更,等等。

3.项目市场营销环境的变化

对文化产业项目市场营销的环境变化进行评估,主要是为了清晰了解项目市场营销已经影响到的市场区域有哪些,市场细分是否发生了改变,当前消费者及潜在的市场需求有没有发生变化,目前的竞争对手是否发生改变,他们使用的战略是否有所调整,哪些环境因素还会对项目产生影响,这种影响的变化趋势是怎样的,组织是否需要调整项目长期规划或短期规划,等等。

4.项目市场营销效果的预测

对文化产业项目市场营销的效果进行评估,主要是从总体上评估项目市场营销的市场效应,并预测项目的环境状况以及项目市场竞争如何进一步开展,项目是否已经准备好应对市场环境的变化,组织将获利的商机是什么,项目取得成功的关键是什么,组织还需要获得哪些新的知识和信息,等等。

5.结论与建议

文化产业项目市场营销评估的最终目的是为了促使项目组织尽快解决目前还存在的一些问题,提出调整意见和建议,以进一步加强项目竞争力,提高项目工作效率和质量水平,促使项目目标更快更好地达成。

📖 小资料

文化旅游景区项目营销五部曲

1.概念营销,吸引关注

好奇心是引发关注的源动力,在项目产品概念上去营销,吸引消费者。文旅景区做概念营销需要注意三点:①有故事,才有趣味,才能被消费者记住;②有特色,把特色讲清楚,才能给消费者留下深刻印象;③有场景,要把故事和特色物化到一个实体上,让消费者感受到实实在在的东西,可以是一场秀、一首歌、一台戏等。

2.情感交互,引发共鸣

项目要从情感角度上去打动消费者,引发心里共鸣。文旅景区在做情感营销上需要注意两点:①要直指人心,情感交流要瞄准消费者的某种消费需求,才能够和消费者产生共鸣和交互;②要实现文化认同,互动的基础来自认同,有了文化认同,才能够成为社群,在社群的基础上建立的互动才会更有效率。

3.事件造势,扩散影响力

在项目概念和情感的基础上,升级到品牌的造势宣传。文旅景区的事件营销有三个基本手段,传统但是很有效:①公益捐赠,尤其是对弱势群体和本地特殊人群(留守儿童、乡村教师)等的捐助,能迅速扩大品牌的曝光度,赋能景区品牌的社会责任感;②组织主题竞赛,如选取旅游景区某个亮点特色,策划与之相关联的主题竞赛,如关于黄山松的绘画、摄影、舞蹈、诗歌等,目的在于吸引消费者参与,并带动其社交圈的关注,网络投票和排名比赛之类的活动就很有效果;③活动赞助,如将文化旅游景区提炼为某种主题或精神,并与相关大型社会公共活动进行符号链接,这样就能够利用这种公共活动的影响力,让消费者建立对景区品牌的关联度联想。

4.体验引导,激发兴趣

消费者对景区项目的概念、精神、品牌认同之后,文旅景区需要进一步引导消费者与产品进行预接触。有三个方法可以来实现这种预接触,激发他们的消费兴趣:①会员激励。利用积分、优惠、礼品等营销手段把潜在的消费者变成景区会员,赋予会员了解景区信息更多的特权和渠道,提高产品接触和体验频率。②VR虚拟体验。文化旅游景区可以在景区建设完成前,利用数字场景和VR引导消费者提前体验旅游景区的魅力。③预体验。定向邀请对景区有高度认同感的粉丝进行实地预体验,通过他们的口碑和影响力来扩大景区品牌的感召力,激发其他潜在消费者的兴趣。

5.折扣营销,成交为王

让利是最有效的手段,也是炒高景区人气的最直接手段。虽然价格折扣是一把双刃剑,用得过多过频会伤及品牌形象,但在文旅景区开业之前,客流和人气是最重要目标,合理地使用折扣优惠营销手段可以促成消费者下单体验甚至实现提前预售。折扣营销可以通过三个渠道来实现:①面向消费者的折扣,以高性价比打动消费者前来体验;②面向供应商的折扣,对供应商进行一些客源累计的阶梯式让利,鼓励其带动更多的消费者前来景区体验和消费,这样也能保证开业前期的稳定客流;③面向异业联盟的折扣,给景区相关的一些异业联盟提供优惠,利用优惠政策吸引他们的会员和客源前来消费,例如和景区行业相关度较高的交通、酒店、餐饮等。

资料来源:李德春.文化旅游景区开业筹备营销推广五部曲[EB/OL].(2018-07-27)[2019-07-05].http://www.sohu.com/a/243645778_578127.

第二节　文化产业项目市场营销的目标定位

一、文化产业项目市场营销环境调研

文化产业项目市场营销环境调研是开展项目市场营销过程的一项基础性工作,对正确分析和把握市场机会、开展项目市场营销活动、提高项目市场营销效果具有十分重要的意义。

(一)文化产业项目市场营销环境调研的基本内容

1.文化产业项目市场环境调研

文化产业项目市场环境调研包括对项目市场营销的政治、法律环境的调研,经济环境的调研,相关文化环境的调研,自然环境的调研和科技环境的调研等。

2.文化产业项目市场需求调研

文化产业项目市场需求调研包括对文化市场商品和劳务需求总量的调研、文化市场需求结构的调研和需求转移趋势的调研等。

3.文化产业项目市场资源调研

文化产业项目市场资源调研包括对国内外文化市场商品供应总额的调研和文化市场供应结构的调研等。

4.文化产业项目市场营销活动调研

文化产业项目市场营销活动调研包括对文化产品市场的调研、项目竞争对手的调研、相关项目品牌或产品形象的调研、项目广告市场的调研、市场营销活动价格的调研、用户或客户的调研等。

(二)文化产业项目市场营销环境调研的主要程序

1.明确调研的目标

针对文化产业项目所面临的市场现状和亟待解决的问题,如产品销量、产品寿命和广告效果等,确定文化产业项目市场营销环境调研的主要目标。

2.确定调研需获取的信息资料

根据已确定的文化产业项目市场营销环境调研目标和调研范围,初步确定调研需要收集与获取哪些方面的信息和资料。

3.确定资料收集方式

根据所需信息和资料的性质选择确定合适的收集方式和方法。

4.现有资料的收集准备

可先利用内部调研方法,收集准备一些必要的内部资料、政府统计数据、行业调研报告和学术研究成果等。

5.设计调研方案

文化产业项目市场营销环境的调研几乎都是抽样调研,因此最核心的问题是抽样对象的选取和问卷内容的设计。

6.组织实地调研

按照文化产业项目市场营销环境调研方案组织实地调研,对调研人员进行适当的技术和理论训练,加强对调研活动的规划和监控,并针对调研中出现的问题及时做出调整和补救。

7.统计分析结果

必须以客观的态度和科学的方法对文化产业项目市场营销环境的调研数据和资料进行细致的统计计算,以获得高度概括性的文化市场动向指标,并对这些指标进行横向和纵向的比较、分析和预测,以揭示文化市场发展的现状和趋势。

8.形成研究报告

根据比较、分析和预测结果写出书面调研报告,包括专题报告或全面报告,阐明针对既定文化产业项目市场营销环境调研目标所获得的结果,以及建立在这种结果基础上的项目市场营销思路、可供选择的行动方案和今后进一步探索的重点。

二、文化消费者分析

文化产业项目以大众消费者为服务对象,赢得一定数量的消费群体是文化产业项目成功的一个重要标志。文化产业项目市场营销的目的就在于更好地满足文化市场的消费需求,更多地赢得广大的文化消费者,为消费者带来诸多收益;同时,促成文化产业项目和文化产品价值更好的实现,进而不断提升文化产业的实力、竞争力和影响力。

(一)影响消费者文化消费行为的因素

影响消费者文化消费行为的因素大体上可划分为内在因素和外在因素两个方面,其中,内在因素是与消费者个人有关的影响消费行为的因素,外在因素是消费者所处生活环境对其消费行为的影响因素。

1.外在影响因素

(1)文化因素:包括文化信仰、价值取向、生活方式等。

(2)社会因素:包括社会阶层、家庭或群体影响、生活范围、权威意见等。

(3)品牌因素:在大众消费品市场,各家竞争对手提供的产品和服务的品质差别不大时,消费者会倾向于根据品牌的熟悉程度来决定购买行为。

2.内在影响因素

(1)生理因素:包括性别和年龄等。

(2)心理因素:包括兴趣与爱好、需求、动机、态度认知和能力等。

(3)经济因素:包括经济收入、产品价格、支付条款、替代效应等。

(二)文化消费者的群体心理与行为

群体是指通过一定的社会关系结合起来进行共同活动而产生相互作用的集体。文化消费者的很多行为都会受到群体行为的影响,具体来讲包括以下几种。

1.文化消费群体规范

文化消费群体规范是指一个群体内的人们共同遵守的行为方式的总和。广义的群体规范包括社会制度、法律、纪律、道德、风俗和信仰等,是一个社会多数成员共有的行为模式。不遵循群体规范就要受到谴责或惩罚。

2.文化消费习俗

文化消费习俗是指消费者会受到共有的审美心理的支配,是一个地区或一个民族的消费者共同参与的人类群体消费行为,它是人们在长期的消费活动中逐步积累而形成的一种消费风俗习惯。

3.文化消费流行

文化消费流行是指消费者在追求时兴事物的消费风潮中所形成的从众化需求。消费流行往往是新的常规性消费行为形成的预兆,具有骤发性、短暂性、地域性和梯度性等特征。

总之,文化消费者的消费期望通常来自以下几个方面的组合:项目营销方的营销沟通、亲戚朋友的口头推荐、消费者以往的相似或者相同经历、已有的品牌形象、购买主张的吸引性等。因此,文化产业项目市场营销应综合考虑文化消费者的消费心理与行为,在文化消费市场起到更大的影响和引导作用。

三、文化产业项目营销目标市场分析与定位

文化产业项目市场营销的主要内容就是要根据明确的目标市场来开展项目营销活动。所谓目标市场,就是在市场细分的基础上,结合考虑各细分市场上顾客的需求和企业自身的经营条件,而选出一个或若干个能很好地为之提供产品或服务的分市场。

(一)文化产业项目营销目标市场分析

1.市场细分

(1)按心理因素细分市场,即根据消费者的生活方式、兴趣爱好、生活经验等进行市场细分。

(2)按社会人口环境细分市场,即根据消费者的性别、年龄、受教育程度、收入、民族、宗教

信仰等进行市场细分。

（3）按地理环境细分市场，即根据消费者的居住地点、地理环境所决定的消费习惯进行市场细分。

2.细分市场评价

（1）细分市场的规模和发展前景评价。这是文化产业项目营销目标市场分析和评价的首要问题。

（2）细分市场结构的吸引力评价。根据迈克尔·波特的竞争优势理论，决定企业能否在某一市场长期盈利的因素有五个方面：现有竞争对手的威胁、新加入者的威胁、替代产品的威胁、购买者议价能力提高形成的威胁和供应商议价能力提高形成的威胁。文化产业项目营销目标市场分析要对细分市场的竞争结构、细分市场的吸引力进行全面评价。

3.自身资源评价

除了要对目标市场的各细分市场具体情况进行综合分析评价外，还需要对项目组织自身情况进行分析。如果细分市场与项目组织的长期目标不一致，或项目组织不具备在该细分市场中获胜的资源条件，那么项目组织将会放弃该细分市场。如果明知自己没有足够的资源和市场营销能力，却一意孤行要去占领这一细分市场，其结果必然是不仅达不到项目营销的目的，还会浪费大量的组织资源。

4.目标市场选定

在综合考虑了细分市场的特点和组织自身的资源情况后，结合组织的长期发展战略，项目组织最终会选定某一个或某几个市场作为文化产业项目营销的目标市场。

5.目标市场评估

（1）充分估计目标市场需求与市场潜力。目标市场的需求也是有变化的，因此，项目组织需要充分估计目标市场的需求变化情况与市场潜力，进而制订出有针对性的、有效的市场营销方案，促使目标市场需求的持续增长。

（2）评估本组织需求与营销的潜力。结合项目组织自身的发展需求、资源条件、营销能力等情况，进一步细化文化产业项目目标市场营销实施方案。

（二）文化产业项目营销市场定位

1.文化产业项目营销市场定位的内涵

文化产业项目营销市场定位，是文化产业项目组织根据项目竞争者现有文化产品的市场位置，根据项目产品特征与消费市场对本项目和项目产品的需求期望，有针对性地塑造本项目和项目产品与众不同、印象鲜明的个性或形象，并将这种形象生动、有效地传递给顾客，确定项目产品适当的市场位置的过程。

2.文化产业项目营销市场定位的方式

（1）根据项目产品的使用者定位。与一般物质产品使用的状况不同，文化产业项目产品的使用者，对文化产品的偏好、产品属性的要求等方面都呈现出很强的个性特点和多样化的特点。因此，文化产业项目组织可以从项目产品使用者的角度，对项目营销目标市场做出准确的市场定位。

（2）根据项目产品的属性定位。每个文化产业项目产品都可以通过项目组织独有的策划、设计和生产，实现与其他项目产品的差异化，因此文化产业项目组织可以从项目产品的独特属性角度,对项目营销目标市场做出准确市场定位。

(3)根据项目产品的竞争者定位。项目在开展目标市场定位时,要充分考虑项目产品竞争对手的影响力,识别自己的竞争优势,寻找与项目产品竞争者相错位的利益点,从而采用错位竞争,有效避开竞争对手的影响,对项目营销目标市场做出准确市场定位。

四、文化产业项目市场营销竞争及竞争战略

文化产业项目要成功走向市场,除了必须要有准确的项目目标市场定位、能提供满足文化消费市场需求的项目产品外,还必须具备与其他项目竞争对手展开市场竞争的条件和能力。

(一)文化产业项目市场营销竞争

文化产业项目市场营销竞争,是指为消费市场提供文化产品和文化服务的项目组织,为了更好地占领市场,提高项目产品和服务的市场占有率,实现项目组织的营销目标而与其他文化企业开展的市场营销竞争。对每一个文化产业项目组织来说,营销市场上的竞争对手和数量都是不同的。依据目标市场上可容纳的企业数量、资源是否流动、进入市场是否存在壁垒、产品是否具有同质性等要素进行划分,可以将文化产业项目营销市场划分为完全竞争、完全垄断、垄断竞争和寡头垄断四种形式。

文化产业项目组织参与市场营销竞争是一个主动的行为过程,但其市场营销的成效和结果如何,则取决于外部竞争环境和内部竞争力量的综合反映。因此,文化产业项目组织必须全面分析制约和影响市场竞争能力的要素。分析文化产业项目营销市场竞争能力大小的常用方法也是迈克尔·波特提出的"五种力量竞争"模型,即对行业内现有竞争对手的竞争力、供应商的讨价还价能力、购买者的讨价还价能力、新进入者的威胁和替代品的威胁这五种竞争力量的确认和评价。

(二)文化产业项目市场营销基本竞争战略

文化产业项目组织在分析和掌握了项目目标市场的竞争状况后,必须根据自身的优势,结合项目发展战略和目标,在市场竞争中占据主动,制订出基本的项目营销竞争战略。

1.成本领先战略

项目组织利用自身的优势,尽可能降低项目产品生产和经营成本,从而获得竞争优势。

2.差异化战略

项目组织通过项目的精心设计、开发和生产经营等工作,使自己的项目产品或服务明显区别于市场竞争对手的产品或服务,从而吸引顾客,实现竞争目标。

3.目标集中战略

项目组织在详细分析市场内外环境的基础上,必须针对特定的顾客群、产业内特定的细分市场来开展项目目标市场营销活动,以集中发挥项目组织优势,赢得竞争优势。

小资料

2018 年电影营销亮点

1.精准营销

2018 年,影片《头号玩家》与《无问西东》是"精准营销"的两个案例。《头号玩家》的选择,是游戏爱好者。电影公映前 3 天,华纳兄弟在北京与上海做了两场特别观影,大范围地邀请游

戏领域的资深游戏玩家提前观影。特别观影后,豆瓣迅速开出了 8.8 的高分。在映前出现这样"逆天"的真实好口碑,一切就都变得简单了。《无问西东》的优势在高知与白领。从观影人群的结构来看,二线城市与白领阶层的占比都接近 50%。这一大群体在观影后适时、自发的好评,是影片从褒贬不一到逆转直上的主要原因。

2.映前制造热度

2018 年,影片《我不是药神》从映前十几天的上海千人点映,到映前一周的大规模连续点映,是高口碑电影应该有的自信操作。将高口碑推向高热度,一个可行且高效的办法是:从大众的高口碑中,借势发掘可供发散发酵的把手。一个豆瓣八组讨论徐峥热度的帖子,成了那个被选中的把手。随着营销团队的介入,"山争哥哥"与"叔圈 101"的话题走红,成了助推《我不是药神》映前热度冲向顶点的加速器。

3."铺天盖地"营销

大年初一,影片《捉妖记 2》首日票房 5.55 亿元,打破中国影史单日票房纪录。铺天盖地、无孔不入的营销功不可没。如:利用春晚老少通吃,是"春节第一流量",拿下春晚倒计时广告;利用联合营销、授权合作,近 100 家全国各大商场助攻胡巴;利用农村广阔市场,进行刷墙广告等。随处可见的户外广告、全国路演、综艺宣传,"凡有路人处,皆有胡巴图"。

4."洗脑"营销

影片《西虹市首富》魔性路线推洗脑神曲,唱歌的是活在微博热搜里的"火箭少女 101"。6 月底,"火箭少女 101"成团;7 月中旬,其为《西虹市首富》唱的推广曲《卡路里》上线。洗脑的旋律,接地气的歌词,尤其是"锦鲤"杨超越那句破音的"燃烧我的卡路里",让《卡路里》在抖音、B 站上迅速传播,成为年度神曲。有网友还自发为这首歌做了恶搞视频,获数万转发,为电影带来一波热度。在社交网络和饭圈力量的助推下,影片突破圈层,收获 25 亿元票房。

5.事件营销

2018 年万圣节,一张青蛇白蛇的 cos 图在社交网络迅速刷屏,"白蛇青蛇 cos"迅速登上微博"热搜榜",获封"万圣节最佳装扮"。这其实是动画电影《白蛇:缘起》在北京某购物商城举行的万圣节主题线下活动。虽说电影最后成了小透明,但巧借节日、造热点引关注的事件营销打法还是值得业界继续深挖。

6.抖音营销

2018 年堪称抖音电影营销元年。《前任 3:再见前任》上映时,电影主题曲《说散就散》和插曲《体面》成为抖音上的走红背景音乐,许多电影散场后在影院或街头暴风哭泣的画面在抖音上风行,还有模仿片中女主吃芒果的情节也层出不穷。《前任 3:再见前任》成为抖音红片,甚至有人说《前任 3:再见前任》的成功抖音是关键。行业和市场都初步窥见抖音平台对于电影营销业绩和电影市场成绩的强势助推作用。2018 年票房前 20 的电影中,有 14 部影片在抖音上都有官方运营,可见大势所趋。

资料来源:深叔.情绪、口碑、借势、洗脑:2018 电影营销启示录[EB/OL].(2019 - 01 - 13)[2019 - 08 - 28].http://www.360doc.com/content/19/0113/11/28168735_808539986.shtml.

第三节 文化产业项目市场营销的策略

一、文化产业项目市场营销的产品策略

文化产业项目产品的市场营销是文化产业项目市场营销的核心所在。文化产业项目组织只有根据市场需要,结合自己的项目目标和条件,推出能够吸引消费者、满足消费者文化需求的项目产品,才能占有市场,实现项目市场营销的目标。

(一)项目产品及其组合

1.项目产品

文化产业项目产生的文化产品的概念可以分为广义和狭义两种。狭义的文化产品是指文化艺术工作者通过有目的的艺术劳动创造出来的产品;广义的文化产品不仅仅指文化产品实体本身,还指通过市场交换能够满足消费者某种精神需求和利益的有形物体与非物质的无形服务的总和。

项目文化产品与一般产品的价值不同,主要原因在于其价值体现方式的不同。项目文化产品的价值构成包括文化价值(核心价值)、承载价值(形式价值)和附加价值(突出价值)。大多数文化产业项目都不是只产生一种文化产品,而是会形成密切相关的一组文化产品。凡是被文化产业项目组织列入市场销售目录的产品都称为项目产品。

2.项目产品组合

文化产业项目的项目产品组合是指一个文化产业项目推出的各类文化产品之间的组合方式,包括广度、深度和关联度。其中:广度是指项目产品线的数目;深度是指一个项目产品线中,不同规格、式样和档次的文化产品的平均数目;关联度是指项目产品的生产条件、分销渠道和最终使用方面的相关程度。

文化产业项目组织往往会根据不断变化的市场需要,结合项目目标,综合考察自身实力,对项目产品组合的广度、深度和关联度做出决策,这种决策的结果在产品上的表现就是项目产品的组合策略。产品组合策略具体可以分为以下几种策略:

(1)产品延伸策略。项目产品延伸即项目关联产品的研发,它包含了项目产品之间的关联层次和关联程度,也包含了对项目产品资源的深度开发和有效利用,最终形成的是有一定规模的良性循环的共生互利的项目产品产业链。

(2)产品扩展策略。项目产品扩展一方面是指项目产品组合广度的扩大,即增加项目产品线,扩展项目产品范围;另一方面是指拓展产品组合的深度,也就是增加项目产品的品种规格,满足消费者更多的精神和心理需要。

(3)产品缩减策略。项目产品缩减一方面是指紧缩项目产品组合的广度,减少项目产品线,缩小项目产品的范围;另一方面是指紧缩项目产品组合的深度,减少项目产品的品种规格,实行集中生产。

(二)项目新产品开发

在竞争日趋激烈的市场上,文化产品的更新速度越来越快。文化企业要想长久地占领市场,仅靠现有产品是绝对不行的,必须通过不断更新项目产品、推陈出新,才能适应不断变化的

市场需求。

1.项目新产品的概念和种类

项目新产品一般是指具有新功能、新特色、新结构或新用途,能够满足消费者文化新需求的项目产品。具体来说,项目新产品有以下几种:

(1)全新产品,是指项目应用了新原理、新工艺、新材料和新技术推出的市场上前所未有的文化新品。项目全新产品往往需要培养消费者新的消费观和消费方式。

(2)换代新产品,是指项目对市场上已经出现的文化产品在结构和性能上进行部分改变而形成的产品。它使原有的文化产品的性能得以改变和提高,能更好地满足人们新的文化消费需求。

(3)改进新产品,是指项目对现有文化产品的质量、性能、材料、款式和包装等方面进行改良之后新推出的文化产品。

(4)仿制新产品,是指项目仿照市场上已有的产品,通过瞄准借鉴一些文化产品典范,并结合自身情况加以模仿生产的文化新产品。

2.项目新产品的开发程序

项目新产品开发的难度很大,但新产品的开发又直接关系到项目的成败。为了降低失败的风险,项目新产品的开发应按科学的程序进行。项目新产品的开发程序需要经过项目新产品的构思、筛选、概念的形成和测试、市场营销、营业分析、产品开发、试销和全面上市等八个环节,如图7-1所示。

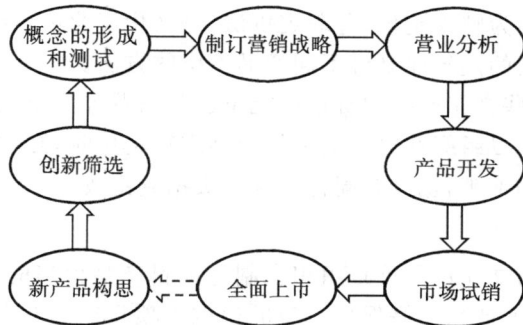

图7-1 项目新产品的开发程序

二、文化产业项目市场营销的价格策略

在文化产业项目营销组合的各因素中,定价因素是唯一能创造收入的因素,也是最灵活的因素之一,因此项目产品价格的制订是文化产业项目组织进行项目市场营销时最敏感和最危险的策略。

(一)项目产品价格

文化产业项目的产品价格,是指消费者认为项目产品所具有并愿意支付的价值。此价值一方面取决于项目产品能够满足消费者文化需求的程度,另一方面取决于其他休闲服务所能提供的替代品价值。当项目产品价格对促进项目产品销售、实现项目目标起到促进作用时,这个价格就是合理的、科学的价格;相反,如果项目产品价格限制或制约了项目产品的销售和项目目标的实现,那就是不合理的价格。

(二)项目产品定价方法

1.成本导向定价法

成本导向定价法是指文化产业项目组织以原有产品的成本为基础,再加上一定的利润和税金而形成项目产品价格的定价方法。成本导向定价法简便易行,是我国文化企业使用最普遍、最基本的项目产品定价方法。以成本为基础的项目产品定价方法主要包括以下三种方式:

(1)完全成本导向定价法,即以项目产品全部成本作为项目产品定价基础的定价方法。

(2)边际成本导向定价法,是抛开项目产品固定成本,仅计算项目产品变动成本,并以预期的边际贡献补偿项目产品固定成本以获得收益的项目产品定价方式。

(3)目标成本导向定价法,是指项目组织根据自身条件,在考察市场营销环境、分析并测算有关因素对项目产品成本影响程度的基础上,为实现目标利润而规划的项目产品定价。

2.需求导向定价法

需求导向定价法是指文化产业项目组织根据市场需求状况和消费者的不同反应,分别确定项目产品价格的一种定价方法。其特点是平均成本相同的项目产品价格会随市场需求的变化而变化。项目产品的需求导向定价法具体包括以下三种方法:

(1)观念价值定价法,也称理解价值定价法,主要是从项目产品消费者的角度考虑,根据消费者对项目产品价值的理解,即项目产品在顾客心目中的观念价值来决定项目产品价格的方法。

(2)差别定价法,也称为歧视定价、垄断定价法,是文化产业项目组织根据消费者购买能力以及对项目产品需求状况的差异而制订不同产品价格的方法。

(3)习惯定价法。某些文化产品的价格可能早已为消费者接受或认同,并且已形成了根深蒂固的习惯。文化产业项目组织在对这类项目产品进行定价时,必须参照这种习惯价格,否则就会引起消费者的拒绝和不满,也会令同行不满以致招到围攻。

3.竞争导向定价法

竞争导向定价法是指文化产业项目组织在制订项目产品价格时,主要以竞争对手的产品价格为基础,与竞争对手的产品价格保持一定的比例。项目产品竞争导向定价法具体包括以下三种方法:

(1)随行就市定价法,指文化产业项目组织按照行业的现行价格水平来确定项目产品价格的方法。无论市场结构是完全竞争还是寡头竞争,这种方法都是同质产品的惯用定价方法。

(2)主动竞争定价法,与随行就市定价法相反,项目产品的定价不是追随竞争者的价格,而是以市场为主体,以竞争品价格为参照的一种项目产品定价方法。

(3)竞争模仿定价法,是指不管成本和市场状况如何变化,同类项目产品的价格始终与竞争对手的价格保持同一水平的定价方法。

三、文化产业项目市场营销的渠道策略

(一)项目产品的市场分销渠道

文化产业项目产品从生产者向消费者转移过程中所经过的通道,以及在这一过程中所需的市场营销机构等都称为项目产品的市场分销渠道。文化市场分销渠道的基本类型可以划分

为以下几种。

1.市场分销的直接渠道和间接渠道

文化产业项目产品市场分销的直接渠道是指文化企业不利用中间商,直接把项目产品从生产者转移到消费者手中的渠道形式。其具体形式有三种:一是通过文化节、展销会等活动渠道直销项目产品;二是通过自设门店直销项目产品;三是通过邮购、电话、网络订购等渠道派出专人送货上门。

文化产业项目产品市场分销的间接渠道是指文化企业通过中间商,将产品与服务送达终端消费者的渠道形式。中间环节的多少决定着分销渠道的长短,中间环节越多,越需要以某种方式规划和分派不同层次的分销商。一般会采用契约形式明确规定各自的分销任务、价格和其他因素等条款,并以书面形式加以确认。

2.市场分销的长渠道和短渠道

文化市场分销的渠道长度是指分销渠道中独立成员的层次,即中间商的数目。文化市场分销的长渠道形式主要包括:文化企业→批发商→零售商→顾客;文化企业→代理商→零售商→顾客;文化企业→代理商→批发商→零售商→顾客。

文化市场分销的短渠道形式主要包括:文化企业→传统零售商→顾客;文化企业→特约经销商→顾客;文化企业→俱乐部→顾客。

3.市场分销的宽渠道和窄渠道

宽渠道和窄渠道是按照渠道中每个层次的中间商数目的多少进行划分的。文化市场分销的宽渠道是较为密集的分销路线,对于单位价值低、市场需求量大,且目标顾客分布广泛的项目产品效果较好。

文化市场分销的窄渠道是在目标市场中精选少量中间商,从而大幅度减少推销费用,提高效率。在较昂贵、较特殊、日常需求不是太广泛的文化产品流通时,可以利用项目产品消费者追求独特的心理,仅选用一个中间商来分销自己的文化产品。

4.市场分销的传统渠道和新型渠道

根据渠道内部成员之间相互联系的紧密程度划分,文化企业的分销渠道可以分为传统渠道和新型渠道。文化市场分销的传统渠道是一种相互独立、高度分离的分销形式,彼此之间缺乏融合、各行其是,合作关系比较紧张。

文化市场分销的新型渠道则是一种相互协作、紧密配合的分销形式。渠道成员间实行不同程度的一体化经营或联合经营,专业化管理分销组织网络,以实现规模经济并展开有效竞争。

5.产品流通渠道和服务分销渠道

根据项目产品的种类,可以把文化市场流通渠道划分为文化产品流通渠道和文化服务分销渠道。文化产品流通渠道是指项目产品生产企业除少数采用零售渠道外,大多是雇佣多层批发商,包括折扣店、百货商店以及专卖店来进行项目产品销售。

文化服务分销渠道是指绝大多数文化服务项目往往采用在同一地点和同一时间进行直销的渠道,如各种现场演出、娱乐参与、咨询服务、网络服务、新闻报道和现场直播节目等。

(二)项目产品市场分销渠道设计与选择

有效的项目产品市场分销渠道设计,应以确定文化产业项目所要达到的市场为起点,加上有利的渠道,才可能使项目获得利润。

1.影响项目产品市场分销渠道设计的因素

文化产业项目市场分销渠道设计问题的中心环节是要确定达到目标市场的最佳途径。影响渠道设计的因素较多,其中主要的因素有以下几种。

(1)文化消费者的特征。当项目产品消费者人数较多时,文化企业倾向于利用每一层次都有许多中间商的宽渠道;少而频繁的订货却常使文化产品生产企业依赖批发商为其销货。

(2)文化产品的特征。体积较大的产品,需要通过项目产品生产者到最终用户搬运距离最短、搬运次数最少的渠道来分销;非标准化和单位价值高的产品则通常由企业推销员直接销售。

(3)文化媒介的特征。由生产商代表与顾客接触,花在每一顾客身上的成本较低,总成本由若干个顾客共同分摊,但生产商代表对顾客所付出的努力则不如中间商的推销员。

(4)市场竞争的特征。项目产品生产者的渠道设计会受到竞争者所使用渠道的影响,因为某些行业的项目产品生产者希望在与竞争者相同或相近的地点与竞争者的产品抗衡。

(5)文化企业的特征。文化产业项目组织的特征在项目产品渠道选择中扮演着十分重要的角色,主要体现在总体规模、财务能力、产品组合、渠道经验和营销政策等方面。

(6)市场环境的特征。当经济萧条时,项目产品生产者都希望采用能使最终顾客以廉价购买的方式将其产品送到市场,这也意味着使用较短的渠道,并免除那些会提高产品最终售价但并不必要的服务。

2.项目产品分销渠道的选择策略

文化产业项目组织的项目产品营销策划者会在分析各种分销渠道影响因素的基础上,结合企业自身的市场策略和营销目标,选择制订合理的渠道策略。文化企业常用的分销策略有以下三种:

(1)密集式分销策略。通过尽可能多的销售点和最宽的分销渠道实现最大限度的文化产品销售。这种方式可以迅速扩大项目产品市场覆盖面、增加项目产品营销机会和方便消费者购买,通常适用于大量生产、经常消费的文化产品,如图书、报刊、音像制品和娱乐用品等。

(2)选择式分销策略。在一定区域内筛选部分经销商或代理商来经销项目产品。这种分销方式下,只需集中有限的力量管理少量的分销渠道,加强了对渠道的管理能力,能更好地完成分销业务,因此它是应用最多的分销方式。

(3)专营式分销策略。在一定地区内只选定一家中间商专营项目产品。这种方式适用于个体生产、单件小批量生产、市场需求量较小、单位价值较高和知名品牌的项目产品经销。

四、文化产业项目市场营销的促销策略

文化产业项目市场宣传和沟通的实质是文化产品和文化服务信息的传播,即文化产业项目组织通过声音、文字或图像等传播工具,向消费者、顾客或社会公众传送的有关项目产品、文化服务和企业形象等信息,以求达到影响消费者、顾客或社会公众态度和行为的目的。

(一)文化企业营销信息的传播

文化企业宣传和沟通的信息,通常被定义为是能够降低营销决策不确定程度的资料、数据和消息。图7-2为一个简单的文化企业营销信息流动模型。其中有两条信息流在文化企业

和文化消费者之间流动,一条由文化消费者流向文化企业,一条由文化企业流向文化消费者。前者被称为信息反馈,由市场调研执行这一职能;后者被称为信息传播,由文化企业促销执行这一职能。前者目的在于降低决策风险,从而提高文化产品的营销业绩;后者目的在于影响文化消费者甚至社会公众的行为态度向着有利于文化企业的方向转变,从而提高文化企业的营销业绩。由此可见,这两种营销信息的最终目的是一致的。

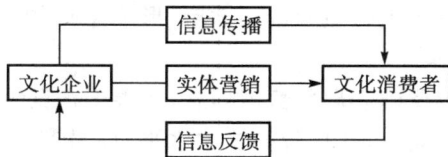

图7-2 文化企业营销信息流动模型

(二)项目产品的促销及方式

文化产业项目产品促销的最终目的在于促进文化产品和文化服务的交易。要达到这一目的,项目组织必须通过运用各种促销手段,引起文化产品和文化服务消费者的关注,使他们对项目产品和服务信息感兴趣,触发其需求动机,进而实现对文化产品和服务的购买;即使消费者暂时不会采取购买行为,项目产品的促销也会起到提高项目产品知名度和美誉度的作用,为项目产品日后的发展奠定良好的基础。

1.人员促销

项目产品的人员促销一般有两种形式:一是项目组织派出推销人员主动与消费者或顾客直接面谈推销业务,即通过面对面的交流,向消费者或顾客介绍文化项目产品,传递相关信息;二是由专设的营销部门和机构的营销人员向消费者或顾客推销产品,传递供求信息,或者利用权威效应以自己的专业知识向消费者传递产品信息等。

2.非人员促销

项目产品的非人员促销一般有三种形式:一是通过广告传播媒体向消费者宣传项目产品的促销形式,即通过非企业所有的媒介物向市场传递信息;二是为了刺激消费者立即采取购买行为而采用的一种促销方式,如项目产品展销、赠送等,这是文化企业通过自身所拥有的媒介物向市场传递信息;三是为了使潜在消费者对项目产品产生好感,扩大文化企业的知名度,面向广大消费者制造舆论而进行的公开宣传方式。

(三)项目产品促销组合与促销策略

1.项目产品促销组合

项目产品促销组合是指根据促销的需要,对各种促销方式进行的适当选择和综合运用。因为每种促销方式都有不同的优势和劣势,促销的侧重点在不同时期、不同商品上也有所区别,因此在制订促销策略时应遵循促销效率最高而促销费用最低的原则,使各种形式的促销组合相辅相成,效果最佳而又不浪费资源。

2.项目产品促销策略

项目产品促销策略是指通过人员推销、广告、公共关系和营业推广等各种促销方式,向消费者或用户传递产品信息,引起他们的注意和兴趣,激发购买欲望和购买行为,以达到扩大销售目的的营销组合基本策略。

（1）推式策略。推式策略是指利用推销人员和中间商促销，将产品推入渠道的策略。这一策略需要利用大量的推销人员推销产品，特点是风险小、推销周期短且资金回收快，但前提是需要有中间商的共识和配合，因此适用于生产者和中间商对产品前景看法一致的项目产品。

（2）拉式策略。拉式策略是指文化企业针对最终消费者展开广告攻势，把产品信息介绍给目标市场的消费者，使消费者产生强烈的购买欲望，形成急切的市场需求，然后拉引中间商纷纷要求经销这一项目产品的策略。

总之，文化产业项目组织要确立现代营销理念，要善于在竞争的市场环境中确定项目产品营销战略，敢于参加文化市场竞争，从自身的技术水平、项目产品生产状况、经营能力、员工素质等具体情况出发，在充分调研论证的基础上，根据总体项目目标，制订具体的项目产品营销策略。尤其要注意根据市场需求的变化，调整和开发项目新产品，努力实现由以生产者为中心向以消费者为中心的转变。

本章小结

1.文化产业项目市场营销是文化产业项目管理活动的重要组成部分。通过引入现代市场营销理念，进行有效的项目策划和创意，包装、广告和推介文化产业项目，不仅可以更好地满足文化市场的消费需求，促成文化产业项目和文化产品的价值实现，而且可以不断提高文化企业的实力、竞争力和影响力。

2.文化产业项目市场营销是指将文化产业项目本身作为一种特殊商品，或是将项目产生的文化产品一揽子解决方案进行设计、生产、包装和传播等一系列市场化和产业化运作的过程。

3.目标市场定位实际上是在已有基础上的深层次的市场细分和目标市场的选择，即从产品特征出发对目标市场进行进一步细分，进而在按消费者需求确定的目标市场内再选择确定企业产品的目标市场。

4.文化产业项目市场营销的基本策略包括产品策略、价格策略、分销策略和促销策略。产品策略是指文化企业根据市场需要，结合自己的生产经营目标和条件，生产出适销对路的文化产品，满足文化消费者的需求，实现项目目标的策略；价格策略涉及的文化产品价格的高低主要由项目产品成本、市场需求和市场竞争状况等因素决定；渠道策略是指建立完善便捷的文化产品分销渠道，尽快地把产品送到消费者手中的营销策略；促销策略是指文化企业要向谁，说什么，用什么方式说，通过什么途径说，达到什么样目的的营销策略。

复习与思考

1.如何理解文化产业项目与市场的关系？

2.什么是文化产业项目产品的市场定位？文化产品市场定位有哪些具体的应用策略？

3.当前影响文化产品定价的因素有哪些？

本章案例

"西安年·最中国"主题活动的网络推广

陕西省广告协会新媒体专业委员会发布的《"西安年·最中国"春节系列活动网络推广分

析报告》显示,2019年春节,微博平台成为策动、传播、引爆大西安宣传推广的主阵地,正向传播的主平台。"西安年·最中国"等微博话题收获10亿次总阅读量,超50万互动讨论,让西安以前所未有的方式、超乎想象的热度,散发着一座新时代国际化大都市的独特魅力。

微博引爆"西安年"惊艳中国。微博平台以高达85.17%的信息占比(见图7-3),成为"西安年"传播的主要媒体平台。客户端、网站、微信等平台也在"西安年"传播中发挥着重要的作用。仅2019年1月19日—2月19日一个月时间,微博上关于"西安年"的相关信息高达494513条,而在传播峰值的2月11日当天,便有130964篇相关微博提到"西安年"。微博话题造就了"西安年"传播的奇迹,开创了大西安传播的全新局面。

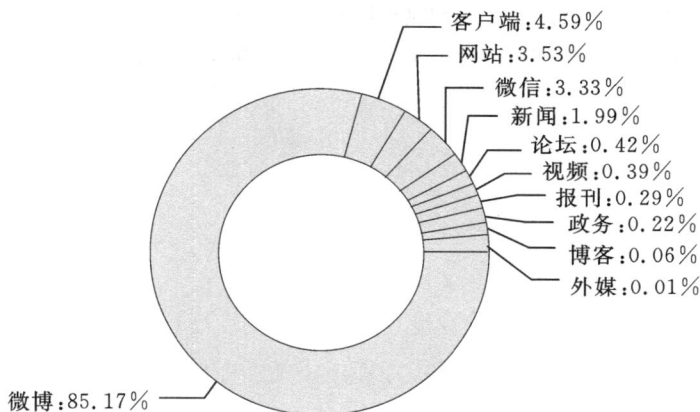

客户端:4.59%
网站:3.53%
微信:3.33%
新闻:1.99%
论坛:0.42%
视频:0.39%
报刊:0.29%
政务:0.22%
博客:0.06%
外媒:0.01%
微博:85.17%

图7-3 "西安年"信息来源类型统计图

截至2019年2月19日,由曲江新区主持的"来曲江过大年"、临潼度假区主持的"临潼度假区 来了还想来"、西咸新区泾河新城主持的"浓浓年味在泾河"、西安市文化和旅游局主持的"我在西安过大年"、西安市网信办发布主持的"西安年·最中国"、西安浐灞生态区主持的"西安年来浐灞"、携程旅行网主持的"西安年·最中国"、西安大唐芙蓉园主持的"大唐芙蓉园新春灯会"等主要微博话题,收获超过10亿阅读量,超过50万的互动讨论(见表7-2)。

表7-2 "西安年"主要微博话题数据

运营主体	运营话题	话题阅读量	话题讨论量
携程旅行网	西安年最中国	3.7亿	26万
西安市文化和旅游局	我在西安过大年	3.2亿	7万
西安市网信办	西安年·最中国	2.4亿	11.6万
曲江新区	来曲江过大年	1.6亿	1.2亿
西咸新区泾河新城	浓浓年味在泾河	511万	616
西安浐灞生态区	西安年来浐灞	417万	1155
西安大唐芙蓉园	大唐芙蓉园新春灯会	2162万	245
临潼度假区	临潼度假区 来了还想来	56.8万	5730

"西安年·最中国"春节活动与媒体融合,打造了"四全媒体"新范式。

（1）全程媒体：活动持续 30 天。

（2）全效媒体：话题讨论量超过 50 万次。

（3）全息媒体："西安年·最中国"系列话题做到了在多个媒介间流转。网友们用手机拍摄到的照片，不仅可以分享到微博与朋友圈，而且可以登上电视屏幕，形成了"相机（手机）拍摄→微博→电视→微博"的模式，让媒介互为媒介，信息就在媒介间流转起来。

（4）全员媒体："西安年·最中国"话题参与人次数十万，大规模的选题采编播大军，找素材、做选题、拍现场、后期制作、推广……都在微博上一站搞定。改变了过去媒体单向传播、用户被动接受的方式，给用户带来全方位的体验。

资料来源：岳娥.“西安年”是如何“最中国”的？［EB/OL］.（2019－03－01）［2019－08－16］. http://sx. sina. com. cn/news/wb/2019－03－01/detail-ihsxncvf8831709. shtml.

第八章 文化产业项目实施与控制

学习背景

文化产业项目的实施与控制阶段,是执行并完成文化产业项目计划所确定的各项核心性工作和辅助性工作任务的管理过程,是整个项目产出物形成的重要阶段。其阶段成果为项目交付产品的中间成果或最终成果。项目成果的表现形式根据项目特点的不同可以分为实物形态和知识形态两种。文化产业项目的实施与控制过程是以项目计划为参照,并通过对项目计划的不断修订和完善,来保障项目顺利实施并完成的。文化产业项目实施与控制阶段具体的工作内容包括项目计划的实施、项目过程控制与项目计划的调整和变更等。其中,项目的实施及其管理工作可以进一步划分为一系列具体的实施内容;项目实施过程的控制工作又可以进一步划分为对项目工期、项目成本、项目质量等不同方面的控制内容。

学习目标

1. 理解文化产业项目实施与控制的基本概念和内容;
2. 掌握文化产业项目进度控制的理论与方法;
3. 掌握文化产业项目成本控制的理论与方法;
4. 掌握文化产业项目质量控制的理论与方法;
5. 掌握文化产业项目变更控制的理论与方法。

第一节 文化产业项目实施与控制概述

一、文化产业项目实施与控制的概念

(一)文化产业项目实施与控制的基本概念

1. 文化产业项目实施

文化产业项目实施是指执行项目计划,完成项目计划所确定的各项工作任务,并从项目实际情况出发,灵活运用先进管理理念,通过不断解决突出的矛盾和问题,修订和完善项目计划,从而保障项目顺利圆满完成的管理过程。通过项目的实施可以将先进的项目管理思想和规范的项目管理模式应用到整个项目管理过程中。

2. 文化产业项目控制

文化产业项目控制是指项目管理者根据项目实施和进展的状况,对比原项目计划找出偏

差,分析成因,研究纠偏对策,并实施纠偏措施的全过程。因此,文化产业项目控制不是广义上的控制,而是对项目实施阶段的控制管理工作,通过对项目实施的控制,以保证项目实施向目标推进并尽量使项目的实施与计划相符合。

(二)文化产业项目实施与控制的必要性

文化产业项目实施与控制是顺利完成项目任务、达成项目目标不可缺少的重要环节。具体来说,文化产业项目实施与控制的必要性体现在以下几方面。

(1)文化产业项目前期策划阶段确定的总体目标和经过设计与计划分解的详细目标必须通过实际的项目实施和控制才能实现。

(2)现代文化产业项目往往规模大、投资大、技术要求高、系统复杂,项目计划实施的难度较大,必须进行有效的控制。

(3)由于专业化分工,文化产业项目的顺利实施需要参与项目的各方主体在时间、空间上的有效协调或一致,所以也必须有严格的控制。

(4)由于现代文化产业跨部门、跨行业、跨地区甚至跨国的项目越来越多,文化产业项目管理必须要解决跨地区(跨国)、跨行业的远程控制问题。

(5)文化产业项目计划是在许多假设条件基础上对项目过程进行的预先安排,而项目在具体的实施过程中会受到多种因素的干扰,产生各种各样的问题。只有进行严格的项目实施过程控制才能不断地修正和调整项目计划,保证项目的实施过程与发展符合项目目标。

(三)文化产业项目实施与控制的目的和作用

文化产业项目实施与控制的目的在于确保项目质量达到项目预期的目标,确保项目进度保持在项目计划范围内,确保项目成本控制在项目预算范围内。

文化产业项目实施与控制的作用,一方面体现为检验作用,即通过项目的实施与控制工作,检验项目各项工作是否按照预定计划进行,检验项目计划方案的正确性与合理性;另一方面体现为调整作用,即通过项目的实施与控制工作,调整项目不合理的计划或消除项目实施的各项干扰因素,使项目活动回到正确的轨道。

二、文化产业项目实施与控制的内容

(一)文化产业项目实施的工作内容

1.项目计划任务的实施

文化产业项目的实施过程主要是执行项目计划中预设的各项计划任务,并完成相应的计划指标。

2.项目任务范围的进一步确认

文化产业项目的实施过程以项目实施的现实情况为依据,并进一步明确文化产业项目计划中的任务、所涉及范围及其要求等。

3.项目质量的保证

文化产业项目的实施过程要按照既定的方法和标准,评价整个项目的实际工作,并采取各种项目质量保证和监控措施,以确保项目能够符合相应的质量标准。

4.项目团队的建设

文化产业项目的实施过程是不断打造项目团队文化价值、团队精神,并促进项目成员技能不断提高,从而保障项目实施绩效的过程。

5.项目相关信息的传递

文化产业项目的实施过程包括及时、准确、完整地为项目利益相关者提供该项目实施过程中各种具体情况及变更情况等信息。

6.项目采购工作的开展

文化产业项目的实施过程也包括项目采购计划及其所规定任务的实施,如开展寻求报价、招投标、发现和选择合适供应商等方面的工作。

7.项目各种供应来源的选择

文化产业项目的实施过程也包含根据项目采购标准和政策,对项目的供应方、承接方的商品和劳务进行择优选取的工作。

8.项目合同管理

文化产业项目的实施过程还包括对相关项目组织与项目商品或劳务供应商之间的各种合同关系的管理和合同履约情况的管理工作。

(二)文化产业项目控制的工作内容

1.项目实施过程的控制

文化产业项目控制工作需要了解项目具体的执行和实施情况,对项目的实施程序、实施作业和实施步骤等开展管理控制工作。

2.项目实施范围的控制

文化产业项目控制工作需要在了解项目具体执行情况的过程中,比照项目的初始计划,对项目或项目阶段性任务范围进行界定与确认、变更管理和控制。

3.项目实施进度的控制

文化产业项目控制工作在了解项目具体执行情况的过程中,要对项目或项目阶段性作业时间和实际工期进度等方面进行全面控制。

4.项目实施成本的控制

文化产业项目控制工作要在了解项目具体执行情况的过程中,对项目或项目阶段的成本预算和成本发生状况进行全面控制。

5.项目实施质量的控制

文化产业项目控制工作要在了解项目具体执行情况的过程中,对项目或项目阶段的工作质量和项目产出物质量进行管理与控制。

6.项目实施绩效报告

文化产业项目控制工作要在了解项目具体执行和实施情况的基础上,对文化产业项目及项目各阶段实施效果的相关信息加以收集并做出绩效评价。

7.项目实施风险的控制

文化产业项目控制工作要在了解项目具体执行和实施情况的基础上,对项目实施过程中可能出现的风险及其后果进行控制或必要的项目变更。

文化产业项目实施控制工作最主要的内容是项目进度控制、项目成本控制、项目质量控制、项目合同控制等,表8-1对这几部分项目实施控制的内容、目的、目标及依据进行了对比。

表 8-1 文化产业项目实施控制的内容

序号	控制内容	控制目的	控制目标	控制依据
1	成本控制	保证按计划成本完成项目,防止成本超支和费用增加,达到盈利	计划成本	各分项项目、项目总计划成本,人力、材料、资金计划,计划成本曲线等
2	质量控制	保证按任务书(或设计文件、合同)规定的数量和质量完成项目,使项目顺利通过验收,交付使用,实现预期的使用功能	规定的质量标准	各项技术标准、规范、项目说明、图纸、项目定义、任务书、项目批准文件等
3	进度控制	按预定的进度计划实施项目,按期交付项目产品,防止项目拖延	任务书(或合同)规定的工期	项目规定的总工期计划、批准的详细的项目进度计划、网络图、横道图等
4	合同控制	按合同的规定全面完成自己的义务,防止出现项目违约	合同规定的各项义务、责任	合同范围内的各种文件、合同分析资料等

三、文化产业项目实施与控制的程序

(一)文化产业项目控制标准的制订

文化产业项目控制标准的制订是文化产业项目实施与控制的首要任务,是整个项目实施与控制阶段各种管理依据和基准的制订阶段。文化产业项目控制标准的制订包括:项目进度控制、项目成本控制、项目质量控制等关系项目成功的关键要素的项目控制标准的制订,以及与具体项目的专业特性有关的一些控制标准的制订,如建设项目的安全控制标准、科研项目的阶段成果控制标准等。

(二)文化产业项目实施工作的开展

文化产业项目实施工作需要根据每个项目不同的计划工作内容,开展各种不同的项目作业,即进行项目产出物的生产或形成作业。例如,一个会展项目与一个文化新产品的开发项目,它们的实施作业与活动就完全不同;即使同是会展项目,不同的会展内容、会展地点、会展时间和会展项目队伍,其实施作业与活动内容也会有很大不同。

(三)文化产业项目实施中的指挥、调度与协调

在文化产业项目实施过程中,项目管理者必须通过有效的指挥、调度和协调等管理工作,使整个项目的实施作业与活动能够处于一种有序的状态,确保整个项目的实施能够在一种资源合理配置的状态下开展。文化产业项目实施过程中的指挥、调度和协调工作既涉及对项目实施任务的指挥调度,又涉及对项目团队关系的协调,以及对项目资源的调配。

(四)文化产业项目实施工作的绩效度量与报告

在文化产业项目实施工作中,必须定期对项目实施工作的绩效进行度量与报告。文化产业项目实施绩效的度量,是将项目实施工作的实际情况与所制订的项目控制标准进行对照和比较的工作。项目实施绩效度量报告,是对照项目控制标准,统计、分析和报告项目实施的实

际工作情况。通过项目实施绩效的度量和分析,可以发现文化产业项目实施现状与项目计划之间是否存在偏差,分析出造成项目偏差的原因,并给出各种纠偏建议等信息。

(五)文化产业项目实施中的纠偏行动

项目纠偏行动措施有些是针对项目资源的配置与管理的,有些是针对人员组织与管理的,有些则是针对项目过程和方法的改进与提高的,等等。文化产业项目实施纠偏行动的目的在于通过采取各种有效措施,纠正项目实施过程中出现的各种偏差或修改原不合理计划或标准,使项目实施工作保持有序和处于受控的状态,从而确保项目目标的实现。

第二节　文化产业项目进度控制

文化产业项目进度计划对项目工作的时间占用做出了较为详细的预先安排,但是由于这种计划和安排是面向未来的,在一定程度上依赖的是项目管理者过去的经验和基于现有数据信息资料做出的预测,因此项目计划在实际执行过程中就可能产生时间拖延的问题和偏差。文化产业项目时间管理或进度控制,就是要以前期文化产业项目进度计划对项目各项工作的时间和顺序安排为基础,采用科学的方法对项目各项工作的进展情况进行不断的监控,并采取有效措施确保项目进程按照预期目标推进。

一、文化产业项目进度控制的概念

(一)项目进度控制的概念

项目进度控制也称项目时间管理,是指在项目执行过程中,为确保项目能够在规定时间内实现项目目标,而对项目活动进度及日程安排所进行的管理过程。文化产业项目进度控制,是指在文化产业项目实施过程中,依照预先设定的项目进度计划和项目工作时间安排,将项目实际工作进展和进度与预设的项目进度计划进行核查,发现其间的偏差或背离,寻找引起时间偏离的原因,并及时采取措施加以补救,或是改变、调整原项目进度计划,防止项目出现拖延甚至是无法实现,以确保文化产业项目按期完成的管理过程。

(二)项目进度拖延的原因

影响文化产业项目进度的因素很多,主要包括:

(1)项目进度计划不当,项目工作时间估算不准,或项目时间安排不合理;

(2)项目实施过程中对人力、物力、财力等项目资源的配置或调度安排不当;

(3)项目不可控制因素的干扰,比如天气、项目范围变更等。

(三)确保项目进度的措施

针对文化产业项目实际进度出现的拖延偏差,可以针对性地采取一些应对措施,如:

(1)项目进程计划调整。修改项目活动顺序或研究替代进程计划。

(2)修改项目实施方案。如将一些项目工作包合并,改变项目网络计划中工作活动的逻辑关系,压缩关键活动的时间和平行作业,在关键项目活动上设置浮动时间等。

(3)增加项目资源投入。增加项目工作人员,或进行项目资源的重新分配与调整。

(4)减少项目工作范围,将部分项目任务转移或减少项目工作量或删减不必要工作包。

(5)改善项目施工设备、使用器具、操作工艺等,以提高项目工作的劳动效率。

二、文化产业项目进度控制的内容

(一)文化产业项目进度控制的基本原理

1.动态控制原理

文化产业项目的进行是一个动态的过程,对项目进度的控制是随着项目的进展而不断进行的。因此,文化产业项目管理人员需要在项目各阶段根据不同层次的项目进度计划,观测、掌握进展动态。对项目进展状态的观测通常采用日常观测和定期观测方法。

2.系统原理

文化产业项目的各实施主体和项目各阶段、各部分、各层次的项目进度计划构成了项目进度计划系统,它们之间是相互联系、相互影响的。因此项目每一进度计划的执行过程也是一个完整的系统,必须运用系统的理论和方法解决项目进度控制问题。

3.封闭循环原理

文化产业项目进度控制的全过程是包含了实施项目进度计划,对项目实际进度进行检查、比较与分析,确定调整措施、修改计划等过程的一个封闭的循环系统。进度控制过程就是这一封闭循环系统不断运行的过程。

4.信息原理

信息是文化产业项目进度控制的根本依据,因此必须建立完善的信息系统,及时有效地进行项目进度信息的传递和反馈。

5.弹性原理

文化产业项目实施过程的影响因素多而复杂,因此要求编制项目进度计划时就必须留有余地,使项目进度计划具有一定的弹性。而且项目进度的控制与项目控制的其他环节密切关联,要求项目控制必须在与项目质量控制、成本控制、安全目标等相协调的基础上,实现项目进度控制的目标。

(二)文化产业项目进度控制的过程

文化产业项目进度控制的内容如图8-1所示。文化产业项目进度控制的过程包含了以下一些方面:对项目进度计划进行审核;对诱发进度变化的因素施加作用,从而保证变化不违背项目的整体目标;对正在发生或可能发生的项目进度变化施加影响,采取必要的控制措施。实施项目进度控制的措施主要有组织措施、技术措施、经济措施、管理措施。组织措施包括落实各层次的控制人员、具体控制任务和工作责任以及建立进度控制的组织系统,确定事前控

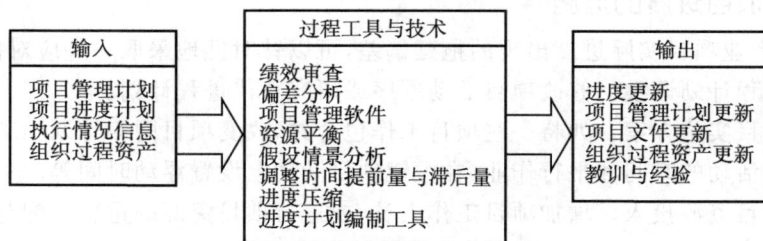

输入	过程工具与技术	输出
项目管理计划 项目进度计划 执行情况信息 组织过程资产	绩效审查 偏差分析 项目管理软件 资源平衡 假设情景分析 调整时间提前量与滞后量 进度压缩 进度计划编制工具	进度更新 项目管理计划更新 项目文件更新 组织过程资产更新 教训与经验

图8-1 文化产业项目进度控制的内容

制、事中控制、事后控制、协调会议、集体决策等进度控制工作制度等;经济措施包括实现项目进度计划的资金保证措施、资源供应措施、激励机制的实施等;技术措施包括各种采取加快项目进度的技术方法;管理措施包括加强合同管理、信息管理、沟通管理、资料管理等综合管理,协调参与项目的各有关单位、部门和人员之间的利益关系,使之有利于项目的顺利进展等。

文化产业项目进度控制管理是动态的、全过程的管理。文化产业项目进度控制的实施包含以下四个步骤:

(1)进行项目进度的动态跟踪与监控。

(2)各控制期末与项目进度计划进行对比,评价项目进度状况,发现项目进度的偏差,对诱发项目进度变化的因素进行分析。

(3)确定应采取哪种具体的项目进度控制措施,调整进度,预测新的工期状况。

(4)将项目进度纠正措施列入计划,形成项目进度变更报告,并预测和验证项目进度计划采取纠正措施的效果。

(三)文化产业项目进度控制的结果

1.更新项目进度表

文化产业项目进度表的更新是指对用于管理文化产业项目的项目进度计划资料所做出的任何修改。必要时需通知有关的利益相关者,并需重新绘制项目进度网络图以展示得到批准的项目剩余持续时间和对项目工作计划所做的修改。

2.更新项目进度基准

通过比较和分析文化产业项目进度计划实施的实际情况与计划之间的偏差,对文化产业项目进度基准、进度计划提出项目变更请求,并在核准项目范围及费用变更之后,对已经通过批准的项目进度基准和项目进度表进行修订。

3.推荐的项目纠正措施

当文化产业项目进度计划与实际实施情况之间产生偏差时,需要采取一定的手段和措施及时有效地对项目实施加以控制或是修改原先的计划,从而保证项目在整体时间上的稳定。

4.项目资源调整

项目资源供应发生异常是指因供应满足不了需要,如资源强度降低或中断等,影响到项目进度计划的实现。若文化产业项目资源供应发生异常,应进行项目资源调整,资源调整的前提是保证项目进度不变或使项目进度更加合理。

5.经验总结和知识管理

对上述文化产业项目进度变更及其调整过程中所积累的经验和教训加以总结,并将总结的结果存留在数据库中,以正式文档的形式为后续的项目提供知识储备和经验积累。

三、文化产业项目进度控制的方法

(一)项目进度计划实施情况测量方法

文化产业项目进度计划实施情况的测量是指对项目进度计划在现实中具体开展情况的了解和测定,确定该进度计划目前已完成程度、具体完成情况与预设计划之间是否存在差距、差距的大小等一系列测量过程。项目进度计划实施情况测量的方法主要有日常观测法、定期观测法和项目进展报告等。

(二)项目进度比较与分析方法

只有通过对文化产业项目进度实施情况与计划的比较和分析,才能真正了解项目实施的情况。项目进度比较与分析的方法包括项目进度比较横道图、实际进度前锋线比较法、曲线法和偏差分析法等。

(三)项目管理软件

用于制订项目进度表的文化产业项目管理软件能够追踪与比较项目进度计划日期与实际日期,预测实际或潜在的项目进度变更带来的后果。

(四)项目绩效衡量法

文化产业项目绩效衡量技术为进度偏差以及进度效果提供测定指数。进度偏差与进度效果指数是在项目进展过程中对其工作偏差大小加以衡量的基本标准。项目绩效衡量的最终目的是为了对是否需要采取纠正措施提供判断的依据。

(五)项目进度变更控制系统

文化产业项目进度变更控制系统规定项目进度变更应遵循的手续,包括书面申请、追踪系统以及核准变更的审批级别等。进度变更控制系统的工作既是进度控制的起点也是进度控制的终点。

第三节　文化产业项目成本控制

文化产业项目成本控制就是采用一定的方法对项目全过程所耗费的各种费用的使用情况进行管理的过程。文化产业项目成本计划是项目成本控制的基础,与项目资源需求预测共同构成项目成本管理的内容,同时也为项目的进度和质量管理提供基础和保证。文化产业项目成本控制的范围涉及对可能引起项目成本变化因素的控制(事前控制)、项目实施过程中的成本控制(事中控制)和当项目成本变动实际发生时对项目成本变化的控制(事后控制)。

一、文化产业项目成本控制的概念

(一)项目成本控制的概念

项目成本控制,是在项目成本的形成过程中,对项目生产过程所消耗的人力资源、物质资源和费用开支,进行指导、监督、调节和限制,及时纠正可能发生和已经发生的项目费用偏差,把各项项目生产环节的费用控制在计划成本的范围之内,以保证项目成本目标的实现。

文化产业项目成本控制,是在项目实施过程中尽量使项目实际发生的成本控制在项目预算范围之内的一项项目管理工作,是对项目在规定时间范围内实际耗费的支出及成本加以控制的措施和过程。

(二)项目成本控制的原则

1.成本合理最低化原则

文化产业项目成本控制的根本目的在于通过运用成本管理的各种手段,不断降低项目实施成本,以达到可能实现最低目标成本的要求。在实行成本最低化原则时,应注意降低成本的可能性和合理的成本最低化。一方面挖掘各种降低项目成本的能力;另一方面从实际出发,制订可能达到合理的最低成本水平。

2.全面成本控制原则

文化产业项目全面成本管理是项目全员和全过程的管理。项目成本的全员控制包括项目各单元的责任网络和经济核算等;项目成本的全过程控制要求项目成本控制工作要随着项目各阶段连续实施,项目成本自始至终置于有效的控制之下。

3.动态控制原则

文化产业项目的成本预算只是根据项目设计计划的具体内容确定的成本目标编制成本计划,制订成本控制的预先方案,因此,文化产业项目成本控制应强调项目过程的动态控制,以防止由于成本盈亏已成定局,即使发生了纠差,也来不及纠正。

4.目标管理原则

文化产业项目成本控制也需按照目标管理的思想实施控制,包括目标成本的设定和分解,目标成本责任的分配到位和执行,检查目标成本的执行结果,评价目标成本和修正目标成本,形成目标成本控制的 PDCA 循环。

5.责、权、利相结合原则

在文化产业项目施工过程中,项目管理各部门、各小组在肩负项目成本控制责任的同时,享有项目成本控制的权力。项目经理要对项目各部门、各小组在项目成本控制绩效进行定期的检查和考评,实行有奖有罚,真正做好责、权、利相结合的成本控制,以收到预期的项目成本控制效果。

二、文化产业项目成本控制的内容

(一)文化产业项目成本控制的依据

1.项目成本基线

项目成本基线,是指项目从开始到结束的整个生命期内的项目费用累计曲线。当项目进度计划按照所有活动的最早开始或最晚开始或两者之间的某个时点开始安排时,就形成了各种不同形状的 S 曲线。它也被称为"香蕉图",反映了项目成本变化的安全区间。项目实际发生费用的变化如果不超出两条曲线的限定范围都属于正常范围。项目成本基线是文化产业项目成本控制最基础的依据。

2.项目成本实际绩效评价报告

文化产业项目成本实际绩效评价报告,反映了项目预算的实际执行情况,其中包括:哪个阶段或哪项工作的成本超出了预算,哪些未超出预算,问题究竟出在什么地方,等等。项目成本实际绩效评价报告通常会给出项目成本预算额、实际成本执行额和差异数额,其中差异数额是评价、考核项目成本管理绩效好坏的重要标志。编制文化产业项目成本实际绩效评价报告要充分注意其准确性、及时性和适用性,它是文化产业项目成本控制的主要依据之一。

3.项目变更请求

文化产业项目的变更请求既可以是由项目业主/客户提出的,也可以是由项目实施者或其他方提出的。任何项目变更都会造成项目成本的变动,因此项目成本预算变动必须经项目业主审议同意或经授权同意进行项目成本变更,否则将会面临着这类变更收不到付款的风险。

4.项目成本管理计划

文化产业项目成本管理计划是关于如何管理项目成本的计划文件,是项目成本控制工作十分重要的依据性文件。这一文件给出的内容很多是项目成本事前控制的计划和安排,对项目成本控制工作很有指导意义。

(二)文化产业项目成本控制的过程

文化产业项目成本控制的过程主要包括:跟踪监督项目成本执行情况,寻找实际成本与计划的偏差,确定项目成本偏差出现的原因,确认对项目基准成本的哪些变更是合理的,采取合理措施纠正偏差,防止不正确、不合理的、未经许可的变更纳入费用计划,并把项目成本变更通知项目各涉及方。文化产业项目成本控制的内容如图8-2所示。

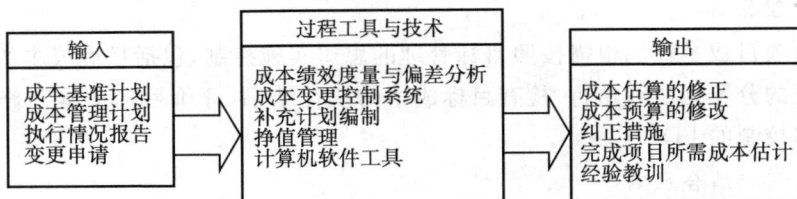

输入	过程工具与技术	输出
成本基准计划 成本管理计划 执行情况报告 变更申请	成本绩效度量与偏差分析 成本变更控制系统 补充计划编制 挣值管理 计算机软件工具	成本估算的修正 成本预算的修改 纠正措施 完成项目所需成本估计 经验教训

图8-2 文化产业项目成本控制的内容

具体来说,文化产业项目成本控制包含以下内容:

1.项目成本监督

文化产业项目成本控制将审核各项费用,确定是否进行了文化产业项目款的支付,监督已支付的项目是否完成,并做实际成本报告。

2.项目成本跟踪

文化产业项目成本控制将做详细的项目成本分析报告,并向各个方面提供不同要求和不同详细程度的报告,确保实际需要的项目变动都有据可查,防止不正确、不合适的或未授权的文化产业项目变动所发生的费用被列入文化产业项目成本预算。

3.项目成本诊断

文化产业项目成本控制也包括对项目成本超支量及其原因的分析与诊断、剩余项目工作所需成本预算和项目成本趋势分析等。

4.项目成本计划的调整

在编制文化产业项目成本计划时,无论做了多么充分的工作,也可能会出现疏漏和不足,而且文化产业项目所处的环境总是或多或少发生着变化,很多与成本相关的因素也会发生变化,如利率、税收的调整等。因此及时调整和完善项目成本计划是项目成本控制的内容之一。但项目成本计划的变更与调整还必须考虑与项目的其他过程控制,如范围控制、进度控制、质量控制等相协调。

(三)文化产业项目成本控制的结果

开展文化产业项目成本控制的直接结果,是带来了项目成本的节约和项目经济效益的提高;其间接结果是生成了一系列文化产业项目成本控制文件。这些文件主要有以下几种。

1.文化产业项目成本估算的更新文件

文化产业项目成本估算的更新文件是对文化产业项目原有成本估算的修订和更新的结果文件。这一文件中的信息一方面可以用于下一步的文化产业项目成本控制，另一方面可以作为未来项目的历史数据和信息。

2.文化产业项目预算的更新文件

文化产业项目预算的更新文件是对文化产业项目原有成本预算的修订和更新的结果文件，是文化产业项目后续阶段成本控制的主要依据。这一文件同样有作为项目成本控制使用和作为历史数据和信息使用等方面的作用。

3.文化产业项目活动方法改进文件

文化产业项目活动方法改进文件是有关文化产业项目具体活动的方法改进与完善方面的文件。它包括两个方面的信息：一是文化产业项目活动方法与程序改进方面的信息；二是文化产业项目活动方法改进所带来的项目成本降低方面的信息。

4.经验教训文件

经验教训文件是有关文化产业项目成本控制中的失误或错误以及各种经验与教训的汇总文件。这种文件的目的在于总结经验和接受教训，以便改善下一步的项目成本控制工作。文化产业项目经理应及时组织项目成本控制的评估会议，并就项目成本控制工作做出相应的书面报告。

三、文化产业项目成本控制的方法

(一)项目变更控制体系

这是一种通过建立文化产业项目变更控制体系对项目成本进行控制的方法。项目变更控制体系是包括了从项目变更请求，到变更请求批准，一直到最终变更项目成本预算的项目变更全过程的控制体系。通过一系列评估确定变更带来的成本和时间代价，再由项目业主/客户判断是否接受这个代价。

(二)项目成本实效度量方法

这是指文化产业项目实际成本完成情况的度量方法。在文化产业项目成本管理中"挣值"的度量方法是非常有价值的一种项目成本控制方法。其基本思想就是通过引进一个中间变量即"挣值"（earned value，实际完成的工作量及其相应的预算成本），以帮助项目成本管理者分析项目的成本和工期变化并给出相应的信息，从而使人们能够对项目成本的发展趋势做出科学的预测与判断。

(三)项目成本附加计划法

不可预见的各种情况要求在文化产业项目实施过程中重新对项目的费用做出新的估计和修改。项目成本附加计划法，即通过新增或修订原有计划对项目成本进行有效的控制的方法。如果没有项目成本附加计划，当遇到意外情况时项目管理者会因缺少应付办法而可能出现项目成本失控的局面。因此附加计划法是未雨绸缪、防患于未然的项目成本控制方法之一。

(四)项目成本控制的软件工具

这是一种使用文化产业项目成本控制软件来控制项目成本的方法。目前市场上有大量项目成本控制的软件可供选择,利用这些软件,项目管理者可以生成项目任务一览表,建立项目工作任务之间的相互依存关系,测量项目工作,处理某些特定的项目约束条件,跟踪项目团队成员的薪金和工作等;也可以监控和预测项目成本的发展变化情况,发现项目成本管理中的矛盾和问题,根据不同要求生成不同用途的成本或绩效报告,以不同方式整理项目信息,通过联机工作和网络数据共享,对项目进度、预算或人员变动迅速做出反应;通过项目实际成本与预算成本的比较分析找出项目实施存在的问题,并能提供各种建议措施,供项目成本管理人员参考。

(五)项目不确定性成本的控制

项目成本一般会有三种不同的成分。一是确定性项目成本,这部分成本确定会发生而且知道其数额大小;二是风险性项目成本,对此人们只知道它可能发生以及发生的概率大小与分布情况;三是完全不确定性项目成本,对它人们既不知道其是否会发生,也不知道其发生的概率和分布情况。这三类不同性质的项目成本的综合构成了一个项目的总成本。

因此,文化产业项目的成本控制必须从控制项目的确定性、风险性和完全不确定性三类不同性质的成本去开展控制工作。文化产业项目成本全面管理中最根本的任务是首先要识别一个项目具有的各种风险并确定出它们的风险性成本;其次是要通过控制风险的发生与发展去直接或间接地控制项目的不确定性成本。同时还要开展对风险性成本和不可预见费等风险性成本管理储备资金的控制从而实现文化产业项目成本管理的目标。

第四节 文化产业项目质量控制

文化产业项目质量控制对于文化产业项目而言具有举足轻重的意义。文化产业项目质量控制凝聚了项目利益关系人各方的共同努力;文化产业项目质量控制不仅是指对项目最终输出物的质量控制,更是包含了对项目实施过程中各个环节的质量控制。文化产业项目质量控制是贯穿于项目管理全生命周期过程,针对保障和提高项目质量而进行的管理。

一、文化产业项目质量控制的概念

(一)项目质量控制的概念

项目质量控制,是为了确保项目合同、规范所规定的质量标准,所采取的一系列检测、监控措施、手段和方法。由于项目活动是一种特殊的生产过程,其项目组织特有的流动性、综合性、劳动密集性及协作关系的复杂性,均增加了项目质量控制的难度。项目的质量控制主要是为了确保项目按照设计者规定的要求满意地完成,包括使整个项目的所有功能活动能够按照原有的质量及目标要求得以实施。

文化产业项目质量控制,是指客户对文化产业项目实际交付成果满意程度的管理和控制。文化产业项目质量控制从根本上来说,是为了保质保量地提供能满足客户需求的项目成果,而在项目的计划、协调、控制等领域进行的质量监督和管理工作。

(二)项目质量控制的原则

(1)"质量第一、用户至上"原则。项目在质量标准、项目实施、监督考核过程中应自始至终地把"质量第一、用户至上"作为项目质量控制的基本原则。

(2)"以人为核心"原则。人是质量的创造者,项目质量控制必须"以人为本",把人作为质量控制的根本动力,调动项目实施人员的积极性、创造性,增强责任感,增强质量意识,树立"质量第一"观念,避免人为失误,以人的工作质量保证项目产品质量。

(3)"预防为主"原则。要从对项目质量做事后检查把关,转向对项目质量过程的检查、项目阶段性产品质量的检查,进行全员、全程、全方位的质量预防与检测,确保项目产品质量。

(4)"坚持质量标准,一切用数据说话"原则。项目质量标准是评价项目产品质量的尺度,数据是质量控制的基础和依据。项目产品质量是否符合质量标准,必须通过严格的质量标准检查,用数据说话,确保项目每一环节、每一项目产出物的质量。

(5)"科学、公正、规范"原则。项目质量管理人员,在处理项目质量问题过程中,应尊重客观事实、尊重科学,遵纪、守法,正直、公正,不持偏见。

(三)项目不同阶段的质量控制

文化产业项目的不同阶段,对项目产品质量的形成起着不同的作用,也有着不同的影响,其质量控制的重点也不相同。

1.项目概念阶段的质量控制

在项目的可行性研究和项目决策阶段,应进行充分的项目可行论证和项目方案比较,提出对项目质量的总体要求,使项目的质量标准符合项目委托方对质量的要求和意愿,并与项目的其他目标相协调,与项目的环境相协调。在项目决策过程中,应充分考虑项目费用、时间、质量等目标之间的对立统一关系,确定项目应达到的质量目标和水平。

2.项目规划阶段的质量控制

没有高质量的项目设计和计划就没有高质量的项目实施和项目成果。应针对项目自身特点,根据项目决策阶段已确定的项目质量目标和水平,在项目具体的设计与计划过程中使质量要求和标准具体化,确保项目质量预控有对策、项目实施有方案、项目质量保证措施有交底,以实现项目预期价值和功能。

3.项目实施阶段的质量控制

项目实施是项目质量控制的重点。项目实施阶段所形成的项目质量应符合项目设计要求。项目实施阶段的质量控制,也是一个从对项目投入品的质量控制开始,到对项目产出品的质量控制为止的系统控制过程。项目实施阶段的不同环节,其质量控制的工作内容也不同。根据项目实施的不同时间阶段,可以将项目实施阶段的质量控制分为事前控制、事中控制和事后控制。

4.项目完成阶段的质量控制

项目最终完成后,应进行全面的项目产出物质量检查、评定与验收,以判断项目成果是否达到项目预期设计的质量目标。

二、文化产业项目质量控制的内容

(一)文化产业项目质量控制的依据

1.文化产业项目质量计划

文化产业项目质量计划是在文化产业项目质量计划编制过程中所形成的项目质量计划

文件。

2.文化产业项目质量工作说明

文化产业项目质量工作说明也是在文化产业项目质量计划编制过程中所形成的对项目质量工作的说明性文件。

3.文化产业项目质量控制标准与要求

文化产业项目质量控制标准与要求是根据文化产业项目质量计划和项目质量工作说明,通过分析和设计而形成的文化产业项目质量控制的具体标准。项目质量控制标准与项目质量目标和项目质量计划指标是不同的概念:项目质量目标和计划给出的是对项目质量的最终要求,而项目质量控制标准则是根据这些最终要求所制订的控制依据和控制参数。通常,这些项目质量控制参数要比项目目标和依据更为精确、严格和有操作性。如果项目质量控制标准不够精确和严格就会经常出现项目质量失控状态,会经常需要采用项目质量恢复措施,从而形成较高的项目质量成本。

4.文化产业项目质量实际绩效

文化产业项目质量的实际结果包括项目实施过程的中间质量结果和项目的最终质量结果,同时还包括项目工作本身的质量。文化产业项目实际质量绩效信息是文化产业项目质量控制的重要依据。因为有了这类信息,人们才可能将项目质量的实际情况与项目的质量要求和控制标准进行对照,从而发现项目质量存在的问题,并采取项目质量的纠偏措施,使项目质量保持在受控状态。

(二)文化产业项目质量控制的过程

项目质量控制是一个从输入、转化到输出的系统过程。一个文化产业项目成功与否,主要看其项目或项目产品的质量是否符合要求,一个质量没有达到客户要求的项目必然是失败的项目。项目质量控制的过程包括:监控特定的项目工作绩效,判定它们是否符合有关的项目质量标准,并排除造成项目绩效或质量不令人满意的根源等。文化产业项目质量控制的内容如图8-3所示。

图8-3 文化产业项目质量控制的内容

(三)文化产业项目质量控制的结果

1.文化产业项目质量的改进

文化产业项目质量的改进是指通过文化产业项目质量管理与控制所带来的文化产业项目质量提高,是文化产业项目质量控制最为重要的一项结果。

2.对文化产业项目质量的接受

对文化产业项目质量的接受包括两个方面:一是指项目质量控制人员根据项目质量标准对已完成的项目结果进行检验后对该项结果所做出的接受和认可;二是指项目业主/客户或其代理人根据项目总体质量标准对已完成项目工作结果进行检验后做出的接受和认可。一旦做出了接受项目质量的决定,就表示一项项目工作或一个项目已经完成并达到了项目质量要求;如果做出了不接受的决定,就应要求项目返工,恢复并达到项目质量要求。

3.返工

在文化产业项目质量管理中返工是最严重的质量后果之一。返工是指在文化产业项目质量控制中发现某项工作存在质量问题并且其工作结果无法接受时,所采取的将有缺陷或不符合要求的项目工作结果重新变为符合质量要求的一种工作。返工既是项目质量控制的一个结果,也是项目质量控制的一种工作方法。返工的原因一般有三个:一是项目质量计划考虑不周;二是项目质量保障不力;三是出现意外变故。返工所带来的不良后果主要也有三个:一是延误了项目进度;二是增加了项目成本;三是影响了项目形象。重大或多次的项目工作返工会导致整个项目成本突破预算,并且无法在批准时限内完成项目工作,因此应尽力避免返工。

4.核检结束清单

当使用项目质量核检清单开展文化产业项目质量控制时,已完成核检的工作清单记录是文化产业项目质量控制报告的一个组成部分。这一项目质量控制工作的结果通常可作为项目历史信息使用,以便为下一步的项目质量控制所做的调整和改进提供依据和信息。

5.文化产业项目调整和变更

文化产业项目调整和变更是文化产业项目质量控制的一种阶段性或整体性的结果。项目调整和变更是指根据项目质量控制的结果和面临的问题(一般是比较严重的,或事关全局性的项目质量问题),或者是根据项目各利益相关者提出的项目质量变更请求,对整个项目的过程或活动所采取的调整、变更和纠偏行动。在某些情况下,项目调整和变更是不可避免的,如当发生了严重的质量问题而无法通过返工修复项目质量时,当发生了重大意外而进行项目变更时等。

三、文化产业项目质量控制的方法

(一)核检清单法

项目质量核检清单是文化产业项目质量控制的一种独特的结构化质量控制方法。这种方法主要是使用一份开列出的用于检查项目各个流程、各项活动和各个活动步骤中所需核对和检查的科目与任务清单;对照这一清单,按照规定的核检事件和核检频率去检查项目的实施情况;对照清单中给出的项目工作质量标准要求,确定项目质量是否失控、是否出现了系统误差、是否需要采取纠偏措施等;最终给出相应的项目质量核查结果和对策措施决策。

(二)质量检验法

项目质量检验是指那些用于保证项目工作结果与质量要求相一致的测量、检验和测试等质量控制方法。项目质量检验方法可在项目的任何阶段、对项目各个方面的工作使用。如:可以检验项目的单个活动,也可以检验项目的最终产品,还可以检验项目的工作质量、项目资源质量、项目产出物质量等。其中,对于项目工作和项目产出物的质量检验又可分为三种不同的质量检验方法：自检（自己不断检验工作和工作结果的方法）、互检（团队成员相互检验工作和工作结果的方法）和专检（由专门质量检验和监督人员检验工作和工作结果的方法）。对任何一个文化产业项目活动而言，在必需的检验及必要的检验文件未完成，项目阶段成果未取得认可、接收或批准之前，一般不应该开展后续工作。文化产业项目质量检验要求严格记录每次检验结果，并由合格人员进行评定并决定接受与否。因为项目是不可重复的一次性工作，如果不按照这种检验方式去做，不仅会造成各种责任纠纷，而且会出现由于项目某个中间环节存在的质量问题使整个项目最终结果全部报废的严重后果。

（三）控制图法

项目质量控制图是用于开展文化产业项目质量控制的一种图示方法。控制图给出的是关于质量控制界限、实际结果、实施过程的图示描述，它可用来确认项目过程是否处于受控状态。项目质量控制图法是建立在统计质量管理方法基础之上，利用有效数据建立的控制界限。如果项目过程不受异常原因的影响，从项目运行中观察得到的数据将不会超出这一界限。控制图中的上/下质量控制线表示变化的最终限度，当几个设定间隔内发生连续同一方向的变化时就应分析和确认项目是否存在系统误差并处于失控状态。当确认了项目过程处于失控状态时就必须采取纠偏措施，调整和改进项目过程使其回到受控状态。

（四）帕累托图法

帕累托图又称排列图，是一种表明"关键的少数和次要的多数"关系的一种统计图表。它是质量控制中经常使用的一种方法。帕累托图将有关质量问题的要素进行分类，从而找出"重要的少数"（A 类）和"次要的多数"（C 类），以便对这些要素采取 ABC 分类管理与控制的方法。

（五）统计样本法

项目质量统计样本法是指选择一定数量的项目产品样本，通过检验样本质量得到的统计数据去推断项目总体的质量情况，以获得项目质量信息和开展项目质量控制的方法。统计样本法在企业一般运营的质量管理中广泛使用，由于文化产业项目的一次性、独特性等特性，这种方法只在某些产品数量较大的项目中使用。

（六）流程图法

项目质量流程图法在文化产业项目质量管理中是一种非常有用和经常使用的质量控制方法，这是由文化产业项目的过程性所决定的。这种方法主要用于在项目质量控制过程中分析项目质量问题发生在项目流程的哪个环节，造成这些质量问题的原因何在，以及这些质量问题发展和形成的过程等。

（七）趋势分析法

项目质量趋势分析法是指使用各种预测分析技术来预测文化产业项目质量未来的发展趋势和结果的一种质量控制方法。这种质量控制方法所开展的预测都是基于项目前期历史数据做出的。趋势分析法的原理是统计分析和预测的原理，包括了回归分析、相关分析、趋势外推分析等一系列的统计分析预测原理和方法。

📖 **小资料**

项目质量管理的基本原理

1.系统原理

项目是由不同环节、不同阶段、不同要素组成的一个有机整体。在项目质量管理的过程中,应运用系统原理进行系统分析,用统筹的观念和系统方法对项目质量进行系统管理,从而使项目总体达到最优。

2.PDCA 循环原理

无论是对整个项目的质量管理,还是对项目的某一个质量问题所进行的管理,都需要经过从质量计划的制订到组织实施的完整过程。这个过程可归纳为 PDCA 循环,即计划(plan)、实施(do)、检查(check)、处理(action)。

3.全面质量管理原理

全面质量管理是一种涵盖全员、全面、全过程的质量管理体系。运用全面质量管理的思想,就是将项目质量管理的对象、过程、活动、主体等看成一个有机整体,对影响项目质量的各种因素,从人员、技术、管理、方法、环境等各方面进行综合管理,以实现项目综合目标。

4.质量控制原理

质量控制的目标是确保项目质量能满足顾客、法律法规等方面所提出的质量要求。质量控制的范围涉及项目形成全过程的各个环节。应对影响项目质量的人员、材料、方法、环境因素进行控制,并对质量成果进行分阶段验证,以便及时发现问题,查明原因,采取相应纠正措施,使质量问题在早期得以解决,以减少经济损失。

5.质量保证原理

项目实施者应加强质量管理,完善质量体系,对项目应有一套完善的质量控制方案、办法,并认真贯彻执行,对实施过程及成果应进行分阶段验证,以确保其有效性。

6.合格控制原理

在项目实施过程中,为保证项目或工序质量符合质量标准,及时判断项目或工序质量合格状况,必须借助于某些方法和手段,检测项目或工序的质量特性,并将测得的结果与规定的质量标准相比较,从而对项目或工序做出合格、不合格或优良的判断。合格控制用于确定项目阶段性成果及最终成果是否符合规定要求。

7.监督原理

项目实施方的质量行为始终受到实现最大利润这一目标的制约。为了减少出现不正当的获利行为,减少质量问题的发生,进行质量监督是必要的。质量监督包括政府监督、社会监督、第三方监督和自我监督。

第五节　文化产业项目变更控制

文化产业项目的实施过程总是处于不断变化的环境之中,在其生命期内不可避免地会有各种各样的因素干扰影响着项目的顺利实施。即便是文化产业项目的管理过程采用科学的管理方法,也无法保证项目在一个持续变化的环境中完全不受影响。对于文化产业项目的管理者而言,关键在于能否有效地依据项目实施的环境和实际情况,准确、有效地对可能发生的变化进行预测,并采取相应的防范措施或是进行项目的变更与调整,从而更好地实现项目的总体目标。

一、文化产业项目变更控制的概念

(一)文化产业项目变更控制的含义

文化产业项目变更控制,是指通过建立一套正规的程序对文化产业项目的变更进行有效的控制,从而更好地实现项目目标的控制过程。当项目的某些基准发生变化时,项目的质量、成本和计划会相应地发生变化,为了达到项目目标,就必须对项目发生的各种变化采取必要的应变措施,这种行为就是项目的变更。项目变更控制的目的并不是要控制变更的发生,而是要对项目变更进行管理,确保项目变更的有序进行。

(二)文化产业项目变更的原因

1.项目顾客引起的变更

由于项目顾客或项目出资方或项目委托方等对项目承担方提出了项目变更要求,如增强项目应变能力的要求,或要求生成新的适应变化的项目报告或图表等。这些变更会给项目范围带来影响,造成项目在进度、费用等方面不同程度的变化。

2.项目团队引起的变更

在文化产业项目实施过程中,项目团队或项目经理如果发现项目设计方案或项目计划与安排存在不合理的地方,会提出变更项目设计的建议。

3.项目计划不完善引起的变更

在文化产业项目实施过程中,项目团队或项目经理会对项目原始计划中忽略的某些环节进行补充或要求进行变更。

4.不可预见事件引发的项目变更

在文化产业项目实施过程中,一些不可预见的事件的出现,如天气、地质条件的变化等所带来的影响,也会引起项目的变更。

(三)文化产业项目变更控制的目的

文化产业项目实施过程中,项目的范围、计划、进度、成本和质量等方面都可能会发生变化,尽管通过对项目实施开展单项变更控制可以完成该实施环节的具体目标,但各个单项变更之间可能会产生互动作用和关联性影响。因此,需要对文化产业项目实施与执行过程的各方面变更进行系统控制,既完成对各单项活动的变更,同时又能协调和管理好项目整体流程中的各利益相关者对项目目标的要求。

1.保持项目原有绩效度量基准的完整性

无论项目的范围或计划等要素发生怎样的变化,对文化产业项目绩效加以衡量的各种度量标准应尽可能地保持不变,以确保项目整体绩效和产出物的度量标准的完整性和稳定性。这是因为,项目绩效度量基准本身在项目实施之前就已经形成了一套完整的体系,并经过了一定的科学验证,一旦发生随意的变动,就会出现不匹配和不科学等方面的问题。

2. 保证项目产出物的变更与项目计划任务变更的一致

当文化产业项目产出物需要变更时,在这种变更获得确认的同时,必须将这种项目变更反映到项目的集成计划和专项计划的变更之中,并在项目集成计划和专项计划中说明和体现项目变更所带来的项目工作和计划的变化。

3. 统一协调各个方面的变更要求

在文化产业项目执行的各个环节,变更要统筹规划,并进行整体、全面的协调和控制。例如,一旦项目进度和成本等方面发生或多或少的变化,那么项目最终的输出,即项目产出物或项目绩效,也会存在风险的变化和质量要求的改变。因此必须统一协调项目各个方面的变更,以确保在总体上实现对项目变更的控制和调整。

二、文化产业项目变更控制的内容

(一)项目变更控制的输入

1. 各种项目计划

文化产业项目的各专项计划、项目集成计划等都是项目变更控制的基线,是项目变更控制所需的主要信息。

2. 项目绩效报告

文化产业项目绩效报告为项目变更实施的具体环境和变动情况提供了相关数据和资料,以保证项目变更目标的实现,也是项目变更控制最主要的信息来源。

3. 项目变更请求

无论是由文化产业项目外部还是内部提出的项目变更请求,都是项目变更控制所需的重要信息。

(二)项目变更控制的过程

由于项目变更会对文化产业项目产生重要影响,所以必须进行严格的项目变更管理和控制。文化产业项目变更控制的过程和内容包括:明确项目变更的目标,对提出的所有变更要求进行审查,分析项目变更对项目绩效可能造成的影响,明确各替代项目变更方案的变化,接受或否定变更请求,对项目变更的原因进行说明,对所选择的项目变更方案给予解释,与所有相关团体就项目变更进行交流,并确保项目变更的合理实施。文化产业项目变更控制流程如图8-4所示。

(三)项目变更控制的输出

1. 项目变更的行动方案

文化产业项目变更的行动方案是项目变更总体控制过程的一个重要结果,它给出了下一步项目变更控制所要采取的行动方案。这一结果应尽快传递给变更行动的执行者,并需充分监视这些变更行动方案的实施及其结果。

2. 更新的项目计划

文化产业项目总体计划、专项计划及其相应的支持细节等做出的一定程度的修订和变更,无论是在更新之前还是在完成更新之后,都必须通知这一更新所涉及的各个项目相关利益者,并获得其认可。

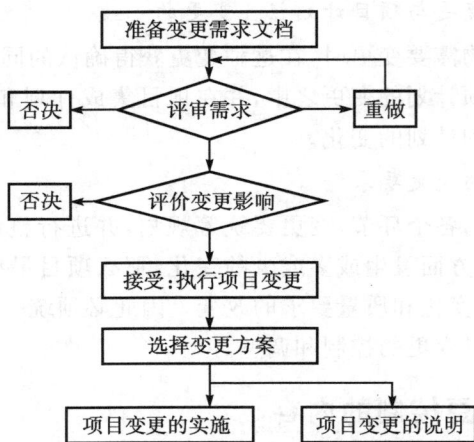

图 8－4 文化产业项目变更控制流程

3.经验和教训

文化产业项目变更控制的第三项结果是项目实施过程中所发现的问题和应该吸取的经验与教训,包括引发项目变更的因素及其启示,备选变更行动方案的原因及其说明,变更过程所导致的项目目标的变化及其分析等。这些经验和教训都应当以正式文档的形式加以记录,并作为项目变更控制结果之一保存起来,供今后的文化产业项目参考和借鉴。

三、文化产业项目变更控制的方法

(一)项目变更控制的要求

1.关于变更的协议

在文化产业项目设计阶段,项目管理者应当与项目委托方、项目经理以及具体的项目实施团队之间形成意向性协议,协议的内容应包括项目的变更方式、变更过程等问题。

2.谨慎对待变更请求

对任何一方提出的项目变更请求,项目管理者都应谨慎对待,进行细致的论证分析。

3.制订变更计划

无论出于何种原因,一旦项目计划所涉及的范围、预算和进度等发生了变化,进行了修订,而这些变化和修订也都为项目利益各方所接受,那么新的项目基准计划就首先必须被提上议事日程,它是项目变更控制的基本依据。

4.变更的实施

项目变更计划确定后,应采取有效措施加以实施,以确保项目变更达到既定效果,建立用于协调和综合项目变更的正规变更控制程序,确保项目变更合理实施。

5.变更控制工作方针

(1)所有项目合同都应包括有关计划、预算和交付物的变更要求的描述。

(2)提出变更必须递交文化产业项目变更申请。

(3)变更要经业主方及上级部门批准,在变更申请上签名。

（4）所有的变更在准备变更申请和评估之前，需与项目经理商讨。

（5）在变更申请完成并得到批准之后，必须对项目总计划进行修改，以反映出项目的变更，使项目变更申请成为项目总计划的一部分。

（二）项目变更控制的方法

1.项目变更控制文件系统

文化产业项目变更控制文件系统包括项目变更的书面审批程序、跟踪控制体制、审批变更的权限层级规定等。通常，项目变更总体控制系统中会包括一个专门负责接受或拒绝变更要求的变更控制委员会，其权利和义务必须由正式文件做出明确的规定和说明；项目变更控制系统中往往还必须包含突发事件的应急程序，以应对在项目开展过程中发生无法事先预见的变更；项目变更控制系统还会设立分类、分级的管理与控制系统，保证所有的变更都以正式文件证明和记录作为变更发生的依据和存档，防止在项目后续阶段出现问题而无据可查。

2.项目配置管理

文化产业项目配置管理是由一些文档化的正式程序构成的，这些程序是运用技术和管理手段对各种变更进行指导和监督的程序。它们所监督和指导的方面包括：识别项目某些方面或整个项目的功能和特征，记录和报告这些特征的变更和变更的执行情况，审查项目变更要求的一致性，确保对项目产出物描述的正确性和完整性，以及将所有涉及的信息进行文档化等方面的工作。

3.文化产业项目的绩效度量

文化产业项目的绩效度量是对项目计划与项目实际实施情况加以考评，当两者之间产生一定的偏差时，合理安排出可能需要的纠偏措施与行动。项目绩效度量是项目变更控制最主要的方法与工具之一，这是因为：一方面它确保了项目最终成果的可控性，另一方面它相对于无法发生改变的项目绩效度量基准而言，具有更大的灵活性和可变动性。

4.项目计划的修订与更新

在文化产业项目计划实施过程中，应根据实际和预计的项目变更需要，修订或更新项目的成本计划、工作顺序安排、风险应对计划等。这些计划的修订和更新都属于项目变更控制方法与工具的范畴。

本章小结

1.文化产业项目的实施与控制过程，是以项目计划为参照，并通过对项目计划的不断修订和完善，来保障项目顺利圆满地完成的。项目实施与控制阶段具体的工作内容包括项目计划的实施、项目过程控制与项目计划的调整等。

2.文化产业项目进度控制，是指在文化产业项目实施过程中，依照预先设定的项目进度计划和项目工作时间安排，将项目实际工作进展和进度与预设的项目进度计划进行核查，发现其间的偏差或背离，寻找引起时间偏离的原因，并及时采取措施加以补救，或是改变、调整原项目进度计划，防止项目出现拖延甚至是无法实现，以确保文化产业项目按期完成的管理过程。

3.文化产业项目成本控制，是在项目实施过程中尽量使项目实际发生的成本控制在项目预算范围之内的一项项目管理工作，是对项目在规定时间范围内实际耗费的支出及成本加以控制的措施和过程。

4.文化产业项目质量控制,是指客户对文化产业项目实际交付成果满意程度的管理和控制。文化产业项目质量控制从根本上来说,是为了保质保量地提供能满足客户需求的项目成果,而在项目的计划、协调、控制等领域进行的质量监督和管理工作。

5.文化产业项目变更控制,是指通过建立一套正规的程序对文化产业项目的变更进行有效的控制,从而更好地实现项目目标的控制过程。项目变更控制的目的并不是要控制变更的发生,而是要对项目变更进行管理,确保项目变更的有序进行。

复习与思考

1.文化产业项目的实施与控制包含了哪些基本过程?

2.文化产业项目管理中的控制系统包含了哪些内容?

3.结合实际,谈谈文化产业项目质量管理对文化产业项目产出的作用。

本章案例

京东读书 App 项目进度管理

京东读书项目是由京东倾力推出的一款专注于手机阅读领域的 App 软件开发项目,依托京东商城 20 万海量电子书资源,支持多人同时畅读、边看书边分享笔记书评,建立学校阅读互动社区,读书交友两不误,支持 EPUB、PDF 等主流格式和多媒体电子书。

表 8 - 2 京东读书 App 项目计划于实际工期对比

任务名称	计划工期/天	计划开始时间	计划结束时间	实际工期/天	实际开始时间	实际结束时间
需求调研、竞品分析	7	2017 年 10 月 20 日	2017 年 10 月 27 日	10	2017 年 10 月 20 日	2017 年 11 月 1 日
App 团队需求评审	4	2017 年 10 月 28 日	2017 年 11 月 1 日	8	2017 年 11 月 2 日	2017 年 11 月 10 日
需求制订	3	2017 年 11 月 2 日	2017 年 11 月 5 日	5	2017 年 11 月 11 日	2017 年 11 月 16 日
UI 及交互设计	7	2017 年 11 月 6 日	2017 年 11 月 13 日	12	2017 年 11 月 17 日	2017 年 11 月 30 日
App 研发前期准备及架构设计	3	2017 年 11 月 14 日	2017 年 11 月 16 日	4	2017 年 12 月 1 日	2017 年 12 月 4 日
App 研发阶段	60	2017 年 11 月 17 日	2018 年 1 月 25 日	80	2017 年 12 月 1 日	2018 年 3 月 5 日
App 测试用例准备	5	2018 年 1 月 26 日	2018 年 1 月 31 日	7	2018 年 3 月 6 日	2018 年 3 月 13 日
App 测试阶段	20	2018 年 2 月 1 日	2018 年 2 月 23 日	35	2018 年 3 月 14 日	2018 年 4 月 25 日

京东读书 App 项目进度管理主要分为四个阶段：

1.产品需求制订阶段的进度控制问题

(1)相关的用户调研、数据提供不充分,伪需求较多,经常原模原样地抄袭竞品,长时间讨论难以定下最终方案。

(2)细节把控仍然会出问题,定稿讨论仍需改善。常会发生长时间沟通无效的问题,耽误项目展开,有时只能提出 A/B 相关方案供需求方选择,但是仍会出现这样那样的问题,导致既浪费时间又浪费精力。

2.App 页面 UI 设计阶段的进度控制问题

(1)设计过程中会遇到产品需求变更的问题,需要设计全新的 UI 界面。

(2)设计完成的 UI 界面,存在一些不友好的体验或者不鲜明的特征,需要重新修改设计。

(3)设计完成的 UI 切图,研发看过之后觉得不符合要求,会不定时地要求 UI 重新给切图。

(4)UI 设计师看过整版 App 的界面后,会有一个整体风格的认定,对不符合整体风格的某些页面要做修改,为达到对产品追求完美的目的,此阶段也是耗费大量时间的阶段。

3.App 功能研发阶段的进度控制问题

(1)研发团队分为后端(提供 App 页面展示的内容)、客户端(iOS 和 Android 端)和 Web 端(网页界面),App 研发团队由于工位紧张,没有坐在一起,沟通问题需要来回上下楼,浪费很多时间。

(2)研发完某一个功能模块后,已经完成的产品需求砍掉不用了,导致浪费了大量时间完成没必要的需求。有时产品需求突然变更,导致重新评估开发时间,重新评审需求细节,也会浪费一部分时间和精力。

(3)研发任务分配不均匀,有的研发人员任务少,完成速度快,而一部分研发人员任务重,进度一直拖后,影响整体 App 开发进度,没有很好地完成有限的人力资源调度。

4.App 功能测试阶段的进度控制问题

(1)提供测试包给测试人员进行 App 测试,测试人员发现问题提供给研发人员后,研发人员完成测试 bug 修改后会重新打包给测试人员,由于存在一直打包的问题,导致测试人员在测试的时候回归 bug 时可能用的是旧测试包,就会重复提 bug,严重影响测试效率。

(2)提测后测试人员才介入 App 测试,在产品需求及研发阶段,测试人员处于空闲的状态,并没有合理地将时间进行分配,导致测试资源没有得到充分利用,上线前的 App 进度压力全在测试这边。

资料来源:李帅.手机 App 项目的进度管理研究[D].北京:北京邮电大学,2018.

第九章 文化产业项目冲突与沟通

学习背景

　　文化产业项目自身的复杂性、一次性和创新性,再加上文化产业项目实施环境存在着的极大不确定性,以及文化产业项目管理过程中涉及的诸多复杂关系与变数,决定了文化产业项目的管理过程中存在着各种各样的风险、危机和冲突。因此,文化产业项目管理过程中一项重要的任务就是要对项目可能出现的风险以及项目已经出现的危机和冲突进行有效管理。而有效实现项目风险管理和冲突管理最重要的途径和手段就是加强和完善项目管理过程中的沟通。本章重点研究文化产业项目管理过程中的风险管理、冲突管理及沟通管理,阐述文化产业项目管理中应对风险、减少危机与冲突、加强沟通的主要方法和手段。

学习目标

　　1.理解文化产业项目风险管理的目的和作用;
　　2.理解文化产业项目沟通管理的目的和作用;
　　3.掌握文化产业项目管理过程中风险管理的内容和方法;
　　4.理解文化产业项目管理过程中冲突管理的内容和方法;
　　5.掌握文化产业项目管理过程中沟通管理的内容和方法。

第一节　文化产业项目风险管理

一、文化产业项目风险管理的概念

(一)文化产业项目风险的含义

　　文化产业项目风险,是指由于项目所处环境和条件的不确定性,以及项目管理者不能预见或控制的一些影响因素,项目实施的过程和结果与项目管理者的预期产生背离,从而使项目利益相关者蒙受损失的可能性。

　　项目风险产生的主要原因,在于项目实施过程中面临的不确定性和信息的不完备性,具体包括:项目管理者主观认识能力的局限性,项目信息掌握的不完备性与滞后性,项目供需市场价格的波动性,项目所使用的工艺、技术方案的变更性,国内外政策和法规的变化性,以及其他不确定性事件等。对于文化产业项目而言,产生项目风险的原因还包括以下方面:

1.政治文化和宗教民俗的约束

此类项目风险与文化产业项目主题、内容和形式的选择密切相关。每一项文化产业项目活动都会涉及文化的交流沟通,在选择文化活动主题时,一定要充分尊重目标市场和目标受众的社会意识形态、社会道德规范、宗教民俗习惯,如果与之相悖,就会出现极大的项目风险。

2.法律政策的约束

在我国,根据文化产业项目活动内容和规模的不同,项目活动管理涉及当地政府、公安、消防等多个部门。因此要求每一项文化产业项目活动都需要有一个法律规章制度明细表,必须仔细了解并严格遵守。

3.商业运作风险

商业运作风险指文化产业项目活动组织者在市场运作过程中,履行主办方义务、合同义务时,产生的多种风险,具体包括资源风险、质量风险、时间风险、管理与能力风险、信用风险、运输风险、天气风险、合同风险及履约风险等。

4.健康和安全风险

在文化产业项目活动过程中,自然灾害或意外事故都可能引发项目组织者、临时工作人员、嘉宾、演艺人员和观众的人身伤害,发生危及健康和生命的安全风险,这也是文化产业项目活动风险中最高级别的风险。

5.不可抗力风险

文化产业项目活动所在地如果发生诸如战争、恐怖袭击、环境污染、疾病爆发等灾难性事件,会导致项目活动的终止、推迟或取消,给项目组织者造成极大的经济损失。

(二)文化产业项目风险管理的含义

文化产业项目实施过程中不确定因素的客观存在,要求项目管理者必须具有项目风险与危机意识,对项目进行有效的项目风险识别、项目风险分析、项目风险应对,积极寻求有效的工具和方法管理项目风险。

文化产业项目风险管理,是指项目管理人员在风险环境中,通过对项目不确定性因素进行项目风险识别、风险界定和风险度量等工作,确定各种风险可能会对项目产生的影响,量化项目风险发生的概率和每个风险可能造成的损失程度,并采用积极措施来控制项目风险,降低项目损失发生的概率,缩小项目损失的程度,以最低成本为项目的顺利完成提供最大安全保障的科学管理方法和管理过程。

文化产业项目风险管理的目的是以最少的成本损失保障文化产业项目总体目标的有效实现。文化产业项目风险管理的主体是项目经理和项目承约方,他们必须采取有效措施确保文化产业项目风险处于受控状态,从而保证文化产业项目目标最终能够实现。文化产业项目风险管理是针对项目风险及危机情境所做的管理措施及应对策略,是项目组织为避免或减轻风险所带来的严重威胁而从事的长期规划及不断学习、适应的动态过程,也是项目组织为应付各种危机情境所进行的信息收集、信息分析、问题决策、计划与措施制订、化解处理、动态调整、经验总结和自我诊断的全过程。文化产业项目风险管理的目的是要变危险为机遇,使项目越过陷阱进入新的发展阶段。对于项目组织而言,树立风险预控意识是实现风险管理的前提,提高风险预控能力是实现风险管理的保障;必须通过对各类风险的适时关注,建立起完善的风险控制策略和风险管理体系,才能保持项目持续、稳定、健康的发展。

二、文化产业项目风险的识别

文化产业项目风险的识别,是对项目可能发生的各种风险的来源、特性、影响等信息进行系统的整理、归类和全面的分析,并将其记载成文的过程。

文化产业项目风险识别是文化产业项目风险管理的基础。风险识别的目的是要将项目风险的因子要素归类或分层地查找出来,对项目所面临及潜在的风险加以判断、归类和性质鉴定。风险识别的内容包括识别有哪些潜在的风险,识别引起风险的主要因素,以及识别风险可能引起的后果。文化产业项目风险识别是一项反复的过程,随着文化产业项目生命周期的进行,新的风险和危机可能会出现,因此需要在项目的全过程自始至终定期进行风险识别,如图9-1所示。

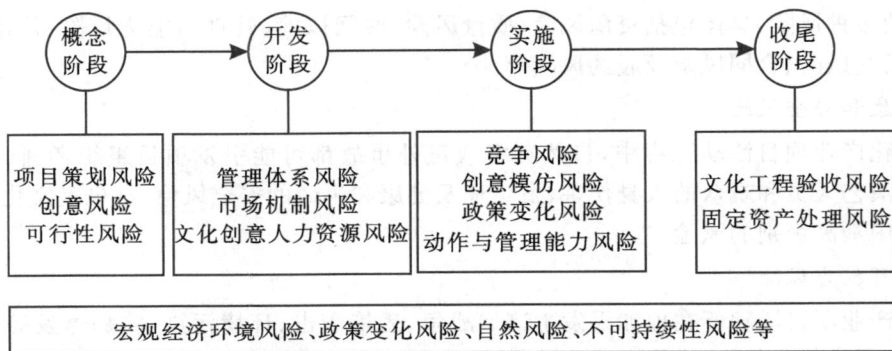

图9-1 文化产业项目的风险识别

(一)文化产业项目风险识别的依据

文化产业项目风险识别的基本依据是项目内外要素的因果关联性和可认识性。文化产业项目风险识别,可以从项目管理的以下领域来进行。

1. 范围管理的风险

文化产业项目的范围管理领域,可能会出现项目目标不明确、项目范围界定不清楚、项目工作设计不全面、项目范围控制不恰当等问题,而成为项目风险的来源。

2. 进度管理的风险

文化产业项目的进度管理领域,可能会出现错误估算项目时间和浮动时间、项目进度安排不合理等问题,而成为项目风险的来源。

3. 成本管理的风险

文化产业项目的成本管理领域,可能会出现项目成本估算失误、成本预算不合理、项目资源短缺等问题,而成为项目风险的来源。

4. 质量管理的风险

文化产业项目的质量管理领域,可能会出现项目产品设计、材料、工艺等不符合项目标准、项目质量控制不当等问题,而成为项目风险的来源。

5. 采购管理的风险

文化产业项目的采购管理领域,可能会出现采购合同条款不全面或不合理、没有采购实施条件、采购物料单价变动等问题,而成为项目风险的来源。

6.风险管理的风险

文化产业项目的风险管理领域,可能会出现项目风险被忽略、风险评估有误、风险管理准备不充分、风险管理体系不健全等问题,而成为项目风险的直接来源。

7.沟通和冲突管理的风险

文化产业项目的沟通和冲突管理领域,可能会出现项目沟通计划编制不合理、与项目重要关系人缺乏沟通与协商机制、冲突管理不完善等问题,而成为项目风险的来源。

8.人力资源管理的风险

文化产业项目的人力资源管理领域,可能会出现项目组织责任不明确、项目团队成员缺乏有效的合作、项目未获得高层管理者的支持等问题,而成为项目风险的来源。

9.集成管理的风险

文化产业项目的集成管理领域,可能会出现项目整体计划不合理,项目进度、成本、质量工作设计不协调等问题,而成为项目风险的来源。

(二)文化产业项目风险识别的工具和技术

1.文件审查

文件审查即对文化产业项目文件,包括项目计划、项目假设、先前的项目文档及其他信息等进行系统和结构性的审查。文化产业项目计划文件的质量,所有计划文件之间的一致性,以及项目文件与项目需求和假设条件的符合程度等,均可表现为项目风险的指示器。

2.信息搜集技术和方法

文化产业项目信息搜集技术和方法又可以视具体项目不同的情境选择采用一些常见的方法,如集思广益会、德尔菲法、头脑风暴法、访谈法、原因识别法、SWOT 分析法等。

3.核对表分析

文化产业项目核对表是基于历史资料、以往类似项目所积累的知识,以及其他信息来源编制而成的风险识别核对图表。使用核对表的优点是风险的识别过程迅速简便,缺点是所制订的核对表不可能包罗万象,且会受到文化产业项目可比性的限制。

4.假设分析

每个文化产业项目都是根据一定的项目假定、设想或者假设条件进行构思与制订的。假设分析就是检验项目假设有效性,即假设是否成立的一种技术。它可以辨识不明确、不一致、不完整的假设对项目所造成的风险。

5.工作分解结构

文化产业项目风险识别是要减少项目结构的不确定性,弄清项目的组成、各组成部分的性质、它们之间的关系以及项目同环境之间的关系等。项目工作分解结构是完成这项任务的有力工具。因为在项目的范围、进度和成本管理等方面也要使用工作分解结构,因此在风险识别中利用这个已有的现成工具并不会给项目组增加额外的工作量。

6.敏感性分析

敏感性分析研究在文化产业项目生命周期内,当项目特性指标,如产品价格、变动成本等,以及项目各前提与假设发生变动时,项目的性能,如现金流的净现值、内部收益率等会出现怎样的变化以及变化的范围如何。敏感性分析能够识别出哪些项目特性指标或假设的变化对项目性能的影响最大,进而识别出风险和危机可能隐藏在哪些项目特性指标或假设下。

7.情境分析

情境分析法是通过对文化产业项目未来某个状态或某种情境的详细描绘与分析,从而识别出项目风险因素的一种项目风险识别方法。在一些具有高独特性和创新性的文化产业项目风险识别中,使用这种方法能够创造性地识别出各种项目风险因素以及它们对项目的影响程度。

三、文化产业项目风险的分析

文化产业项目风险分析是在项目风险识别的基础上,通过对项目所有不确定性和风险要素充分、系统而又有条理的考虑,确定项目的各单个风险,并评估项目各风险事件发生的可能性大小、风险可能的结果范围和危害程度、预期可能发生的时间、风险发生的频率等,确定项目的整体风险水平,并找到项目的关键风险,为如何处置这些风险提供科学依据,以保障项目的顺利进行。文化产业项目风险分析的目的是让项目管理者在充分了解项目风险的前提下,使项目决策更加科学、及时、主动,减少和避免项目损失。

(一)文化产业项目风险分析的依据

1.项目范围说明书

对于较多采用最新技术、创新性技术,或是极其复杂的文化产业项目,其项目不确定性较大,可通过检查项目范围说明书对项目风险进行分析。

2.项目风险管理计划

可依据项目风险管理计划,包括对风险管理角色和职责、风险管理预算和进度、风险的类别、概率和影响的定义,以及利益相关者分析与风险承受度等进行分析。

3.项目风险识别的成果

可根据已识别的项目风险以及风险对项目的潜在影响进行分析。

4.项目进展状况

文化产业项目风险的不确定性常与项目所处的生命周期阶段有关。在项目初期风险症状往往表现得不明显,但随着项目的推进,项目风险及发现风险的可能性会增大。

5.项目类型

一般来说,普通文化产业项目的风险程度比较低,而技术含量高或复杂性强的文化产业项目的风险程度就比较高。

6.数据的准确性和可靠性

项目风险识别的数据或信息的准确性和可靠性是文化产业项目风险分析的依据。

7.概率和影响的程度

项目风险发生的概率和影响的程度对风险分析的主要作用往往会根据不同的文化产业项目而发生改变。

(二)文化产业项目风险分析的工具和技术

1.损失期望值法

损失期望值法首先是要分析和估计项目风险发生的概率和项目风险可能带来的损失大小,然后将二者相乘求出项目风险的损失期望值,并以此度量项目风险的大小。

(1)项目风险概率。项目风险的概率和概率分布是项目风险度量中最基本的内容。一般说来,项目风险概率及其分布应根据历史信息资料来确定。当项目管理者没有足够的历史信息和资料时,也可以利用理论概率分布确定项目风险的概率。由于项目自身的一次性和独特性,不同项目的风险彼此相差很远,所以在许多情况下人们只能根据很少的历史数据样本对项目风险概率进行估计,甚至有时完全是主观判断。

(2)项目风险损失。项目风险造成的损失或后果的大小需要从损失的性质、大小与影响、时间与分布等方面来衡量。项目风险损失的性质是指损失是经济性的、技术性的,还是其他方面的;项目风险损失的大小和分布包括损失的严重程度和变化幅度;项目风险的影响是指哪些项目相关利益者有利益损失;项目风险损失的时间分布是指项目风险是突发的还是随时间的推移逐渐致损的;等等。

2.专家决策法

专家决策法是在文化产业项目风险度量中经常使用的方法。项目管理专家运用他们自己的专家经验对项目的工期风险、项目成本风险、项目质量风险等做出的度量通常是比较准确可靠的。专家决策法中用的专家经验可以从参与过类似项目的专家处获得,也可以通过查阅历史项目的有关经验教训、原始资料等渠道获得。

四、文化产业项目风险的应对

文化产业项目风险的应对,是指为文化产业项目目标增加实现机会,减少失败威胁而制订的方案,以及决定应采取对策的过程。文化产业项目风险应对是在项目风险识别、项目风险分析的基础上,决定对项目风险采取什么样的应对措施,以及应对措施应采取到什么程度的处置意见和办法。

(一)文化产业项目风险应对的目标

1.及早识别项目的风险

文化产业项目风险应对的首要目标,是要通过开展持续的项目风险的识别和度量工作,及早发现项目存在的各种风险以及它们各方面的特性,这是开展项目风险应对的前提。

2.努力避免项目风险事件的发生

文化产业项目风险应对的第二个目标,是要在识别出项目风险后,通过采取各种有效的风险应对措施,积极避免项目风险的实际发生,从而确保不给项目造成不必要的损失。

3.积极消除项目风险事件的消极后果

文化产业项目的风险并不都是可以避免的,一些项目风险会由于各种各样原因最终还是发生了。在这种情况下,项目风险应对的目标就是要积极采取行动,努力消减这些风险事件的消极后果。

4.充分吸取项目风险管理中的经验与教训

文化产业项目风险应对的第四个目标,是要对各种已经发生并形成最终结果的项目风险,从中吸取经验和教训，从而避免同类项目风险事件的发生。

(二)文化产业项目风险应对的内容

文化产业项目风险应对的过程主要包括以下内容，如图9-2所示。

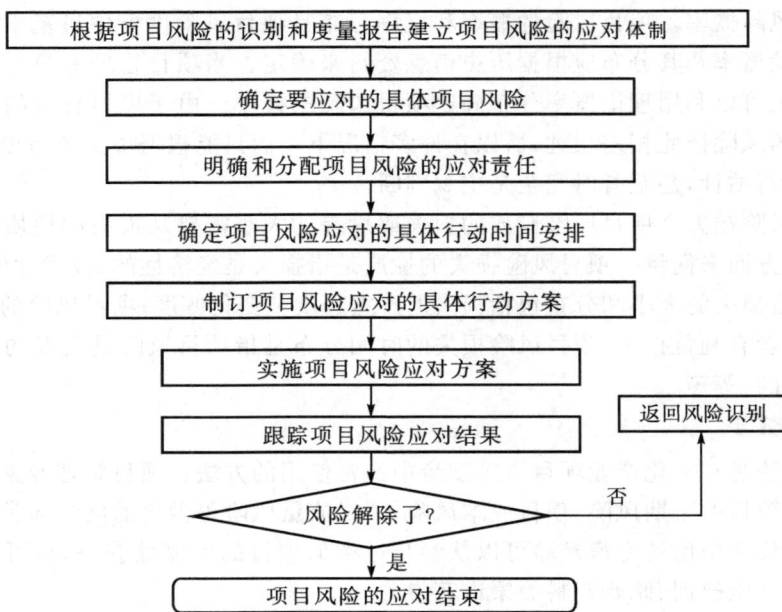

```
┌─────────────────────────────────────────┐
│ 根据项目风险的识别和度量报告建立项目风险的应对体制 │
└─────────────────────────────────────────┘
              ↓
    ┌───────────────────────┐
    │ 确定要应对的具体项目风险  │
    └───────────────────────┘
              ↓
    ┌───────────────────────┐
    │ 明确和分配项目风险的应对责任 │
    └───────────────────────┘
              ↓
    ┌───────────────────────┐
    │ 确定项目风险应对的具体行动时间安排 │
    └───────────────────────┘
              ↓
    ┌───────────────────────┐
    │ 制订项目风险应对的具体行动方案 │
    └───────────────────────┘
              ↓
    ┌───────────────────────┐
    │ 实施项目风险应对方案    │
    └───────────────────────┘
              ↓
    ┌───────────────────────┐         ┌───────────┐
    │ 跟踪项目风险应对结果    │         │ 返回风险识别 │
    └───────────────────────┘         └───────────┘
              ↓                              ↑
        ◇ 风险解除了? ◇ ──── 否 ───────────┘
              ↓ 是
    ┌───────────────────────┐
    │ 项目风险的应对结束      │
    └───────────────────────┘
```

图9-2 文化产业项目风险的应对流程图

1. 建立项目风险的应对体制

在项目开始之前要根据项目风险识别和度量报告所给出的信息，制订出项目风险应对的大政方针、执行程序以及管理体制，这包括项目风险应对的责任制度、信息报告制度、决策制度和沟通程序等。

2. 确定需要重点应对的项目风险

根据项目风险识别和度量报告所列出的各种具体项目风险确定出重点要对哪些项目风险进行应对。通常这要按照各项目风险的后果严重程度和发生的概率以及项目组织的风险控制资源等情况确定。

3. 明确项目风险应对的责任

所有需要应对的项目风险都必须落实到具体的负责人员，要注意挑选合适的人员去担负风险事件应对的责任。

4. 确定项目风险应对的行动时间

项目风险事件的应对要制订相应的时间计划和安排，规定出解决项目风险问题的时间表与时间限制。许多项目风险失控所造成的损失都是由于错过了风险应对的时机而造成的。

5. 制订各具体项目风险的应对方案

负责项目风险应对的人员，要根据项目风险的特性和时间制订出各具体项目风险在不同阶段的应对行动方案。

6.实施项目风险应对方案

按照确定的项目风险应对方案开展活动,并根据项目风险的发展与变化情况不断修订项目风险应对的方案和办法。

7.跟踪项目风险应对结果

收集项目风险事件应对工作的信息并给出反馈,确认所采取的行动是否有效,项目风险的发展是否有新的变化等。通过反馈信息可以指导和纠正项目风险应对方案的具体实施,直到对项目风险事件的应对完结为止。

8.判断项目风险是否已经消除

如果认定某个项目风险已经解除,则该具体项目风险的应对作业就已经完成了;若判断该项目风险仍未解除,就需要重新进行项目风险的识别,然后重新按本方法的全过程开展下一轮的项目风险的应对作业。

(三)文化产业项目风险应对的措施

文化产业项目风险应对的措施可以从改变项目风险后果的性质、项目风险发生的概率和项目风险后果大小等方面提出,具体的项目风险应对措施包括风险规避、风险转移、风险减轻、风险接受等。

(1)风险规避。即改变项目计划来消除特定风险事件的威胁。例如:在项目立项之初,对该项目的政策环境、竞争对手以及相关外围因素进行调研,以规避一些系统性风险。对于非系统性风险的规避更多地是采取一些技术性的手段和商业策略。如用技术在电影拍摄中的地位逐渐取代人的因素,规避明星对票房号召力的风险等。

(2)风险转移。即通过合同约定的方式,转移风险给第三方供应商。例如:在电视剧和电影的拍摄中,给演员上足够的保险可以保证影视剧项目的正常运行,控制项目风险;在艺术品市场中,艺术品保险构成了艺术品交易市场体系的重要组成部分;分包也是风险转移的一种重要方式,将项目分解为不同模块,分包给更加专业的公司或者团队来运作,也可以有效地转移部分风险。

(3)风险减轻。即减少不利的风险事件的后果和可能性到一个可以接受的范围。通常在项目的早期采取风险减轻策略可以收到更好的效果。通常可以通过找到合作方共同分担某些风险,如投资规模大的电影可以由多个投资方共同投资来减少其中某个投资方的风险;通过对项目的分解,可以与相关的公司或者团队进行合作,降低自己的风险;通过改善内部的管理方式也可以减轻项目的风险,如建立结构合理高效的项目团队,合理设置项目团队各部分的权限配置,建立高效的沟通机制,定期检查工作等,从内部管理来减轻项目运行的风险。

(4)风险接受。在风险规避、风险转移或者风险减轻都已经失效,或者项目执行成本超过接受风险的情况下,只能接受风险产生的结果,通常是不得已而为之。文化产业项目因为文化产业的特殊属性而增加了项目本身在运行过程中的复杂性,从而也加大了项目运行的风险。建立合理的项目识别和监控体系,适时应对风险,从而达到规避、转移或者减轻项目风险的目的。如果所有的应对措施都失效,那么只能接受风险。

第二节　文化产业项目冲突管理

一、文化产业项目冲突与冲突管理的概念

文化产业项目本身就处于有着各种矛盾与冲突的环境之中,这些冲突影响着文化产业项目的进程及其结果。文化产业项目冲突,是指项目内部或外部某些关系难以协调而导致的矛盾激化和行为对抗。文化产业项目的冲突管理,就是指认知项目冲突、分析项目冲突并解决项目冲突的过程。文化产业项目冲突管理的作用,在于引导项目冲突的结果向积极的、合作的而非破坏性的方向发展。在这一过程中,文化产业项目经理是解决项目冲突的关键。

(一)文化产业项目冲突的内涵

对文化产业项目冲突概念的理解应注意把握以下几点:

1.项目冲突的主体

项目中的个人、群体、项目本身,以及与项目发生交往活动的一切行为主体都可能成为项目冲突的主体。项目的本质是一个人与人之间相互作用的系统,表现为一种密切的相互协作关系。项目成员之间、成员与项目之间、项目与外部环境之间存在着高度的依赖性,这种依赖性是项目冲突产生的客观基础。当项目内外部的某些关系出现不协调时,就会出现项目冲突。

2.项目冲突的表现形式

项目冲突有两种表现形式:一种表现形式是直接对抗。这种形式的冲突一般需要通过适当的方式或方法将其消除。另一种表现形式为冲突双方或各方之间存在的不平衡的压力关系。通常情况下,压力使人们感到紧张或忧虑。在此意义上,项目冲突的发生就是冲突双方或各方对压力的心理反应不平衡而引起相互之间的抵触或不一致的行为。也就是说,在项目成员之间以及项目之间,各方都承受着对方给予的压力,它们构成一个动态的压力结构。

3.项目冲突的范围

发生于项目内部成员或群体之间的冲突属于项目内部冲突;而发生在项目外部的冲突,如项目与项目之间的冲突、项目与环境之间的冲突,属于项目外部冲突,其主体是项目本身,冲突的范围可能涉及多个项目;当冲突对方为不同地区或国家的个人、群体或项目时,冲突就扩展为地区性或国际性的冲突。

4.项目冲突对项目的影响

从冲突对项目的影响看,有建设性冲突和破坏性冲突两种。建设性冲突有利于改变项目反应迟缓、缺乏创新的局面。建设性冲突能够让不同观点交锋,碰撞出新的思想火花,有利于推动改革与创新。因此项目管理者需要在适当的时候激发一定水平的冲突,通过适当利用建设性冲突,避免破坏性冲突。但建设性冲突和破坏性冲突往往是共生的,通常只是一线之差,项目经理能否应用得好也是管理艺术的体现。

(二)文化产业项目冲突的起因

文化产业项目冲突不会凭空产生,它的出现总是有理由的。如何进行项目冲突管理在很大程度上取决于对项目冲突产生原因的判断。项目冲突产生的原因主要有以下几个。

1.沟通与知觉差异

项目内外部成员或群体之间的沟通不畅是产生项目冲突的主要原因。人们看待事物本来就存在知觉差异，即习惯于根据主观的心智体验来解释事物，而不是根据客观存在的事实来看待它。如果再不进行有效的沟通，就很容易造成双方的误解，引发冲突。

2.角色混淆

项目中的每一个成员都被赋予了特定的角色，并给予了一定的期望。但在项目实施过程中常常存在"在其位不谋其政，不在其位却越俎代庖"等角色混淆、定位错误的情况，从而导致项目冲突的产生。

3.资源分配及利益格局的变化

如果项目中原有的利益格局发生了变化，如项目中开展了竞聘上岗活动，就会导致既得利益者与潜在利益者之间的矛盾。或是由于项目中某些成员掌控了各种资源、优势、好处而想维持现状，另一些人则希望通过变革在未来获取这些资源、优势和好处，并由此产生对抗和冲突。

4.目标差异

每个项目成员可能有着不同的价值理念、成长经历，以及不同的奋斗目标，而且有时会与项目目标不一致；同时，由于所处部门及管理层面的局限，项目成员在看待问题以及如何实现项目目标等问题上，也会有很大差异，从而产生冲突。

二、文化产业项目冲突的类型及其强度

（一）文化产业项目冲突的类型

1.文化产业项目人力资源冲突

文化产业项目人力资源冲突，是指由于项目团队成员来自不同的职能部门所引起的有关人员支配方面的冲突，特别是在矩阵型项目组织结构中尤为突出。由于职能经理和项目经理都具有对项目成员的支配权，他们很可能会因为用人问题而产生项目人力资源冲突。

2.文化产业项目成本费用冲突

文化产业项目成本费用冲突，一般是指在项目费用的分配问题上产生的冲突。例如：由于项目经费紧张，项目经理缩减了各子项目的预算，而各子项目的负责人都希望能够获得充足的预算，这就可能会导致项目成本费用冲突。

3.文化产业项目技术冲突

文化产业项目技术冲突，是指在项目或项目产品的技术性能要求、实现手段和相关技术问题上所产生的冲突。例如：项目技术部门为了达到项目的技术性能要求，主张采用先进的新技术，而项目经理考虑到项目的成本、进度和风险等因素，建议采用较为成熟的技术方法，就会出现项目技术冲突。

4.文化产业项目管理程序冲突

文化产业项目管理程序冲突，是围绕项目管理问题所产生的冲突。例如：项目经理的权力与责任之间，不同的项目团队之间，项目团队与合作方之间所发生的管理冲突。

5.文化产业项目优先权冲突

文化产业项目优先权冲突，是指项目参加者由于对实现项目目标应该完成的工作活动的

先后顺序的看法不同而产生的冲突。项目优先权冲突可能发生在项目团队内部,也可能发生在项目团队与相关的管理职能部门之间。

6.文化产业项目进度冲突

文化产业项目进度冲突,是指项目工作实际活动的进度、花费的时间与项目进度计划不一致所产生的冲突。这有时是由于项目经理和职能经理对同一工作时间安排的看法不一致而导致的。

7.文化产业项目团队成员个性冲突

文化产业项目团队成员个性冲突,是指由于项目团队成员的性格不同、个性差异等方面原因所产生的冲突。相对于其他类项目冲突来说,项目成员个性冲突的强度较小,但却是最难解决的一类冲突。

(二)文化产业项目冲突的强度分析

文化产业项目冲突的平均强度反映了在文化产业项目的进程中,各种项目冲突对实现项目目标的影响力的综合程度。各种项目冲突类型的平均冲突强度如图9-3所示。

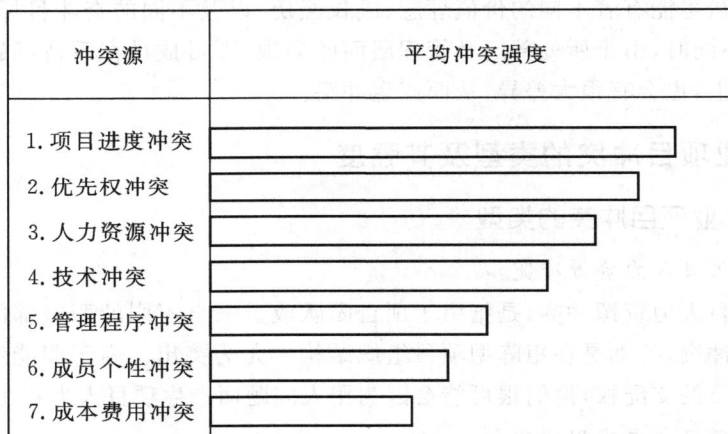

冲突源	平均冲突强度
1.项目进度冲突	
2.优先权冲突	
3.人力资源冲突	
4.技术冲突	
5.管理程序冲突	
6.成员个性冲突	
7.成本费用冲突	

图9-3 文化产业项目冲突的强度分析

从图9-3中可以看出,在文化产业项目执行过程中,文化产业项目进度冲突的强度最大;项目优先权冲突的强度居第二位;项目人力资源冲突的强度排在第三位;项目技术冲突的强度位于第四位;项目管理程序冲突列第五位;项目团队成员的个性冲突被认为是强度较低的冲突;项目成本费用的冲突在七种冲突中的强度是最低的,但是它可能引起技术冲突和进度冲突。

三、文化产业项目冲突的阶段划分及其管理过程

(一)文化产业项目冲突的发展阶段

1.冲突潜伏阶段

在文化产业项目冲突的潜伏阶段,不存在公然的项目冲突,只是产生了冲突的条件,使冲突成为可能。

2.冲突被认知阶段

在文化产业项目冲突的被认知阶段,项目冲突各方开始注意和认知到大家对项目冲突问题的争议。

3.冲突被感觉阶段

在文化产业项目冲突的被感觉阶段,当一个或更多的当事人对存在的差异有了情绪上的反应时,项目冲突就达到了被感觉的程度。

4.冲突出现阶段

在文化产业项目冲突的出现阶段,项目冲突由认识或情感上的发觉已经转化为行动。项目冲突当事人可能会选择扩大冲突,也可能会决定对冲突进行处理。

5.冲突结局阶段

文化产业项目冲突的结局阶段也是项目冲突的最后阶段,项目冲突的结局说明了冲突的最终结果。分析项目冲突可能出现的结局可以为项目冲突管理者和决策者提供正确的信息。

(二)文化产业项目冲突的管理过程

与文化产业项目冲突的发展阶段相对应,文化产业项目冲突管理过程可以划分为项目冲突的诊断、项目冲突的处理和项目冲突的处理结果三个阶段。

1.项目冲突的诊断

对文化产业项目冲突进行准确的诊断是进行项目冲突有效管理的前提。项目冲突的诊断过程也是发现项目问题的过程。项目负责人在诊断项目冲突的过程中要充分认识和分析项目冲突是发生在哪个层面上,问题出在哪里,并做出在什么时候应该降低冲突或激发冲突的决策。

2.项目冲突的处理

文化产业项目冲突的处理对策包括事前预防项目冲突和事后有效处理项目冲突。事前预防项目冲突包括对项目冲突进行事前规划与评估、加强人际或组织沟通、健全规章制度等,目的在于协调和规范项目各利害关系个人或群体的行为,鼓励多元化合作与竞争,强调真正的民众参与,建立组织协调模式等;事后有效处理项目冲突包括对项目冲突的主客观资料进行收集、整理与分析,综合运用回避、妥协、强制和合作等冲突处置策略,理性协商谈判,形成协议方案,监测协议方案执行,进一步健全冲突处理机制等。

3.项目冲突的处理结果

文化产业项目冲突和冲突的处理结果必然都会影响到组织的绩效。项目负责人必须采取有效的方法降低或激发冲突,使项目冲突维持在一个合理的水平上,促进项目绩效的提高。由于项目冲突具有复杂性、多样性和不确定性等特征,因此对项目冲突的管理不可能千篇一律地使用一种方法或方式来解决,而是必须要对项目冲突进行具体、深入的分析,积极选择适当的项目冲突管理方式,尽可能地利用建设性冲突,控制和减少破坏性冲突。

四、文化产业项目冲突的解决

文化产业项目冲突并不可怕,如果处理得当,它就能成为建设性冲突。

处理和解决文化产业项目冲突的方式主要有以下几种。

(一)回避和冷处理

当项目冲突微不足道、不值得花费大量时间和精力去解决时,回避是一种巧妙而有效的策略。通过回避琐碎的冲突,项目管理者可以提高项目整体的管理效率。尤其当冲突各方情绪过于激动,需要时间使他们恢复平静,或者立即采取行动所带来的负面效果可能超过解决冲突所获得的利益时,采取冷处理是一种明智的策略。总之,项目管理者应审慎选择所要解决的项目冲突。

(二)强调共同的战略目标

确定共同的战略目标的作用在于使项目冲突各方感到使命感和向心力,意识到任何一方单凭自己的资源和力量无法实现目标,只有在项目全体成员通力协作下才能取得成功;促使项目冲突各方意识到要从企业整体高度看待矛盾和问题,而不是从部门甚至个人的角度。在这种情况下,冲突各方可能为这个共同的战略目标相互谦让或做出牺牲,避免冲突的发生。

(三)制度的建立和执行

项目规范、健全的制度的存在虽然会让许多人觉得受到约束,但它也是一条警戒线,足以规范项目成员的行为。因此通过制订一套切实可行的项目制度并将项目成员的行为纳入制度的规范范围,靠"法治"而不是"人治"来回避和降低冲突。

(四)各方的妥协

所谓妥协,就是在彼此之间的看法、观点的交集基础上,建立共识,彼此都做出一定的让步,从而达到各方都有所赢、有所输的目的。当项目冲突双方势均力敌或焦点问题纷繁复杂时,妥协是避免冲突升级、达成一致或共识的有效策略。

(五)强制执行

强制执行是同妥协相对立的项目冲突解决方式。当项目管理者需要对重大事件做出迅速的处理,或者需要采取不同寻常的行动而无法顾及其他因素时,以牺牲某些利益来保证项目决策效率也是解决项目冲突的途径之一。

(六)沟通和协调

信息的来源不一致,得到的信息不全面、不准确是产生文化产业项目冲突的主要原因之一。因此,项目管理者应该加强项目内外信息的沟通和交流,使项目各方都能够及时、准确、全面地了解并掌握所需要的项目信息,并在此基础上加强积极的谈判、协调和沟通。这是解决项目冲突的有效途径。

(七)发泄

上面所列出的几种项目冲突的解决方式,有一些并没有从根本上消除已有的冲突,只是让冲突得到了一定程度的缓解。原有的冲突在新的环境条件下可能又会死灰复燃,并导致新的冲突。德国社会学家齐美尔提出了一种冲突"宣泄"理论,有利于彻底解决冲突。采取冲突发泄方式要求项目管理者创造一定的条件和环境,使冲突各方的不满情绪有一定的渠道、途径和方式发泄出来,从而使冲突强度快速衰减,达到项目稳定运行的目的。

第三节　文化产业项目沟通管理

文化产业项目管理过程中出现的各种项目风险和冲突，都可能与项目组织内外缺乏畅通的沟通渠道和有效的沟通相关联。在项目管理知识体系 PMBOK 中，专门将沟通管理作为一知识领域，并建议项目经理要花 75％ 以上时间在沟通上，可见沟通在项目中的重要性。要科学地组织、指挥、协调和控制项目的实施过程，就必须进行项目沟通管理；有效实现文化产业项目的风险管理和冲突管理目标最重要的途径和手段也是要加强和完善项目管理过程的沟通。

一、文化产业项目沟通管理的基本概念

(一)文化产业项目沟通管理的概念

文化产业项目管理中的沟通，并不等同于一般的人际交往沟通技巧，而更多是对沟通的管理。文化产业项目沟通管理，是指对文化产业项目过程中各种不同方式和不同内容的沟通活动的管理，即为了确保项目信息合理收集、传输，以及最终处理所实施的一系列管理过程。文化产业项目沟通管理的目标是要保证项目的有关信息能够适时并以合理的方式产生、收集、处理、贮存和交流。文化产业项目的沟通管理既是对项目信息和信息传递的内容、方法和过程的全面管理，也是对与项目工作有关的人们的思想和情感的交流活动过程的全面管理。

(二)项目沟通的分类

1.组织沟通和人际沟通

从沟通的主体来划分，项目沟通可分为组织沟通和人际沟通。组织沟通是指项目组织或组织内各部门之间的信息传递；人际沟通是指项目相关人员之间的信息传递。人际沟通不同于组织或部门的沟通，主要是通过语言交流来完成，并且这种沟通不仅有信息的交流，还包括感情、思想、态度的交流等。

2.正式沟通和非正式沟通

从沟通的渠道来划分，项目沟通可分为正式沟通和非正式沟通。正式沟通是利用组织明文规定的渠道进行信息传递和交流的方式，如组织规定的汇报制度、例会制度、报告制度及公函来往制度等。正式沟通的优点是有较强的约束力，缺点是沟通速度较慢。非正式沟通是指在正式沟通渠道之外进行的信息传递和交流，往往是由项目成员之间因彼此的共同利益而形成的，如员工之间的私下交谈、小道消息等。非正式沟通的优点是沟通速度快，且能提供一些正式沟通中难以获得的信息；缺点是容易失真。

3.上行沟通、下行沟通和平行沟通

从沟通的方向来划分，项目沟通可分为上行沟通、下行沟通和平行沟通。上行沟通是指下级的信息向上级的传递，即自下而上的沟通，如报告、需求、建议、意见等。只有上行沟通渠道畅通，项目经理才能掌握全面情况，做出符合实际的项目决策。下行沟通是自上而下的信息沟通，如政策、规范、指令等。平行沟通是指组织中各平行部门之间的信息交流。保证平行部门之间沟通渠道的畅通，是减少部门之间冲突的重要措施。

4.单向沟通和双向沟通

按照沟通是否有反馈的角度来划分，项目沟通可分为单向沟通和双向沟通。单向沟通是

指信息只有单向的传递,一方只发送信息,另一方只接收信息,没有信息反馈,如做报告、发布指令等。单向沟通的信息传递速度快,但准确性差,信息接收者易产生抗拒心理。双向沟通是在信息发出以后还需及时听取反馈意见,必要时双方会进行多次重复商谈,直到双方信息明确和满意为止,如交谈、协商等。双向沟通的信息准确性高,信息接收者有反馈意见的机会,平等感和参与感强,有助于建立沟通双方的感情,但是信息传递速度较慢。

5.书面沟通和口头沟通

从沟通使用的媒介角度而言,项目沟通可划分为书面沟通和口头沟通。书面沟通是指以书面形式进行的信息传递和交流,如通知、文件、报刊、备忘录等,其优点是可以作为资料长期保存,反复查阅;口头沟通就是运用口头的表达来进行的信息交流活动,如谈话、游说、演讲等,其优点是比较灵活、速度快,传递消息较为准确。

6.语言沟通和非语言沟通

从沟通是否使用语言的角度来划分,项目沟通可分为语言沟通和非语言沟通。语言沟通是指利用语言、文字、图画、表格等形式进行的信息传递;非语言沟通则是利用动作、表情、姿态等肢体语言,或声、光、电等讯号或图像等非语言方式进行的信息传递。

二、文化产业项目沟通管理的过程

文化产业项目沟通管理是保证及时与恰当地生成、收集、传播、存储、检索和最终处置项目信息所需的过程。这一沟通管理的过程具体包括沟通计划、信息发布、绩效报告及管理收尾四个方面的内容。

(一)沟通计划

文化产业项目沟通计划涉及对项目全过程的沟通工作、沟通方法、沟通渠道等各个方面的计划与安排。就大多数项目而言,沟通计划的内容是项目初期阶段工作的一个部分。同时,项目沟通计划还需要根据计划实施的结果进行定期检查,必要时需要加以修订。因此文化产业项目沟通计划管理工作是贯穿于项目全过程的一项工作。

制订文化产业项目沟通计划时通常需要的信息包括组织结构图,项目组织和项目关系人的职责关系,项目中涉及的学科、部门和专业,参与项目的成员,内外部信息需求等。沟通计划的另一个内容是要正确选择沟通技术。科学地选择沟通技术以达到迅速和有效地传递信息的目的。沟通技术的选择主要取决于下列因素:已有系统满足信息沟通的能力,对信息要求的紧迫程度,项目参与者对沟通系统的适应状况以及沟通制约因素等。

(二)信息发布

信息发布是指把所需要的信息及时提供给项目相关者,包括实施沟通管理计划,以及对预料之外的信息索取要求做出反应。信息发布作为沟通管理过程的一部分,发送方要保证信息内容清晰明确,接收方要保证信息接收的完整无缺、信息理解无误。要达成以上两点,必须建立信息收集、发布管理系统。项目管理信息系统是用于收集、综合、散发及其他过程结果的工具和技术的总和。项目信息发布的具体内容包括以下方面。

(1)项目演示介绍:项目团队采用正式或非正式方式向项目相关者提供的演示性信息。这些信息要切合听众需要,介绍演示的方法要恰当。

(2)项目记录:包括项目函件、备忘录以及项目描述文件。这些信息应尽可能以适当方式有条理地加以保存。项目团队成员往往也会在项目笔记本中保留个人记录。

（3）经验教训记录：包括项目问题的起因，所采取纠正措施的原因和依据，以及有关经验教训。记录下来的经验教训可成为本项目和组织的历史数据库的组成部分。

（4）项目报告：正式和非正式项目报告将详细说明项目状态，其中包括经验教训、项目问题登记簿、项目收尾报告和其他知识领域的成果。

（5）项目相关者的反馈：可以发布项目相关者收集的有关项目运营的信息，并根据该信息改进或修改项目的未来绩效。

（6）项目相关者通知：可就解决的问题、审定的变更和一般项目状态问题向项目相关者通报。

（三）绩效报告

绩效报告指收集和传播项目执行信息，并向项目相关者提供项目绩效信息。项目绩效信息一般包括项目资源的使用情况以及项目范围、进度计划、费用和质量方面的信息。许多项目也要求在绩效报告中加入项目风险和采购信息。项目报告可以是综合项目状况报告、项目进一步衡量和预测报告，也可以是报道特殊情况的项目专题报告。绩效报告组织与归纳所收集到的信息，展示依据绩效衡量基准分析的所有分析结果，并按沟通计划所记载的各项目相关者信息需求的详细程度，提供状态和绩效信息。绩效报告的常用格式包括条形图、S 曲线、直方图及表格等。

（四）管理收尾

项目管理收尾包含了项目形成结果文档（这些文档可以使发起人或客户对项目产品的验收正式化），收集项目记录，对项目的成功、效果及取得的教训进行分析，以及对这些信息的存档以备将来使用。项目管理收尾活动并不只是在项目结束时才进行，项目的每个阶段都要进行适当的收尾，以保证重要的、有价值的项目信息不流失。另外，人才数据库中的雇员技能应该得到更新，以反映员工新的技能和熟练程度的提高。

总之，只有认识到项目沟通的重要性，才能做好详细的项目沟通管理计划；只有执行好计划才能发挥它的作用，才会顺利地实现项目目标，才会对项目沟通管理的重要性有更深一层的认识，并会在以后的项目中继续执行有效沟通，为项目组织带来更好的效益。

三、文化产业项目的沟通障碍

在文化产业项目沟通过程中，常常会受到各种因素的影响和干扰，使沟通受到阻碍，使信息意图受到干扰或误解，导致信息传递失真、中断等现象。文化产业项目沟通过程的每一个组成要素如果出现问题都可能转化成为沟通的障碍因素。

（一）沟通主体因素导致的沟通障碍

1.信息过滤

沟通主体对信息的过度过滤会导致沟通障碍。如信息发送者故意操纵信息，使传递出去的信息对自己有利。

2.选择性知觉

在沟通过程中，沟通主体会根据自己的需要、动机、经验、背景及其他个人特点，而有选择地去获取或解释信息，并称之为事实，在有意无意中产生知觉的错误选择性或不全面性而造成沟通障碍。

3.知识经验水平

在沟通过程中,信息沟通主体的知识、经验、水平等差异都可能造成沟通障碍。信息发送者与信息接收者的知识、经验、水平等的差距越大,双方越没有"共同的经验区",使信息接收者不能正确理解信息发送者的信息含义。

4.情绪

在沟通过程中,信息发送者和信息接收者所处的情绪状态会使他们对同一信息的发送方式和解释方式截然不同。处于不良情绪状态下的沟通主体常常无法进行客观而理性的思维活动,从而带来沟通障碍。

5.表达方式

在沟通过程中,信息沟通主体由于个人的年龄、教育和文化背景不同,对同样的信息内容会有不同的表达和理解方式。如某一专业人员的行话和技术术语,其他专业的人员在理解时就会存在问题。而且个人语言风格迥异,也会给有效沟通造成语义障碍。

6.忽视倾听

倾听是对信息的积极主动的搜寻和加工。在沟通过程中很多人注意考虑了沟通过程中的许多因素,却往往忽略了认真、积极的倾听。

(二)沟通过程出现的障碍因素

1.沟通时机选择不当

沟通时机的选择对有效的沟通来说很重要。在进行沟通之前要计划好沟通的时间、地点和机会,这包括发送信息、预计对方接收的时间和机会等。因为时机选择不当可能会使沟通没有产生预期的效果甚至会产生不利的后果。例如,项目经理在与正为某个急需解决的问题而大伤脑筋的团队成员进行沟通时可能会碰壁。

2.信息不完备

信息本身的缺陷和不完备是直接威胁到沟通效果最主要的障碍因素。所以在沟通之前信息发送者必须确保所要传递的信息内容和目的,努力提供全面、准确、完整的信息。

3.噪声干扰

噪声指的是信息传递过程中的各种干扰因素。典型的噪声包括难以辨认的字迹、电话中的静电干扰、接收者的注意转移、沟通过程中的背景噪声等。所有对沟通信息的理解造成干扰的因素,无论是内部的还是外部的噪声都是项目沟通的障碍,它们会造成信息的失真。

4.组织的沟通障碍

如果项目组织机构过于庞大,中间层次太多,那么信息从最高决策层传递到下属单位不仅容易产生信息的失真,而且还会浪费大量时间,影响信息的及时性。

5.非言语信号的问题

非言语沟通几乎总是与口头沟通相伴随的,当二者协调一致时可以彼此强化,但是当二者出现不一致时,就会使信息接收者感到迷茫和迷惑。这种相互冲突的信号会形成沟通障碍。

四、文化产业项目沟通管理的方法

（一）组建一个好的项目组

在组建项目组时，要视项目的复杂程度，根据知识、专业、能力、性格等要素优势互补的原则选配项目组的主要成员。高效的项目组织能形成良好的"项目精神"，减少不必要的交流数量，提高项目组的沟通效果。一个好的项目组应当具备完成项目任务、实现预期目标的能力，即使在项目遇到困难时，项目组也能发挥集体的力量去克服各种困难，使项目始终运行良好。这是一种系统能力，是通过项目组成员间的良好沟通和协作而体现出来的。

（二）建立完善的项目沟通管理体系

项目组因开展项目而成立，因项目完成而解散，项目组的成员来自不同的利益关系方，成员间并不完全了解，如果不进行有效的沟通就根本无法协作。因此只有形成有效的项目沟通体系，成员间才能充分交流、分享信息、相互信任、互相支持。建立良好的项目沟通管理体系首先应构建项目组的沟通网络，决定项目各关系者的信息沟通需求，明确各自的沟通职责和权限，建立沟通反馈机制，确保信息沟通的正确性；建立定期检查项目沟通情况的制度，保持畅通的沟通渠道，保证沟通的有效性；做好沟通计划的编制、信息分发、绩效报告和管理收尾工作。

（三）正确处理项目各接口的协调关系

一个项目往往会涉及设计、采购、施工、设备安装等各项工作，各专业组之间的协调也相当重要，项目组应加强内部的协调沟通，形成全面统筹、信息畅通的管理格局。如：设计组不但要对整个项目的技术负责，同时要对设备组订货提供技术支持，解决施工组现场出现的各种技术问题；设备组要积极主动与设计组沟通，了解设计人员的意图，并随时与施工组保持联系，根据施工要求积极组织货源，保证项目顺利按进度进行；而施工组要借助与设计人员的交流，保证工程质量满足设计要求，同时要将施工进度及时反馈给设备组，以保证设备能及时组织到位。除了有效的项目组内部的协调沟通，项目组还需要处理好与外部项目客户、项目委托方、项目监理公司、项目主管部门等项目干系人之间的沟通与协调。

（四）选好项目经理

项目经理是项目沟通管理的关键所在。项目经理必须具有强烈的沟通管理意识，要花$50\%\sim70\%$的精力用于沟通；同时要掌握提高沟通有效性的基本原则，做到尽早沟通和主动沟通；要熟悉相关专业技术，与项目组中各专业领域的成员能够顺畅沟通；要有良好的沟通技巧，明确沟通目标，选择有效的沟通方式；并能在关键时刻，发挥权威，终止争论，提高项目沟通效率。

（五）重视沟通效率，节约沟通成本

沟通对项目的重要性是毋庸置疑的，但项目经理在强化沟通的同时不能忽视沟通的成本。沟通方式的选择、沟通时机的把握、沟通范围的界定等都会影响沟通的成本，进而会影响整个项目的成本和进度。所以，要尽量采取节省成本的方式达到沟通的目的，能召开网络会议、电话会议的就不宜集中开会；能通过邮件、电话达到目的的，就不必面谈；能用规章制度标准化的事情，就没必要个案沟通。

本章小结

1.文化产业项目风险,是指由于项目所处环境和条件的不确定性,以及项目管理者不能预见或控制的一些影响因素,项目实施的过程和结果与项目管理者的预期产生了背离,从而使项目利益相关者蒙受损失的可能性。

2.文化产业项目冲突,是指项目内部或外部某些关系难以协调而导致的矛盾激化和行为对抗。文化产业项目的冲突管理,就是指认知项目冲突、分析项目冲突并解决项目冲突的过程。文化产业项目冲突管理的作用,在于引导项目冲突的结果向积极的、合作的而非破坏性的方向发展。在这一过程中,文化产业项目经理是解决项目冲突的关键。

3.文化产业项目沟通管理,是指为了确保项目信息合理收集、传输,以及最终处理所实施的一系列管理过程。文化产业项目沟通管理的目标是要保证项目的有关信息能够适时并以合理的方式产生、收集、处理、贮存和交流。文化产业项目的沟通管理既是对项目信息和信息传递的内容、方法和过程的全面管理,也是对与项目工作有关的人们的思想和情感的交流活动过程的全面管理。

复习与思考

1.何为风险? 何为文化产业项目风险管理?

2.冲突产生的根源有哪些? 文化产业项目如何消弭冲突?

3.项目沟通存在哪些障碍? 有哪些方法可以促进文化产业项目实施中的沟通?

4.请结合实际,谈谈在你所了解的文化产业项目中冲突与沟通的互动作用及其表现。

本章案例

"丝路追梦"展览项目风险管理

2015年5月至10月是北京龙门艺术区"丝路追梦"大型展览项目的采风阶段,园区的四位艺术家花费半年时间考察了丝绸之路主要国家的城市博物馆、艺术馆和异域乡村风土人情。历经一年的精心准备和筹划,龙门艺术区主办的"丝路追梦"大型艺术主题展览于2016年4月16日在中国爱德艺术院拉开帷幕。在四位画家创作的画作中,共遴选出一百余幅人物画、风景画,分四个专区展示了国画、水彩画、油画、版画等精品佳作。此次展览历时二十天,得到社会各界和诸多媒体的广泛关注。

文化产业以知识创新与高新科技为支持体系,具有高收益、高回报和高增长潜力的特征,但这种高收益也可能遭遇高风险。艺术家们的画作虽然在"丝路追梦"采风结束后得以创作出来,但是却很难保证画作将会受到市场的欢迎,能为艺术区带来收益。即使"丝路追梦"展览取得了巨大的成功,画作受到观众们的好评,也给主办方龙门艺术区提高了一定的知名度,但由于绘画作品不属于生活必需品,它的运营及销售会受到社会中各种不确定因素的影响。"丝路追梦"展览不可能有预演和彩排,只能一次性取得成功,所以风险较大,一个小疏忽就可能造成不可弥补的损失。

从项目外部风险来看,由于中国艺术市场还处在发展阶段,很多来自其他行业的跟风投资毫无目的,且对于艺术理解不够,造成2014年后的泡沫效应,再加上中国经济发展放缓也是冲击艺术市场重要因素之一。"丝路追梦"采风及展览活动便是在这样一个基本背景下，响应国家"一带一路"倡议进行的，但是"丝路追梦"采风活动，历经中国的包头、额济纳齐、黑水城，西亚的哈萨克斯坦、土耳其，欧洲的希腊、意大利等地，不仅受到地理位置跨度大、气候差异明显等自然环境的制约，还需要面对佛教、伊斯兰教、东正教、天主教等不同宗教信仰所带来的文化差异，以及无所不在的语言障碍。漫天风沙、瓢泼大雨、炎炎烈日都影响着采风活动的进程，能否在各地的最佳观赏时间安排好数位艺术家同时进行采风与写生，直接影响最终作品的质量和价值。

从项目内部风险来看，项目进度、成本变化、资金不到位、管理不善、团队不协调、项目经理缺乏经验等都可能会诱发风险，导致项目失败。"丝路追梦"采风及展览活动是龙门艺术区策划的第一个大型文化项目，所有的工作人员均没有大型活动的组织经验，整个团队在项目策划和推进过程中面临着巨大的考验，包括出外写生的经费预估、艺术家的食宿翻译安排、艺术品画框制作及展览形式确定、后期广告宣传等，稍有差错，都会对展览产生影响。社会各界对此次活动是否认可，宣传力度是否能达到预期效果，都是一个未知数。对艺术家的采访和广告投放等费用做了各种控制，但还是超出预算费用。庆幸的是，"丝路追梦"采风展览活动的所有经费由北京承粹艺术有限责任公司承担，因此项目本身并不存在融资渠道及金额的风险。此次活动的总策划人即公司董事长，依赖于他高瞻远瞩的眼光、强大宽广的人脉、临危不惧的挑战精神，顺利地解决了采风过程中的各种意外。在其后的布展及展览阶段，由于时间安排紧张，团队缺乏经验，艺术区紧急邀请了中央美术学院美术馆的老师亲临指导，展览才万无一失，顺利开展。

历时一年的"丝路追梦"采风展览活动，凭借北京承粹艺术有限责任公司的出资，通过总策划人的领导以及团队所有成员的共同协作，真正做到了对项目风险的全过程管理、全员管理及全要素管理。

资料来源：左莹.文化产业项目特点及风险管理：以北京龙门艺术区"丝路追梦"采风及展览为例[J].文化学刊，2018(12)：95－98.

第十章 文化产业项目收尾与后评估

学习背景

　　一个完整的文化产业项目生命周期的最后阶段就是项目的收尾。只有经过了项目收尾过程,项目才有可能正式交付使用,才有可能面向市场提供出预定的产品或服务,项目的利益相关者也才有可能终止为完成项目所承担的责任和义务,并从项目中获益。文化产业项目后评估,是在项目收尾阶段对项目的目标达成情况、执行过程、效益、作用和影响所进行的全面、系统的分析,并通过总结正反两方面的经验教训,使项目决策者、管理者和建设者学习到更加科学、合理的方法和策略,提高项目决策、管理和建设水平。文化产业项目的收尾和项目后评估是密不可分的两项工作,具体包括了整理并提交项目最终成果、账务结算、项目评审验收、项目总结、解散团队等内容。文化产业项目收尾与后评估的目的在于确认项目实施的结果是否达到了预期的要求,并通过项目的移交或清算,确认项目可能带来的实际效益。通过项目收尾与后评估,可以进一步提升文化产业项目参与者对项目的认识,并从投资开发项目的实践中吸取经验教训,并运用到未来的项目实践中去。

学习目标

1.掌握文化产业项目收尾与后评估的基本概念;
2.理解文化产业项目收尾的内容、程序与方法;
3.理解文化产业项目后评估的特点、内容与方法;
4.掌握文化产业项目后评估报告的撰写内容与要求。

第一节　文化产业项目收尾

一、文化产业项目收尾的概念

　　当文化产业项目的各阶段性目标已经完成或项目最终目标已经实现,又或者其项目目标已经表明不可能实现时,该项目就进入了收尾工作阶段。项目进入收尾阶段有两种情况:一是项目任务已经顺利完成、项目目标已成功实现,项目正常进入生命周期的最后一个阶段——结束阶段的情况,这种状况下的项目结束为项目正常结束,简称项目终结;二是项目任务无法完成,项目目标无法实现,提前终止项目实施的情况,这种状况下的项目结束为项目非正常结束,简称项目终止。

　　文化产业项目收尾工作是很重要的一个阶段,它对于资源的积累和经验的积累都具有非常重要的意义。根据美国项目管理协会的概念界定,项目收尾阶段是指项目按计划实施完工直至所有善后工作完成的阶段。文化产业项目收尾阶段的工作主要包括对项目已完成的工作成果或项目活动结果重新审查,整理最终交付品,整理相关文档,并归整项目管理成果形成项目总结报告,填写项目团队成员绩效考评报告,进行项目总结与评价并形成项目后评估报告等。

二、文化产业项目收尾的内容

对于多阶段文化产业项目而言,项目收尾过程是与项目各给定阶段对应的项目范围与项目目标相关联的活动,是终结一个项目或项目阶段的结束过程。这一过程包括:最后了结项目所有管理过程组完成的各项活动,正式结束项目或项目阶段,移交已完成或取消的项目;通过建立某些特定程序,用以协调、核实项目可交付成果的各项活动并形成文件;与项目顾客或赞助方进行联系和沟通,正式验收项目可交付成果;调查未能完成即终止的项目采取行动的理由并将其形成文件;等等。总体上讲,文化产业项目收尾的核心工作内容包括管理收尾和合同收尾两个部分,并且这两项具体工作之间是互相关联和互相影响的,通常是项目管理收尾工作先行开始,而项目合同收尾工作先行结束。

(一)文化产业项目合同收尾

文化产业项目合同收尾,是完成和终结一个项目或项目阶段各种合同的收尾性工作。即文化产业项目的合同收尾就是根据项目合同条款,逐一进行对照,了结合同并结清账目,并解决所有尚未了结的事项。项目合同收尾需要对整个项目过程进行系统的审查,总结出进行类似项目或本组织其他项目时值得吸取的经验教训。简单地理解,项目合同收尾就是依据项目合同,与项目客户一项项地进行核对,判断项目是否完成了合同所有的要求,是否可以把项目结束掉,也就是我们通常所讲的项目验收过程。文化产业项目合同收尾管理活动中也包括了对项目或项目阶段的有关遗留问题提出解决方案并进行决策的工作。

(二)文化产业项目管理收尾

文化产业项目管理收尾,是指对整个项目或一个项目阶段的项目实施工作完成与终结的各种文件和信息进行收集、生成并分发的项目管理工作。文化产业项目管理收尾工作是使项目利益相关者对项目产品的验收正式化,而对结束一个项目或一个项目阶段所做的各种项目文件的准备,是为了项目成果验证的归档活动。

文化产业项目管理收尾工作的具体内容包括:

(1)收集整理归档项目文件;

(2)更新项目合同记录,反映项目最终结果,并将项目信息存档以便将来使用;

(3)总结项目的经验教训,明确项目后续工作的负责人,重新安排工作组成员的工作等。

三、文化产业项目收尾的程序和方法

(一)文化产业项目合同收尾的程序和方法

1.文化产业项目合同收尾的程序

文化产业项目合同收尾的程序包括结清与了结项目的所有合同协议,以及确定配合项目正式行政收尾有关活动时所需进行的所有活动与配合关系。这一程序既涉及项目产品核实

（项目所有的工作均已正确而又令人满意地完成了），又涉及行政收尾（更新项目合同记录，反映项目最终结果，并将项目信息存档供将来使用）。文化产业项目合同条款与条件可能对合同收尾已做了具体规定，如果有规定，则必须成为本项目合同收尾程序的一部分。

文化产业项目合同收尾的基本过程如图 10-1 所示。

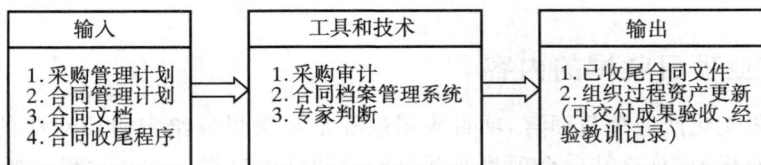

输入	工具和技术	输出
1.采购管理计划 2.合同管理计划 3.合同文档 4.合同收尾程序	1.采购审计 2.合同档案管理系统 3.专家判断	1.已收尾合同文件 2.组织过程资产更新 （可交付成果验收、经验教训记录）

图 10-1　项目合同收尾的过程

从图 10-1 中可以看出，文化产业项目合同收尾的依据和前提是项目合同文件，其中至少应包括合同本身及所有相关的项目合同表格和清单，经过批准的项目合同变更，由承包商提出的技术文件，承包商的项目进度报告、单据和付款记录等财务文件，以及所有与项目合同有关的项目检查结果等。

2.文化产业项目合同收尾的工具和方法

（1）项目采购审计。文化产业项目采购审计是指对从项目采购规划到项目合同管理的整个过程进行系统的审查。文化产业项目采购审计的目的是要给出可供本项目其他采购合同或组织内其他项目借鉴的成功与失败的经验。

文化产业项目采购审计有狭义和广义之分。狭义的项目采购审计是指项目物资采购审计，即由组织内部审计机构及相关人员依据有关的法律、法规、政策及相关标准，按照一定的程序和方法，对项目物资采购各部门、各环节的项目活动和项目内部控制等所进行的独立监督和评价活动。这里所称的物资是指项目在产品生产、基本建设和专项工程中所使用的主要原材料、辅助材料、燃料、动力、工具、配件和设备等。广义的项目采购审计还包括项目物资采购审计以及项目基建审计、项目合同审计等。

（2）项目合同档案管理系统。文化产业项目合同档案管理系统主要包括项目合同基本信息管理、项目资金计划管理、项目交付管理、项目合同进度管理、项目发票管理、项目合同变更、项目历史合同比较、项目合同导出等功能。

文化产业项目合同档案管理系统重点进行如下工作：规范项目基础数据管理，提高项目管理效率，实现项目标准化管理和个性化管理的有机结合，为项目领导决策提供准确、及时、广泛的信息，为项目用户提供项目全面合同管理解决方案等。

（二）文化产业项目管理收尾的程序和方法

文化产业项目管理收尾最核心的工作内容是项目的验收和项目的审计。

1.文化产业项目验收

文化产业项目验收，又称项目范围确认或项目移交，是指项目或项目阶段结束时，项目团队在将项目成果交付给项目使用者之前，由项目接收方会同项目团队、项目监理等有关方面对项目的工作成果进行的审查。

文化产业项目验收通常会包括项目质量验收和项目文件资料验收两个部分。其中：项目质量验收，是依据项目质量计划中的范围划分、指标要求和采购合同的质量条款，遵循相关的项目质量评定标准,对项目的质量进行认可、评定和办理验收、交接手续的过程;项目文件资料验收所验收的项目文件既可作为项目评价和验收的标准,也是项目交接、维护和后评价的重要原始凭证。只有项目文件验收合格后,才能进行项目的整体验收和交接。当所有的项目文件验收合格后,项目团队与项目接收方会对项目文件验收报告进行确认,形成项目文件验收结果。

文化产业项目验收的基本程序如图10-2所示。

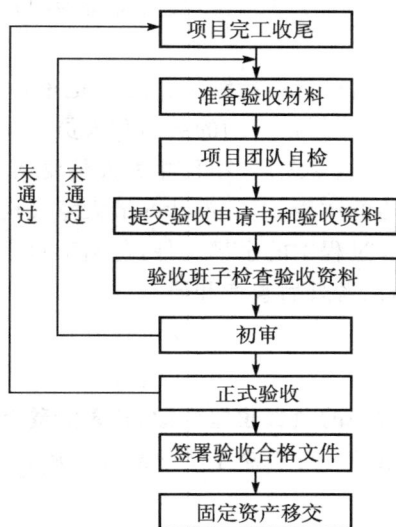

图10-2　项目验收程序示意图

文化产业项目验收过程中所使用的项目验收标准,一般可选用项目合同书、国家标准、行业标准和相关政策法规、国际惯例等。其中,项目合同书规定了项目实施过程中各项工作应遵守的项目标准、项目应达到的预期目标、项目成果的形式以及对项目成果的要求等,是项目实施管理、跟踪与控制的首要依据,且具有法律效力。因此在对项目进行验收时,最基本的标准就是项目合同书。

2.文化产业项目审计

文化产业项目审计,是指相关审计机构依据国家的法令和财务制度、企业的经营方针、管理标准和规章制度,采用科学的方法和程序对文化产业项目活动进行审核检查,判断其是否合法、合理和有效,并借以发现错误、纠正弊端、防止舞弊、改善管理,保证项目目标顺利实现的一种管理活动。

文化产业项目审计是一项复杂、细致又专业性很强的工作,必须按照科学的程序进行。

(1)项目审计的准备。在实施文化产业项目审计之前要进行充分、周密的准备,这是保证项目审计工作达到预期目标的前提。项目审计能否发挥应有的效用以及效用的大小,在很大程度上取决于项目审计的准备工作。通常项目审计准备工作主要包括以下内容:确定审计项目,明确项目审计目的,界定项目审计范围,组织项目审计小组,了解项目基本情况,准备项目审计相关资料,制订项目审计计划等。

(2)项目审计的实施。实施项目审计是整个项目审计过程最重要、工作量最大的阶段,它主要会涉及以下工作:针对确定的项目审计范围进行常规项目审查,从中发现常规性错误和弊端;对可疑的环节或特殊领域要进行更加详细的项目审核和检查,并协同项目管理人员纠正错误事项。

(3)项目审计报告。项目审计报告是项目审计工作的最终产品,项目审计工作的成果和后续行动的效果将取决于项目审计报告编写的质量和提出的方式。因此,项目审计报告需要在征求项目管理人员意见的基础上,对所获得的项目审计资料进行综合、归纳、分析和研究,进而对项目审计事项做出客观、公正和准确的评价,最后将作为项目审计结果和结论的项目审计报告送交各有关部门。

(4)项目审计后续工作。项目审计的后续工作之一是审计报告意见和建议的实施。项目审计人员应尽量明确需要采取项目纠正行动的部门和人员。项目审计的另一项后续工作是经验教训的总结和吸取。项目审计结束之后,项目相关人员要认真地进行反思,杜绝日后发生类似的错误或问题,起到标本兼治的作用,项目审计的最大意义也在于此。作为项目审计后续工作的最后一项,是要将项目审计过程中的全部文件,包括项目审计记录以及各种原始项目材料整理归档、建立项目审计档案,以备日后查考和研究。

小资料

成功的项目收尾要做到"善始善终"

在项目即将结束的时候,项目负责人除了要做好合同收尾的一项一项对照检查外,还需要重点关注以下三个收尾细节:

一是专人负责、强调计划。项目开始和收尾是最难干的,尤其是项目收尾。纷繁复杂的工作,加上临近项目结束人心浮动,同时也因为牵涉到最后的结算,需要反复沟通确认的事情特别多,矛盾日渐突出。在这种情况下,项目经理的重视和对收尾工作的强力支持就显得尤为重要。项目收尾必须指定专人负责。此人直接对项目经理负责,再辅以熟悉项目情况的人员,组成一个精干的项目移交、验收、资料归档小组,进行验收和归档为主的收尾工作。同时,收尾工作也要特别强调计划,可由负责收尾的人根据实际情况结合合同条款拟订项目收尾计划。为保证计划的执行,最好有一个例会制度,各方定期审查进度,及时解决项目收尾过程中出现的问题。

二是强调并建立项目管理收尾的制度化。建立制度化的项目管理收尾,除了完成项目工作以外,向项目经理及时提供准确的工作记录也是一项非常重要的工作。一般建议项目管理收尾事先列出项目记录存档清单,即在项目每一个阶段有哪些工作记录需要收集、整理和保存,由谁提供,什么时候提供,文档记录的格式和要求有哪些等。

三是取得上级支持。在项目收尾工作中,如项目客户款项收取、项目合同结束会谈、项目客户关系出现危机等许多场合下,需要项目开发方高层领导的支持和参与,在一个高层领导很重视的环境下,项目收尾工作会更为出色和顺利。成功的项目收尾应当是验收通过、资金顺利回收、客户关系保持良好的。因此,项目经理是其中的关键人物,收尾成功要求项目经理机智地协调收尾工作中的人物关系。

资料来源:善始善终:成功的项目收尾怎样做?〔EB/OL〕.(2018-06-17)〔2019-08-25〕.http://www.sohu.com/a/236244664_208218.

第二节　文化产业项目后评估

一、文化产业项目后评估的概念、目的与意义

(一)文化产业项目后评估的概念

文化产业项目后评估是对已完成项目的目标、执行、效益、作用和影响等内容所进行的系统、客观的分析与评价。文化产业项目后评估通过对项目活动实践的检查总结,确定项目预期的目标是否达到,项目规划是否合理有效,项目的主要效益指标是否实现,通过分析评价找出成败的原因,总结经验教训,并通过及时有效的信息反馈,以提高未来新项目决策的科学性和投资的有效性。文化产业项目后评估有时也可指在项目完成并运营一段时间后,对该项目实际开发或使用以及项目实际运行的数据所做的一种项目评估。这种项目后评估通过对照项目前评估和项目决策以及项目的设计和实施,来分析实际项目决策、实施和运行中的成绩和问题,以评估该项目的实际效果、效益、作用和影响,判断项目目标的实现程度,并总结经验教训,为将来文化产业政策的制定和实施提供科学的依据。

(二)文化产业项目后评估的目的与意义

作为文化产业项目管理过程的最后阶段,项目后评估工作不仅能进一步提高项目投资决策水平,提高项目投资效益,而且有利于提高项目管理水平,实现项目管理的科学化。具体来讲,文化产业项目后评估的作用主要体现在以下几个方面。

1.总结经验教训,提高项目决策水平

一个文化产业项目是由众多项目活动所组成的一个完整过程,它涉及各种各样的项目工作和许许多多的项目相关利益主体,而且多数项目是在一种不确定性的动态环境中实施的,因此几乎没有哪个项目能够完全按照最初的项目计划和设计去完成实施工作,项目的实施必然也是既有成功也有失败,会有许多的经验和教训。通过项目的后评估,可以对项目进行全面的回顾、分析和评价,总结项目整个过程中的各种经验和教训,全面反映整个项目实施过程中存在的问题和失误,以便在未来制定文化产业项目政策时吸取经验教训,提高项目科学决策的水平与能力,能够起到"吃一堑长一智"的作用。

2.推动项目的可持续发展

通过文化产业项目后评估,还可以对项目与项目产品未来的可持续性发展方案做出必要的分析和评价,给出解决项目现有问题进而实现项目后续健康发展的方法与思路,并对这些备选方案进行必要的分析和评价,以便项目决策者能够依据这些评价为项目的可持续发展做出正确的决策。

3.减少项目的负面影响

文化产业项目后评估的另一个重要目的,就是要对项目给社会和自然环境所造成的实际影响做出必要的评价,从而使人们能够根据这些评价结果去采取必要的应对措施,以减少项目对社会和自然环境的负面影响,同时增大项目对环境的正面影响,最终实现在发展文化产业的同时,促进社会、经济、文化和环境的协调发展。

二、文化产业项目后评估的特点与要求

(一)文化产业项目后评估与项目前评估的区别

文化产业项目后期的收尾评估与项目前期的论证评估,在评价原则和方法上没有太大的区别,采用的都是定量与定性相结合的方法,都是对项目所进行的系统化的技术、经济的再论证与评价,其主要目的也都是为了确认或提高项目的效益,实现项目的经济、社会和环境效益的统一。但是文化产业项目后评估与项目前评估还是有着很大的区别,项目后评估与项目前评估的概念比较如表 10-1 所示。

表 10-1　项目后评估与项目前评估的比较

对比项目	项目前评估	项目后评价
时点	项目的起点	项目竣工后
目的	确定项目是否可以立项	总结项目经验教训,改进新项目决策和管理服务
内容	应用预测技术,分析评价项目未来可能的效益,确定项目投资是否可行	总结项目的准备、实施、完工、管理和运营过程,进行分析和评价,预测对未来新项目的影响
判别标准	项目投资者要求获得的收益率或基准收益率(社会折现率)	主要与项目前期评估的结论对比,兼顾项目的实际影响
作用	为确立项目的科学决策服务	知识管理,为未来新项目科学决策提供参考,兼有反腐败与防腐败的作用

(二)文化产业项目后评估的特点

1.信息反馈

项目后评估的结果主要是用来说明和反馈项目实施和项目运行的实际情况,即这一评估的主要目的是验证项目前评估、项目初始决策的科学性与有效性,以及项目实施实际效果的。因此,文化产业项目后评估能够生成大量对项目前评估、项目跟踪评估、项目各阶段决策以及实施过程非常有用的信息反馈,它具有信息反馈的特性。

2.事后评估为主

文化产业项目后评估使用后评估时点以前的项目实施和运行的实际数据去分析和度量在项目前评估和跟踪评估中得出的技术经济评价指标的正确性。这需要对项目后评估的分析评价指标值与项目前评估(使用预测数据)和跟踪评估(使用部分预测数据)中计算得出的评估指标值进行对照和比较并做出评价,从而确认出项目前评估和项目跟踪评估的科学性和有效程度,并确认项目初始决策和项目跟踪决策的实施情况。由于项目后评估工作本身及其结果主要是用于对项目及其决策者的功过评价和奖惩,所以项目后评估具有很强的事后评估的特性,甚至有人将其称为"秋后算账"的特性。

3.为运营决策服务

文化产业项目后评估也是一种专门为改进项目初始决策和项目跟踪决策服务的评估。在整个项目已实施完成并交接后,人们还必须根据项目产品自身及其面临的环境变化情况对项目产品未来的可持续发展做出必要的决策,此时就非常需要做项目后评估了。项目后评估在

一定程度上是要根据项目产品市场运营一段时间后的实际情况,按照必要和可行的原则对后续的项目产品运营工作提出可持续发展的方案,从而提高或改善项目产品日后的运行绩效。因此,项目后评估具有为项目产品运营决策服务的基本特性。

(三)文化产业项目后评估的基本要求

1.独立进行,客观公正

文化产业项目后评估工作必须以实际情况为基础,以实事求是的态度,在发现问题、分析原因和做出结论时,始终保持客观、负责的态度对待项目评估工作。这是项目后评估工作的基本原则。公正性标志着项目评估与评估者的信誉,从而避免出现在发现问题、分析原因和做出结论时的避重就轻。

项目后评估的独立性也标志着评估的合法性。评估应从项目投资者、受益者或项目业主以外的第三者立场出发,独立进行,特别要避免项目决策者和管理者自己评价自己。保证文化产业项目后评估的独立性和公正性是对项目后评估工作的首要要求。

2.内容全面,结论可信

文化产业项目的后评估,不仅要涉及项目生命周期的各阶段,还要涉及项目的各个方面;不仅要包括项目的经济效益、社会效益、环境影响,还要包括项目的综合管理等。文化产业项目后评估必须是系统、全面的技术经济活动。

项目后评估结论的可信度,取决于项目评估者的独立性和经验,取决于相关资料信息的可靠性和项目评价方法的科学性与适用性。可信性就是要客观、真实地反映项目的成功经验和失败教训,这不仅要求项目评估者必须具备丰富的经验和广泛的阅历,而且要求项目实施者和管理者的积极配合,以利于收集真实资料和查明项目实际情况。为增强项目评估者的责任感和可信度,项目评估报告要求评估者署名并建立永久性问责制;项目后评估报告引用的资料,应尽可能注明出处和来源,其结论也应该说明是在采用何种方法的情况下获得的;要求评估指标的设计名称、含义、内容、时空限定性以及计算范围、计量单位和计算方法等必须科学明确、没有歧义,以减少数据收集和统计工作的误差。同时,为增强项目评估的可信性,要求项目评估有一定的透明度,以便公众对国家预算内资金和公众储蓄资金的投资决策活动及其实施效果进行有效的社会监督,也有利于让更多的人借鉴项目的经验教训。

3.评估报告的实用性与信息反馈性

为了使文化产业项目后评估结论对项目管理决策产生预期的作用,项目后评估报告必须具有可操作性和实用性。项目后评估报告必须有针对性,文字简练明确,避免引用过多的专业术语,以满足多方面的需求。项目后评估报告中所提建议应与其他内容分开表述,并有具体的措施和明确的要求。项目后评估指标的设计要求进行文化产业发展的横向与纵向比较,以及各项水平值与其他行业之间相应值的对比,评价指标变量的数据应尽可能与区域文化企业现有的数据衔接,对于那些必要的新指标应明确定义,以便于数据采集。

文化产业项目后评估的结果需要反馈到相关的政策制定和决策部门,作为新项目立项和项目评估的基础以及调整项目投资计划和政策的依据,这也是项目后评估工作的最终目的。这就要求项目后评估应具有信息反馈性,通过建立必要的项目管理信息系统,将项目评估信息进行交流和反馈,系统地提供项目资料并能向决策机构提供反馈信息。

三、文化产业项目后评估的内容与程序

(一)文化产业项目后评估的内容

1.文化产业项目收益后评估

文化产业项目收益后评估是以项目投产后实际取得的收益(经济效益、社会效益、环境效益等),以及隐含在其中的技术影响为基础,重新测算项目的各项经济数据,得到相关的投资效果指标,然后将它们与项目前期评估时预测的有关经济效果值(如净现值、内部收益率、投资回收期等)、社会环境影响值(如环境质量值等)进行对比,评价和分析其偏差情况及原因,吸取经验教训,从而为提高项目的投资管理和投资决策水平服务。

(1)项目经济效益评价。项目经济效益评价主要是指对项目的财务评价和经济评价(或称国民经济评价),其主要原理与项目前期评估一样,只是评价的目的和数据取值不同。

(2)项目环境影响评价。项目环境影响评价是指对照项目前期评估时批准的"项目环境影响评价",重新审定项目环境影响的实际结果,审核项目环境管理的决策、规定、规范、参数的可靠性和实际效果。项目环境影响的评价应遵照国家环保法律法规的规定,遵照国家和地方环境质量标准、污染物排放标准以及相关产业部门的环保规定。在审核已实施的项目环评报告和环境影响现状的同时,要对未来环境进行预测和环境影响风险分析。如果项目生产或项目产品的使用会对人类和生态产生极大危害,或项目位于环境高度敏感地区,或项目已发生了严重的污染事件,那么还需要提出一份单独的项目环境影响后评价报告。项目环境影响后评价一般包括项目的污染控制、区域的环境质量、自然资源的利用、区域的生态平衡和环境管理能力等五部分内容。

(3)项目社会影响评价。从社会发展的观点来看,文化产业项目的社会影响评价主要是分析项目对国家或地区社会发展目标的贡献和影响,包括项目自身和对周围地区的社会影响。社会影响评价一般是对项目在经济、社会和环境等方面产生的有形和无形效益所进行的一种分析。

(4)项目可持续性评价。对项目可持续性的评价,一是要确立项目目标、产出和投入与项目相关"持续性因素"之间的真实关系(即因果联系);二是要判断在无控制条件下可能对项目产生影响的因素;三是要区分项目立项、计划、投资(决策)、项目运作和维持过程中各种影响因素的区别。

(5)项目综合评价。项目综合评价包括项目的成败分析和项目管理各环节的责任分析。综合评价一般采用成功度评价方法。该评价方法主要是依靠评价专家或专家组的经验,综合评价各项指标的评价结果,对项目的成功程度做出定性结论,也就是通常所说的打分的方法。项目综合评价的成功度评价是以项目目标的实现程度和经济效益的评价结论为基础的综合评价。项目综合评价的成功度一般可分为五个等级,如表 10-2 所示。

表 10-2　项目综合评价的成功度等级表

项目综合评价成功度等级	等级描述
完全成功(A+)	项目各项指标都已全面实现或超过,项目取得了巨大的效益和影响
基本成功(A)	项目的大部分目标已经实现,项目达到了预期的效益和影响

项目综合评价成功度等级	等级描述
部分成功（B）	项目实现了原定的部分目标，项目只取得了一定的效益和影响
不成功（C）	项目实现的目标非常有限，项目几乎没产生什么正效益和影响
失败（D）	项目目标不现实或已无法实现，项目不得不终止

2. 文化产业项目管理后评估

文化产业项目管理后评估是以项目收尾验收和项目收益后评价为基础，并结合其他相关资料，对项目整个生命周期各阶段管理工作所进行的综合评价。项目管理后评估的目的是要通过对项目各阶段管理工作的实际情况进行分析研究，形成项目管理情况的总体概念；并通过分析、比较和评价，了解目前项目管理的水平，吸取经验和教训，以确保更好地完成今后的项目管理工作，并促使新项目目标更好地实现。如对以下内容进行的项目管理后评估。

（1）项目投资管理评估。项目管理后评估者需要从项目立项、准备、评估、决策和监督等方面对项目投资者和投资决策者在项目管理过程中的作用和表现进行评价。

（2）项目执行机构的管理评估。评估者要分析和评价项目执行机构的管理能力和管理水平，包括项目合同管理、项目团队人员管理和培训，以及与项目受益者之间的合作等。

（3）项目外部因素的分析与评估。影响到项目成果的各种外部管理因素，如项目产品价格的变化、国际国内市场条件的变化、自然灾害、内部形式不安定等，以及项目外部相关机构的影响因素，如联合融资者、合同商和供货商等。评价者也要对这些外部因素进行必要的分析评价。

（二）文化产业项目后评估的程序

文化产业项目后评估工作涉及从项目后评估计划制订到项目后评估报告撰写的一系列过程。项目后评估的程序一般包括以下几个。

1. 选择后评估项目

后评估项目的选择应主要考虑以下方面：

（1）由于项目实施而引起组织运营出现重大问题的项目。

（2）一些非常规项目，如规模大、建设内容复杂或带有实验性新技术的项目。

（3）发生了重大变更的项目，如建设内容、外部条件等发生了重大变化的项目。

（4）急需了解其作用和影响的项目。

（5）组织管理体系复杂的项目。

（6）可为即将实施的国家预算、宏观战略和规划原则提供重要信息的项目。

（7）对投资规划、确定未来发展方向有代表性的项目。

（8）对开展行业、部门或地区后评价研究有重要意义的项目。

2. 编制项目后评估计划

选定后评估项目之后，需要制订详细的项目后评估计划，以便项目管理者和执行者在项目实施过程中注意收集所需的信息资料。项目后评估计划应以国家、部门和地方的项目年度评估计划为基础，并更注重项目投资活动的整体效果、作用和影响，从长远角度和更高的层次上考虑，做出合理安排，使之与项目长远目标结合起来。

3.确定项目后评估范围

项目后评估的任务应限定在一定的内容、范围、深度内。评估范围通常会在项目委托合同中就加以确定,委托者要把后评估任务的目的、内容、深度、时间和费用以及特定的要求等交代明确、具体。项目后评估者应根据自身的条件与合同约定来确定项目评估内容。后评估委托合同通常包括项目后评估的目的和范围、后评估所采用的方法、所评项目的主要对比指标、完成评估的经费和进度等内容。

4.报送项目自我总结评估报告

项目后评估通常分为两个阶段实施,即自我评估阶段和独立评估阶段。列入项目后评估计划的项目单位,应当在项目后评估年度计划下达后在主管部门规定的时间内,向主管部门报送项目自我总结评估报告。项目自我总结评估报告的主要内容包括项目概况、项目实施过程总结、项目效果评价、项目目标实现程度评价、项目建设的经验教训和相关建议等。

5.选择项目后评估咨询机构和专家

在项目独立评估阶段,需要委托独立的评价咨询机构或由银行内部相对独立的后评估专门机构来实施独立评估。一般情况下,这些评估机构要确定一名项目评估负责人,该负责人不应是参与过此项目前期评估和项目实施的人。由该负责人聘请并组织项目后评估专家组实施项目后评估。后评估咨询专家的聘用需根据所评项目的特点、后评估要求和专家的专业特长及经验来选择。

项目后评估专家组应由"内部"和"外部"两部分专家组成。"内部"是指被委托机构内部的专家,他们熟悉项目后评估的过程和报告程序,了解后评估的目的和任务,可以顺利实施项目后评估,费用也比较低;"外部"是指项目后评估执行机构以外的独立咨询专家。聘请外部专家的优点是更为客观公正,可以提高评估质量,还可以弥补执行机构内部的人手不足问题。

6.实施独立项目后评估

承担项目后评估任务的评估咨询机构,在接受了委托、组建了满足专业评估要求的工作组后,后评估工作即可开始执行。项目后评估的具体内容包括项目资料信息的收集,后评估项目现场调查,以及对评估资料的全面分析和做出结论等。

7.出具项目后评估报告

项目后评价报告是对项目后评估结果的汇总,是反馈项目经验教训的重要文件。因此,项目后评价报告必须反映项目真实情况,要求报告文字准确、简练,尽可能不用过分生疏的专业化词汇;项目后评估报告的结论、建议要与项目问题分析相对应,并与文化产业项目未来的发展规划和政策制定相联系。

小资料

"莆田工艺美术城"项目后评价

莆田工艺美术城是2006年度福建省重点建设项目。项目地处福建省莆田市荔城区黄石塘头,区位条件得天独厚,交通便捷,东临福厦高速公路黄石出口处及省道城港大道,南靠福厦铁路莆田站,是前往湄洲岛湄洲妈祖祖庙朝拜妈祖的必经之地。

莆田市是福建省工艺美术重点产区。工艺美术产业包括木雕、古典工艺家具、玉雕、宗教雕塑、金银首饰、石雕、油画框业、工艺编织、铜雕、漆器等十大门类。其中木雕、银饰、古典家具和珠宝玉石等四大品种的产值、产量及美誉度在全国同业有较大影响力。"莆田工艺美术城"项目占地30.67公顷(460亩),总建筑面积47万平方米,由展示中心、展销区、公共服务配套设施等组成,展销区内拥有商业旺铺30多万平方米,分为木雕区、玉雕区、石雕区、金银珠宝中心,已有上千家企业入驻。

(1)经济效益。经过十多年的发展,"莆田工艺甲天下,精品尽在工艺城"品牌效益已经形成。作为目前全国规模最大、配套最齐全的全国性工艺品专业市场,莆田工艺美术城汇聚了来自全国各地的工艺大师、名家名品,汇集了巨大的信息流、技术流、商品流和人才流,已逐渐成为立足莆田、辐射海西、面向全国的大型工艺品市场和旅游观光、休闲购物中心。

(2)文化效益。莆田城市文化氛围浓厚,尤以妈祖文化闻名于世。莆田工艺美术城依托丰富的文化资源优势和传统精湛技艺优势为自身的名片,宣传产品。莆田工艺美术城云集了众多的工艺美术作品,这些作品的制作技艺是人类非物质文化遗产,是对传统文化的传承。

(3)社会效益。莆田工艺以市场导向为主,当地政府作为辅助监督,形成了工艺品原材料的采购、加工、销售的集聚地。莆田工艺美术城通过一系列展会来展示工艺美术城的市场定位,吸引来自全国各地的采购商,不断扩大自身的影响力。莆田工艺美术城是"艺鼎杯"中国木雕现场创作大赛等系列重大活动的主会场,亦是国家4A级旅游景区、福建省版权产业基地、福建省文化产业示范基地。工艺美术城周边设立了很多的相关配套设施,如物流、餐饮、购物等,带动了黄石以及周边餐饮业和旅游业的发展,拉动内需、提升消费水平的同时,还解决了当地人员的就业问题。

资料来源:http://www.gymsc.com/.

四、文化产业项目后评估的方法

文化产业项目后评估过程会使用到很多种不同的技术和方法,如统计预测法、对比分析法、逻辑框架法、成功度评估法等。

(一)统计预测法

文化产业项目后评估包括对项目已发生事实的总结,也包括对项目未来发展的预测。在项目后评估中只有具有统计意义的数据才是有效的,其中,在后评估时点以前的项目统计数据是项目后评估的基础,后评估时点的数据是对比评估的基础,而后评估时点以后的数据是项目评估预测分析的基础。因此,项目后评估的总结和预测是以统计学原理和预测学原理为基础的。需特别指出的是,在项目经济效益的统计中,统计学确定的不变价理论,使项目数据具有了统计性和可比性,这也是项目后评估中效益评价的一条重要原则。

(二)对比分析法

对比分析法是把客观事物加以比较,以认识事物的本质和规律并做出正确结论的评估法。进行对比分析的目的是要找出变化和差距,为提出问题和分析原因找到重点。在项目后评估的对比分析中,选择合适的对比标准是十分关键的步骤。项目后评估的对比分析方法包括前后对比法、有无对比法和横向对比法。

1. 前后对比法

项目评估的前后对比法,是将项目前评估结果与项目后评估结果进行对比分析的方法。其中:项目前评估使用的是根据项目前期调查而给定的项目实施与运营的预测数据所做出评价的结果;而项目后评估使用的则是项目实际实施结果、一部分项目实际运营结果以及项目产品未来发展的预测数据。通过对比二者从而找出项目存在的问题和未来的应对措施。

2.有无对比法

项目评估的有无对比法,是将项目实际的执行结果及其带来的影响与在没有项目时可能发生的情况进行全面的对比,从而度量和评估项目的真实效益、影响和作用。项目评估有无对比的重点是要分析项目实际所发生的作用和影响,这种对比分析法可用于对项目的效益评估和对项目产生的社会与环境影响的评估。

3.横向对比法

项目评估的横向对比法,是同一行业内类似项目相关指标所进行的对比,对比的目的是评价项目的绩效或竞争力。目前各行业推行的标杆管理法,就是一种横向对比方法。标杆管理是以行业中领先的项目团队为标准或参照,通过有针对性的资料收集、分析比较、跟踪学习等一系列规范化的对比程序,以改进项目(团队)绩效,赶上并超过竞争对手,成为领先者的方法和活动。横向对比法是对产生行业最佳绩效的最优项目管理实践的探索,也是一种项目团队学习的方法。

(三)逻辑框架法

逻辑框架法(logical framework approach,LFA)是一种综合和系统地研究和分析问题的思维框架。LFA 是用一张简单的框图来清晰地分析一个复杂项目的内涵关系,并将几个内容相关、必须同步考虑的动态因素组合起来,通过分析其间的关系,从项目设计策划到项目目标等方面来评估项目活动或工作。在文化产业项目后评估过程中采用 LFA 有助于对项目关键因素和问题做出系统的、合乎逻辑的分析和判断。

1.LFA 的基本模式

LFA 的基本模式是一张 4×4 的矩阵,如表 10-3 所示。

表 10-3　LFA 的基本模式

层次描述	客观验证指标	验证方法	重要外部条件
目标	目标指标	检测和监督手段及方法	实现目标的主要条件
目的	目的指标	检测和监督手段及方法	实现目的的主要条件
产出	产出物定量指标	检测和监督手段及方法	实现产出的主要条件
投入	投入物定量指标	检测和监督手段及方法	落实投入的主要条件

实际应用的文化产业项目后评估的逻辑框架表,如表 10-4 所示。

表 10-4　项目后评估逻辑框架表

项目描述	客观验证的指标			原因分析		项目可持续能力
	原定指标	实现指标	差别或变化	内部原因	外部条件	
项目宏观目标						
项目直接目的						
项目产出/建设内容						
项目投入/活动						

2.LFA在文化产业项目后评估中的应用

文化产业项目后评估的主要任务之一是要分析和评价项目目标的实现程度,以确定项目的成败。项目后评估可根据评估特点和项目特征,对LFA在格式和内容上做一些调整,应用LFA来分析项目预期目标、各种目标的层次、目标实现的程度和原因,用以评价项目效果、作用和影响。

(1)项目的效率。效率性主要反映项目投入与产出的关系,即反映项目把投入转换为产出的程度,同时也可以反映项目管理的水平。项目效率分析的主要依据是项目监测报表和项目完成报告。分析和审查项目的监测资料和项目完成报告是后评估的一项重要工作,是运用LFA进行项目效率性分析的基础。

(2)项目的效果。效果性主要反映项目的产出对目的和目标的贡献程度。项目的效果性主要取决于项目对象群对项目活动的反应。在用LFA进行项目效果性分析时要找出并查清项目产出与效果间的主要因素,特别是重要的外部条件。项目的影响分析应在项目的效率性和效果性评价的基础上进行,有时可推迟时间单独进行。

(3)项目的可持续性。持续性分析主要是通过对项目产出、效果、影响的关联性分析,找出影响项目持续发展的主要因素,分析满足这些因素的条件和可能性,并提出相应的措施和建议。在项目可持续性分析中,风险分析也是其中一项重要的内容。LFA可以把影响项目发展的内在因素与外部条件区分开来,明确项目持续发展的必要性的政策环境和外部条件。

(四)成功度评估法

文化产业项目成功度评估法是根据项目各方面的执行情况,通过系统标准或目标判断表来评价项目总体成功度的方法。项目成功度评估法主要依靠项目评估专家或专家组的经验,综合各项目指标的评价结果,对项目的成功程度做出定性结论,并在此基础上进一步转换成量化分数,也就是通常所称的"打分"的方法,是一种定性和定量相结合的效益分析方法。项目成功度打分表如表10-5所示。

表10-5 项目成功度打分表

成功度	细化的考核内容			综合评分范围/分	
	指标完成情况	效益情况	其他指标	十分制	百分制
完全成功(A+)	全面实现或超过	巨大的效益和影响		9~10	90~100 (间隔为5)
基本成功(A)	绝大部分完成	预期的效益和影响		7~8	65~85
部分成功(B)	原定的一部分	一定的效益和影响		5~6	40~60
不成功(C)	非常有限	几乎没有产生什么 正效益和影响		2~4	15~35
失败(D)	无法实现	不得不终止		0~1	0~10

五、文化产业项目后评估报告的撰写

文化产业项目后评估报告是项目后评估结果的汇总。项目后评估报告一方面应真实反映项目情况,客观分析项目问题,认真总结项目经验;另一方面,项目后评估报告也是反馈经验教训的主要文件形式,必须满足项目信息反馈的需要。

(一)项目后评估报告的编写要求

文化产业项目后评估报告有着相对固定的内容格式,其编写应注意以下方面。

1.规范报告的体例与文字

项目后评估报告要求文字准确清晰,尽可能不用过分专业化的词汇,报告的内容应包括摘要、项目概况、评价内容、主要变化和问题、原因分析、经验教训、结论和建议以及评价方法说明等。报告中的内容既可以形成一份报告,也可以单独成文上报。

2.注意报告内容之间的对应关系

项目后评估报告的内容和结论要与问题和分析相对应,经验教训和建议要把项目后评估的结果与将来的项目规划和政策的制定与修改联系起来。

(二)项目后评估报告的内容

文化产业项目后评估的内容较多,反映在项目后评价报告中的主要内容包括以下方面。

1.项目摘要

项目摘要主要包括项目的目标和目的、项目的工作内容、项目的范围、项目的工期、项目的成本和资金来源等。

2.项目前评估的情况

项目前评估的情况主要包括项目前评估的依据和结论,项目的必要性和项目可行性的分析与结论,项目对国家、部门或地方发展的影响,以及项目的预测数据等基本资料。

3.项目实际实施情况

项目实际实施情况分析是项目后评估报告最核心的内容,主要包括对项目建设实施情况的各种结果和数据、项目建设实施过程中出现的各种变化及其影响,以及项目实际实施情况与项目前评估预测情况的差异等分析。

4.项目实际运营情况

项目实际运营情况主要包括项目建成以后所开展的实际运营情况及其相关数据,以及项目实际运行情况与项目前评估中有关项目运行预测数据的差异。

5.项目后评估数据

项目后评估数据主要包括对项目实施和运行结果各种数据的评估指标,评估和分析项目所达到实际效果、所造成影响的指标,以及项目未来可能实现的效益、作用和影响的指标等方面的内容。

6.项目后评估的结论和经验教训

项目后评估的结论和经验教训主要包括项目后评估的结果指标和项目前后评估的对比分析数据,项目有无对比分析数据和项目综合评估分析的最终结论,以及项目经验教训的说明等内容。

7.建议与对策

建议与对策是项目后评估报告的最后内容,主要包括对项目(项目产品)后续阶段运营的改进建议和对策说明,以及对未来项目决策和项目发展政策的建议等内容。

（三）项目后评估报告的格式要求

根据文化产业项目后评估报告的具体内容，人们可以设计不同的格式。一般的项目后评估报告要求有以下部分。

1. 报告封面与简介

项目后评估报告封面信息应包括项目后评估报告的编号、密级、评估者的名称、隶属机构、时间等；项目后评价报告的内容简介应包括项目评估的一些假设前提条件等简要信息，如报告的摘要和目录、项目简介、项目评估目标、项目评估指标权重的安排、项目的重要基础数据说明等。

2. 报告正文

项目后评估报告的正文部分应包括上面讨论过的项目后评估的各项具体内容，从项目摘要到项目实施情况，从项目后评估的数据到项目后评估的结论，从项目后评估得出的经验教训到提出的项目改进建议和措施等。

3. 报告附件

项目后评估报告的附件，应包括支持项目后评估分析过程和结论所必需的各种文件和资料，如项目前评估的一些文件资料，项目实际实施情况的各种文件资料，以及项目发生各种变更的文件和资料，等等。

本章小结

1. 文化产业项目收尾是指项目按计划实施完工直至项目所有善后工作完成阶段的工作。文化产业项目收尾的核心内容包括管理收尾和合同收尾。文化产业项目收尾的这两项具体工作相互之间是互相关联和互相影响的，通常是项目管理收尾工作先行开始，而项目合同收尾工作先行结束，最终文化产业项目收尾过程完成。

2. 文化产业项目后评估是对已完成项目的目标、执行、效益、作用和影响等内容所进行的系统的、客观的分析与评估。它通过对项目活动实践的检查总结，确定项目预期的目标是否达到，项目规划是否合理有效，项目的主要效益指标是否实现，通过分析评价找出成败的原因，总结经验教训，并通过及时有效的信息反馈，以提高未来新项目决策的科学性和投资的有效性。

3. 文化产业项目后评估过程会使用到很多种不同的技术方法，如统计预测法、对比分析法、逻辑框架法、成功度评估法等。

4. 文化产业项目后评估报告是文化产业项目后评估过程与评估结果的汇总。一方面，文化产业项目后评估报告应真实反映项目评估情况，客观分析项目存在的问题，认真总结项目的经验教训；另一方面，文化产业项目后评估报告也是反馈经验教训的主要文件形式，必须满足项目管理信息反馈的需要。

复习与思考

1. 文化产业项目收尾工作的具体内容有哪些？
2. 对文化产业项目进行后评估有何重要意义？
3. 文化产业项目后评估的方法有哪些？
4. 简述文化产业项目后评估的程序。

5. 简述编写项目后评估报告的具体要求。

本章案例

《宋城千古情》项目收益后评估

《宋城千古情》是宋城演艺发展股份有限公司倾力打造的一台立体全景式大型歌舞演出剧目。该剧以杭州的历史典故、神话传说为基点，融合世界歌舞、杂技艺术于一体，运用了现代高科技手段营造如梦似幻的意境，以出其不意的呈现方式演绎了良渚古人的艰辛、宋皇宫的辉煌、岳家军的惨烈、梁祝和白蛇与许仙的千古绝唱，把丝绸、茶叶和烟雨江南表现得淋漓尽致，给人以强烈的视觉震撼。

杭州宋城在 1996 年开业，占地约 6 公顷（90 亩），是宋城演艺的第一个主题公园。当前宋城景区有两个大型剧院，座位总数达到 8000 个。宋城主题公园的旅游演艺主要是《宋城千古情》，时长为 1 个小时，平均每天 3 到 4 个场次。《宋城千古情》于 1997 年开演，一开始是露天表演，且作为主题公园的附赠品。后来演艺越发火爆，加之宋城主题公园的规模较小，在旅游品味日益提高的背景下缺乏吸引力，宋城逐步将重心转移至演艺上。2013 年，宋城投入资金建设了大剧院，并且将演艺与主题公园联合售票，演艺正式走向舞台中央。建设大剧院进行室内演艺，确保了演艺不受天气影响，保证了演出场次，在成本刚性的前提下，演出场次提高的边际成本极低，这极大提高了宋城的毛利。

2018 年春节黄金周期间，《宋城千古情》单日演出高达 15 场，接待人次 9.55 万，营收超 1000 万元。《宋城千古情》推出至 2018 年累计演出 15000 余场，接待观众 4300 多万人次，每年 600 万游客争相观看，是目前世界上年演出场次最多和观众接待量最大的剧场演出，被海外媒体誉为与拉斯维加斯"O"秀、法国"红磨坊"比肩的"世界三大名秀"之一。

毫无疑问，《宋城千古情》演艺项目是非常成功的。杭州宋城将主题公园的选址选在核心景区附近，或者游客量巨大的旅游城市，周围交通便利，配套设施完善。这样既便于散客游玩，对于旅行社的旅游线路也能兼顾。可以说宋城从选址开始都是精挑细选的。杭州宋城将演艺嫁接在主题公园之上，形成了主题公园为演艺服务、演艺为主题公园增彩的作用。杭州宋城还深刻分析旅游的散客化趋势，通过多种丰富的营销手段来吸引散客，散客的比重达到了 60% 以上，使得公司在后续的旅游散客化的趋势中长期受益。20 多年来杭州宋城门票收入仍在逐年上升，显示了宋城演艺强大的品牌竞争力和文化创新力度。目前宋城演艺已经成为中国演艺第一股、全球主题公园集团十强企业，连续十届获得"全国文化企业三十强"称号，创造了世界演艺市场的五个"第一"，即剧院数第一、座位数第一、年演出场次第一、年观众人次第一、年演出利润第一，以"演艺"为核心竞争力，成功打造了"宋城"和"千古情"品牌，产业链覆盖旅游休闲、现场娱乐、互联网娱乐等线上和线下演艺。宋城演艺虽然历经数年的全国扩张，但杭州宋城作为大本营，在 2018 年的全年营收贡献仍然超过了 50%。

资料来源：宋城演艺公司简介 [EB/OL]. [2019 - 10 - 25]. https://www.songcn.com/shares/about/about.shtml.

参考文献

［1］何群.文化产业管理学［M］.北京：中国人民大学出版社，2016.

［2］赵晶媛.文化产业与管理［M］.北京：清华大学出版社，2010.

［3］戚安邦.项目管理学［M］.2版.北京：科学出版社，2013.

［4］邱菀华.现代项目管理导论［M］.北京：机械工业出版社，2010.

［5］项目管理协会.项目管理知识体系指南（PMBOK 指南）［M］.6版.北京：电子工业出版社，2018.

［6］卢向南.项目计划与控制［M］.2版.北京：机械工业出版社，2010.

［7］江金波，舒伯阳.旅游策划原理与实务［M］.重庆：重庆大学出版社，2018.

［8］吴承忠.休闲项目策划［M］.北京：中国劳动社会保障出版社，2017.

［9］张立波.文化产业项目策划与管理［M］.北京：北京大学出版社，2013.

［10］王庆生.旅游项目策划教程［M］.北京：清华大学出版社，2013.

［11］卢晓.节事活动策划与管理［M］.2版.上海：上海人民出版社，2009.

［12］江金波.会展项目管理：理论、方法与实践［M］.北京：清华大学出版社，2014.

［13］布朗.项目管理：基于团队的方法［M］.王守清，亓霞，等译.北京：机械工业出版社，2012.

［14］沈建明.项目风险管理［M］.2版.北京：机械工业出版社，2010.

［15］孙慧.项目成本管理［M］.2版.北京：机械工业出版社，2010.

［16］王祖和.项目质量管理［M］.北京：机械工业出版社，2010.

［17］周红.特色小镇投融资模式与实务［M］.北京：中信出版社，2017.

［18］金雪涛.文化产业投融资：理论与案例［M］.北京：经济科学出版社，2016.

［19］王育红.跨国文化投融资［M］.北京：高等教育出版社，2015.

［20］周颖，孙秀峰.项目投融资决策［M］.北京：清华大学出版社，2010.

［21］戴大双.项目融资［M］.2版.北京：机械工业出版社，2010.

［22］易奇志.文化项目案例教程［M］.武汉：武汉大学出版社，2013.

［23］白思俊.项目管理案例教程［M］.2版.北京：机械工业出版社，2010.

［24］勾俊伟.新媒体运营［M］.北京：人民邮电出版社，2018.

［25］赵泽润.文化市场营销学［M］.广州：中山大学出版社，2010.

［26］郭景萍.消费文化与当代中国人生活方式流变［M］.北京：社会科学文献出版社，2017.

［27］陆耿.文化产业项目策划与实务［M］.2版.北京：中国科学技术大学出版社，2016.

［28］戚安邦.项目评估学［M］.北京：科学出版社，2017.

［29］程名望，李永奎，马利敏.公共项目管理与评估［M］.上海：同济大学出版社，2010.

推荐网站

1. 中华人民共和国文化和旅游部官网 https：//www.mct.gov.cn
2. 中国文化产业网 http：//www.cnci.net.cn
3. 中国文化传媒网 http：//www.ccdy.cn
4. 中国文化创意网 http：//www.chinawhcy.com
5. 中国文化产业园区联盟网站 http：//ccipa.net/index.html
6. 智能产业网 http：//www.zhineng.com.cn
7. 中国非物质文化遗产网 http：//www.ihchina.cn
8. 文化和旅游部产业项目服务平台 http：//xm.ccipp.org
9. 项目网 https：//www.xiangmu.com
10. 中国电影网 http：//www.chinafilm.com
11. 中国文化产业信息网 http：//www.ci-360.com
12. 中国国家博物馆官网 http：//www.chnmuseum.cn
13. 故宫博物院官网 https：//www.dpm.org.cn/Home.html
14. 北京文化创意产业综合信息服务平台 http：//www.bjci.gov.cn/cenep/bjci_portal/portal/homepage/index.jsp？cate＝sy.
15. 上海数字文化网 http：//whgx.library.sh.cn
16. 天津文化产业网 http：//www.tjwhcy.gov.cn
17. 江苏文化产业网 http：//www.jsci.com.cn
18. 陕西文化产业网 http：//www.shaanxici.cn
19. 河南文化产业网 http：//www.henanci.com
20. 齐鲁文化网 http：//www.sdci.com.cn
21. 中国(深圳)国际文化产业博览交易会官网 http：//www.cnicif.com
22. 特色小镇网 http：//www.51towns.com
23. 中国乡村振兴网 http：//www.zxqyj.org.cn
24. 乌镇戏剧节官网 http：//www.wuzhenfestival.com
25. 宋城集团 http：//www.songcn.com